FRANK WILLMANN

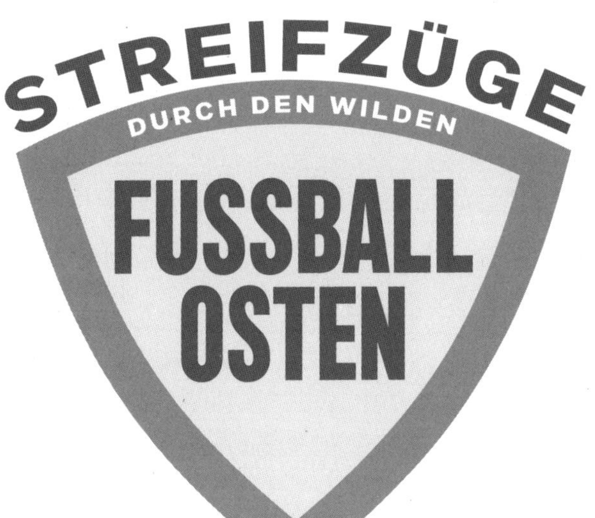

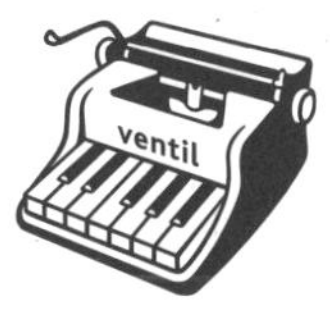

Frank Willmann, geboren 1963 in Weimar, 1984 nach Westberlin ausgereist, lebt in Berlin. Neben etlichen literarischen Titeln Forschungen zur Berliner Mauer, zur Kulturgeschichte des deutschen Fußballs und zu Subkulturen in der ehemaligen DDR. Zuletzt erschienen: »Vereint im Stolz. Fußball, Nation und Identität im postjugoslawischen Raum« (Bundeszentrale für politische Bildung 2021), »Stadionpartisanen – Fußballfans und Hooligans in der DDR« (mdv 2021), »Der Pate von Neuruppin« (Tropen 2023), »Betreten auf eigene Gefahr« (Songcomic, als Hrsg., Ventil 2023)

1. Auflage März 2024
ISBN 978-3-95575-218-7

Gestaltung und Satz: Oliver Schmitt
Foto Cover: Anne Hahn, Rückseite: Markus Stapke
Druck und Bindung: maincontor GmbH

Ventil Verlag, Boppstr. 25, 55118 Mainz
www.ventil-verlag.de

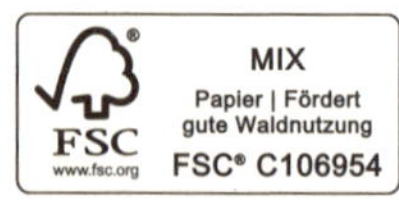

INHALT

Ostdeutschland

Osteuropa

Berlin

Lebus und Jena und ein Kessel Buntes

PROPAGANDA UND LIEBE – VORWORT

Frank Willman war als Kind mal Wandzeitungsredakteur, verantwortlich für Propaganda und Sport. In der Schule seiner Heimatstadt Weimar übertrug man ihm diese Aufgabe, als es die DDR noch gab. Da hatte jemand einen guten Instinkt, Willmann ist nämlich ein Propagandist, wie man ihn sich wünscht. Er versteht es prächtig, für die gute Sache auf die Pauke zu hauen. Damals setzte er das Talent für den großen, wunderbaren und einzigartigen FC Carl Zeiss Jena ein, heute gleich für eine ganze Weltregion des Fußballs: Osteuropa. Seit Jahren streift Willmann über den Balkan, durch Polen, Tschechien oder Rumänien. Er hängt bei Spielen rum, futtert Klobasa in Ostrava und lässt sich einen Becher Ožujsko über den Stadiontresen in Mostar schieben. Den großen Sport sucht er auf seinen Reisen nicht – und ehrlich gesagt nicht mal den mittelguten. »Der Kapitalismus hat gesiegt und den osteuropäischen Fußball dreimal ausgesaugt und fünfmal ausgespuckt«, schreibt Willmann. Das kann man so sagen. Seit 1955 wird der Europapokal der Landesmeister ausgetragen, der inzwischen Champions League heißt, und gewonnen haben diesen Wettbewerb genau zwei Mannschaften aus Osteuropa: 1986 Steaua Bukarest und fünf Jahre später Roter Stern Belgrad.

Auf der Weltkarte des Fußballs liegen die Klubs aus dem Osten am ausgefransten Rand, für den man sich nicht mehr interessiert. Wozu auch, wo die Vereine in Händen windiger Typen sind, die Stadien heruntergekommen und die Fans oft genug unangenehm, um es höflich zu formulieren. Doch Willmann gelingt mit diesem Buch ein verblüffender Effekt. Er ähnelt dem auf einer Fernreise, wenn man feststellt, dass die eigene Heimat auf den lokalen Karten gar nicht im Zentrum liegt. Hier also dreht sich alles um den Osten, wobei Willmann aus seiner ostdeutschen Herkunft nicht den Anspruch ableitet, alles und alle verstehen zu können. Oft genug drückt es ihn, was er erlebt. »Die Menschen verwechseln Nationalismus mit Patriotismus, wie viele auf dem Balkan«, schreibt Willmann gequält aus Zagreb. Aber er gibt die Hoffnung auf die Menschen nicht auf, denn irgendwie hat er sein Herz an jene verloren, deren Leben an dieser Peripherie stattfindet. Und so ist das alles, unter dem Deckmantel des Fußballs, eine große Liebeserklärung an den Osten als Seelenlandschaft und an die Menschen, die sie beleben.

Christoph Biermann
Berlin, Januar 2023

PROLOG

Dieses Buch vereint Texte aus ca. zwanzig Jahren. Sie erschienen in unterschiedlichen Zeitungen, Magazinen und Sammlungen. Alle Texte wurden für diesen Band behutsam aktualisiert.

Dieses Buch soll anregen, schaut mit offenen Augen nach rechts und links. Und es soll für kulturelle Verständigung stehen. Seid behutsam, jede Kultur geht ihren eigenen Weg, wir müssen nicht alles verstehen, unser westlicher Blick auf die Welt ist nur einer von vielen.

Frank Willmann

WARUM ICH DEN OSTEN LIEBE

Obwohl ich mit Wasserklosett, Lift und Warmwasser aus der Leitung aufgewachsen bin, liebe ich rumänische Filzläuse, kosovarische Autofahrer mit Sehschwäche, rührselige Moldawier, galizische Wanzen und bulgarische Flöhe. Ich verzichte liebend gern auf seelenlose Megaclubs, und bei Superstars mit Erbsenhirn geht mir keiner ab. Ich verehre merkwürdige serbische Fleischberge, die mich unheimlich voranbringen. Liegt links von mir eine leicht gammelige, ukrainische Zwiebel und rechts ein exquisiter französischer Käse, werde ich immer zuerst in die Gammel-Zwiebel beißen.

Ich reise gerne in abgelegene, osteuropäische Provinzen, die heute allein von ihrem verblichenen fußballerischen Glanz leben und aus Fußballspielen eine chauvinistische Angelegenheit machen. Natürlich nur in den Augen Westeuropas. Der Osten guckt, riecht und liebt auf seine Art. Die Homies im Osten haben mit anderen Problembären und -Bärinnen zu kämpfen. Setzt eure fucking postkoloniale Westbrille ab und versucht, die Leute zu verstehen. Nur weil sie über bestimmte Dinge anders denken als wir, sind sie keine rückständigen Bauerntölpel.

Die Anbetung des Balles spendet uns Trost. Ist es ein falscher Trost in Anbetracht von Krieg und Unterdrückung, die uns Mitte der 2020er Jahre geißeln, als hätte sich der Mensch, seitdem er seine urzeitliche Höhle verlassen hat, nicht weiterentwickelt? Ja. Nein. Jein.

Ich lebe ein Doppelleben. Einmal Fan des Fußball-Troubles auf dem Balkan, zum anderen Freund der russischer Meister: Bulgakow, Dostojewski, Tschechow.

Wahre osteuropäische Fußballer ähneln in ihrer Theatralik Clowns. Das ist etwas Schönes, weil Fußballer wie Clowns sedierende Mittel gegen den Schmerz sind: mit ihrem Spiel wird alles besser. Der abgehängte Fußball im Osten ist das letzte sakrale Schauspiel unserer Zeit.

Ich schiele vom schwankenden Turm der westlichen Zivilisation auf den näherkommenden Osten und bedaure niemals aus purer Humanität die mangelhafte Kanalisation oder den brüchigen Straßenbelag in Montenegro. Ich bin gegen das Wegsperren (aus Furcht vor Ansteckung) armer Emigranten in Lager. Natürlich auch gegen das Überlassen der Lösungen aller sozialen Probleme an großmäulige lokale Kleindiktatoren mit ohne Schulbildung, aber viel Kalaschnikow.

Dieser Text soll nicht von kulturellen Rechtfertigern gelesen werden, die es mir übelnehmen, dass ich die Menschen im Osten mit Liebe behandle und nicht mit professioneller Sachlichkeit, die immer nur die böse Oma der Langeweile ist.

Ich schreibe für Leute, die Achtung haben vor Schmerz, Armut, Schmutz. Menschen, die fühlen, dass man vom Osten viel empfangen kann, oder wenigstens ahnen, dass aus Ostdeutschland, Montenegro, Rumänien, Kroatien, Bosnien Herzegowina, Albanien usw. große Menschen und große Ideen kommen und nicht nur Taschendiebe, Hütchenspieler und Bettlerinnen, die das westliche Europäertum hochnäsig als »Gäste aus dem Osten« bezeichnet.

Der Ostler sieht mit einer Sehnsucht nach dem Westen, die der Westen keinesfalls verdient. Dem Ostler bedeutet der Westen Freiheit, die Möglichkeit zu arbeiten und seine Talente zu entfalten, nebst Gerechtigkeit und Herrschaft des Geistes und nicht der Gewalt.

Obwohl der Fußball vielleicht in allen Regionen der Welt die Massen verdummt und ihre revolutionäre Kraft fehlleitet, liebe ich ihn. Ich bin bei der bulgarischen Krankenschwester, die aus purer Not unsere Kranken versorgt und am Wochenende ins Stadion in Wattenscheid geht und vom Schwarzen Meer träumt.

Daneben liebe ich Kaffeesäxinnen, rotwangige Thüringer Bratwurstfresser, Fischermanns Frau und Herrn Fischkoppen in MeckPomm, die Bulettenkönigin und ihren Currywurstprinz in Berlin, den Rübenkönig von der Börde und die smarte Hallorenfee, ich liebe sie fast alle.

2022, aktualisiert 2023.

WEIMAR/ OSTDEUTSCHLAND

DEKADENTE DISTELN IM SOZIALISTISCHEN BLUMENBEET

Die Oase meiner Kindheit war der »Spieler«: ein rechteckiger Platz, umsäumt von Mehrfamilienhäusern am Weimarer Stadtrand. 1975 war ich zwölf Jahre alt und kickte dort mit meinen Schulfreunden aus dem Viertel. Die Rasenfläche in der Mitte des »Spielers« war unser Bolzplatz. Im Süden standen ein paar Bänke und zwei Linden. An den Ecken standen vier prächtige Kastanienbäume. Angeblich sollen dort im April 1945 Deserteure der Wehrmacht von der SS gehängt worden sein. Einige alte Leute nannten sie die Hängekastanien. An jedem 22. April lagen Blumen vor den Kastanien, niemand wusste, wer sie dort ablegte.

Im Norden lockten ein Sandkasten und ein paar metallene Klettergerüste. Unter anderem der Fliegenpilz, ein bedachtes Gerüst, das viele Spielplätze zwischen Suhl und Saßnitz schmückte. Vom Dach dieses Kleinods der DDR-Spielplatzarchitektur fiel ich drei Jahre vor den folgenden Ereignissen herunter, als ich versuchte, Katrin Schneider zu küssen. Sie wehrte meine Avancen ab. Ich schlug mit dem Kopf auf den Boden und blutete. Ich war vielleicht ein wenig ohnmächtig, oder simulierte eine perfekte Ohnmacht. Katrin Schneider beugte sich besorgt über mich, ich nutzte die Gunst des Augenblicks und drückte meine Lippen auf die ihren, während mein Blut uns beide benetzte.

Für meine Mutter war der Sturz vom Fliegenpilz die Ursache für all das Furchtbare, was sich in der Folge ereignete. In einer Sekunde, so erzählte sie oft und gern, war aus ihrem Sohn, den alle nur »Frank den Blumenfreund« nannten, ein loser Bube geworden. Dem jede Wand gerade recht kam, um sich mit dem Kopf voran gegen sie zu werfen. Ich ließ mir die Haare zu kurz schneiden, oder zu lang wachsen. Ich hörte, für die Ohren meiner Eltern, unerträgliche Musik. Ich las Bücher aus dem Giftschrank, kleidete mich wie ein Penner, hockte stundenlang mit anderen jungen Leuten diskutierend im Park. Wollte plötzlich keinen Bestellschein für ein Auto mehr beantragen. Malte Peace-Zeichen auf mein bestes Hemd, beabsichtigte, den Wehrdienst an der Waffe zu verweigern. Ich geriet, im Sinne meiner Mutter, in eine Zone außerhalb der Norm. Es war für sie, als sei ich vom Fliegenpilz in ein fremdes Universum gestürzt.

Obgleich der »Spieler« von Straßen umgeben war, lauerten dort keine besonderen Gefahren. Kaum ein Mensch besaß zu jener Zeit ein Auto. Und wenn er eines besaß, stellte er es sorgfältig in der Garage ab, da ein Auto in der DDR-Mangelwirtschaft mindestens zwanzig Jahre halten musste.

Unsere fußballerischen Vorbilder waren die Brüheim-Brüder. Sie wohnten ebenfalls am »Spieler« und kickten in der Juniorenmannschaft der BSG Motor Weimar, des besten Weimarer Fußballvereins. Motor war eine Betriebssportgemeinschaft. Bezahlt vom örtlichen Mähdrescherwerk, kämpften die Spieler für alle ehrlichen Weimarer Arbeiter, die Freiheit von Angela Davis und den Weltfrieden. So lauteten die weisen Worte unseres Sportlehrers, der gleichzeitig der Kapitän der Männermannschaft war. Zu ihm schaute ich in noch größerer Ehrfurcht als zu den Brüheim-Brüdern auf. Motor Weimars Heimspiele besuchten wir regelmäßig am Sonntag. Eine Karte kostete sagenhafte 25 Pfennig und die rote Brause nicht viel mehr. Manchmal hatten wir sogar Geld für eine Bockwurst. Was für ein Gaumenfeuerwerk, wenn sich der Geschmack von roter Brause und Bockwurst im Mund mischten. Wir standen immer hinter dem Tor der gegnerischen Mannschaft und brachten den Torhüter mit Dauerpöbeln zur Weißglut. Wenn wir nicht stänkerten, zogen wir am Tornetz oder spuckten den armen Kerlen in den Strafraum.

Später liebte ich den FC Carl Zeiss Jena. 1981 schaffte es mein Verein bis ins Endspiel des Cups der Pokalsieger. Weil das Spiel in Düsseldorf ausgetragen wurde, durften wir nicht hin. Düsseldorf lag im Feindesland. Dort konnten nur Kapitalisten bestehen. Sie unterdrückten die armen Arbeiter und lebten selbst in Saus und Braus. Diese Ungerechtigkeit wollte uns die weise Parteiführung nicht zumuten. Sie schickte statt den Leuten, die sonst zu den Spielen gingen, einen Zug voll hundertzehnprozentiger Genossinnen und Genossen nach Düsseldorf. Die gestählten DDR-Bürger sangen sieben, acht, neun, zehn Klasse, schwangen ihre DDR-Fahnen und stürmten nach dem Spiel die Kaufhäuser. Natürlich nur, um den Kapitalisten ihre schönen Bedarfsgüter zu entreißen und sie der Arbeiterklasse zuzuführen. Zu allem Unglück verlor Jena das Spiel gegen die Russen von Dinamo Tiblissi. Offiziell waren alle Sowjetbürger unsere Klassenbrüder. Inoffiziell nannten wir sie: Scheißrussen, Russenschweine, Dreckrussen. Wir wollten nicht Lenin und Marx. Wir wollten die kostbaren Dinge, die uns über die Konsumterroristen der ARD und des ZDF ins Wohnzimmer flimmerten.

Brüheim Senior, wir nannten ihn liebevoll Brühe, betrieb einen Tante-Emma-Laden an der Nordseite des »Spielers«. Immer wenn unsere Bälle gegen die Glasscheibe seines Ladens krachten, lachte er. Manchmal schenkte er uns Moskauer Eis und wir erörterten gemeinsam wichtige Fragen des Fußballs. Wir nahmen ihm nie so richtig ab, für den Kommunismus zu sein, weil er jeden Sonntag in die katholische Kirche ging. Obzwar er zu allen DDR-Feiertagen seinen Laden mit der Arbeiterfahne beflaggte und der offiziellen Propaganda aufgeschlossen gegenüberstand. Wenn unsere SED-Führung in einem Jahr, in welchem die sozialistischen Hühner besonders fleißig Eier legten, alle glücklichen Bürger des ersten deutschen Arbeiter- und Bauernstaates auf deutschen Boden aufforderten, doch »ein Ei mehr zu nehmen«, unterstützte er diesen schlauen Plan mit der Präsentation dieses Appells auf einer Schiefertafel, die vor dem Laden regelmäßig wertvolle Hinweise auf seine aktuelle Produktlage gab.

Unser Hauptfeind war der Abschnittsbevollmächtigte der Volkspolizei. Ein finsterer Spielverderber, wie ihn jede menschliche Siedlung ihr Eigen nennt. Wir Fußballanhänger waren für ihn »dekadente Disteln im sozialistischen Blumenbeet«. Anstatt uns um den weiteren Aufbau des Sozialismus und vielleicht sogar des Kommunismus zu kümmern, rannten wir in jeder freien Minute diesem lächerlichen Ball hinterher. Einer perfiden Erfindung der Manchesterkapitalisten. Der Fußball sei der direkte Weg in den Höllenschlund der BRD-Imperialisten, diesen Blutsaugern am Busen der deutschen Arbeiterklasse, wie er uns zwitscherte.

Hühnchen, Denis, Schniddel, Schniddels kleine Schwester Silke, Assi und ich tummelten uns in jeder freien Minute auf dem »Spieler«. Manchmal kam auch der lahme Zumpi hinzu. So nannten wir ihn aber nur in seiner Abwesenheit. Zumpi hatte schon im Alter von zwölf Jahren weiße Haare. Sein Herz habe ein Loch, berichtete Schniddel, der es von seiner Mutter wusste, die es wiederum von Zumpis Mutter erfuhr. Schulsport brauchte Zumpi nie mitmachen, doch beim Kicken wollte er dabei sein. Er stand meist im Tor. Weil er immer Geld hatte, wurde er zu einem wichtigen Faktor unserer Clique. Eines Tages war er weg. Wir trauten uns nicht, seine Eltern zu fragen, ob er gestorben sei.

Unser Ball war ein schweres, olles Ding. Genähtes Leder, oben guckte die Blase raus, tat beim Köppen weh. War die Wiese noch feucht, sog er sich schnell voll Wasser. Schniddel war der Chef auf dem Platz. Seine mittlere Schwester Katrin erschien jeden Tag mit einigen Freundinnen. Sie kauften bei Brühe Moskauer Eis und umrundeten den »Spieler«, während Schniddel uns Kommandos gab. Schniddel war ein Jahr älter und konnte schon knutschen. Jedenfalls machte diese wichtige Information unter Hühnchen, Denis, Schniddels kleiner Schwester Silke, Assi, Zumpi und mir die Runde.

Manchmal guckte uns Guido aus dem Fenster heimlich zu. Guido war dank seiner Oma zu Höherem berufen. Er musste jeden Tag viele Stunden Geige üben. Da er nur sehr selten raus durfte, wurde er auf dem Schulhof von uns gehänselt. Dann lief er heulend zu seiner Musiklehrerin, die ihm lächelnd über das Haar strich.

Es war der vorletzte Tag der Sommerferien. Eine melancholische Grundstimmung waberte über dem »Spieler«. Erstes Laub fiel von den Kastanien zu Boden. An jenem Tag gesellten sich die Brüheim-Brüder zu uns, die allesamt drei Jahre älter waren als wir. Die drei Brüheims wollten gegen uns sieben spielen. Ausgemacht waren zwei Halbzeiten, jeweils 25 Minuten. Irgendwie hatte sich das Spiel herumgesprochen. Schniddels mittlere Schwester Katrin kam mit fünf Freundinnen im Schlepptau. Alle geschminkt. Schniddel ignorierte sie. Schniddels kleine Schwester Silke schaute böse. Hühnchen, Assi, Dennis und ich linsten hingegen fasziniert zu den Mädchen.

1975 trug jeder Jugendliche, der etwas auf sich hielt, eine Jeans aus dem Westen. Und in dieser Jeans, exakt in der linken Arschtasche, hatte ein blauer Plastikkamm zu stecken. Die drei Brüheim-Brüder standen mit dem Rücken zu uns. Sie holten ihre Kämme aus den Arschtaschen und striegelten sich mit ihren blauen Plastikkämmen die Haare. Dann zogen sie ihre Schuhe aus, sie spielten barfuß. Schniddel schien irritiert, das gefiel uns. Die fabulösen Brüheim-Brüder waren eine Nummer zu groß für ihn. Er konnte vielleicht schon knutschen, aber gegen sie war er ein Niemand.

Die sechs Mädchen umrundeten stoisch den »Spieler«. Sie hatten sich untergehakt und dachten bestimmt an Paris oder an Venedig. Unsere Eltern saßen an den Fenstern und schauten uns zu, nebst einigen Nachbarn, denen es schnell langweilig wurde. Bis zu dem Zeitpunkt, als der von seiner Oma permanent bewachte Guido mit einem Urschrei seine Geige aus dem Fenster warf. Kurz darauf kam Guidos Oma mit Guido im Schlepptau nach unten. Er musste die zerbrochene Geige zusammen klauben. Eine Schule fürs Leben. Keiner von uns lachte, es war einfach zu bitter. Eine Weile nach dem Vorfall begann Guido sich zu wehren. Er schwänzte, die Schule und den Geigenunterricht. Anstatt ein berühmter Geigenvirtuose zu werden, wurde er Koch im Jugendhotel der Gedenkstätte des einstigen Konzentrationslagers Buchenwald.

Fußball ist schön. Wir behielten unsere Schuhe an. In der ersten Halbzeit schossen die drei Brüheim-Brüder zehn Tore. Wir nicht eines. Trotzdem fühlten wir uns glücklich, weil wir gegen sie spielen durften. Weil sechs Mädchen langsam den »Spieler« umrundeten. Weil noch Ferien waren. Weil wir nicht wie Guido von einer bösen Oma gefangengehalten wurden. In der zweiten Halbzeit ließen es unsere übermächtigen Gegner etwas ruhiger angehen. Kurz vor Schluss führten sie Dreizehn zu Null. Dann geschah es. Ein abgeprallter Ball flog auf mich zu. Ohne nachzudenken, ließ ich mich wie ein Maikäfer auf den Rücken fallen und wurde ganz Fallrückzieher. Der Ball flog mir entgegen, in Zeitlupe verfolgte ich seine Flugbahn. Ich traf den Ball, wie man ihn nicht besser treffen konnte. Und torpedierte ihn Richtung Brühheim-Brüder-Tor. Ein Strich, ein Geschoss. Dreizehn zu eins. Kein Vogel zwitscherte, alles stand still. Dann klatschten die Brüheims. Und die Mädchen reckten die Hälse wie junge Schwäne im Teich des Stadtparks. Schniddel wendete sich ab. Meine Freunde kamen auf mich zu. Ich hörte meinen Vater jubeln.

Und ich? Was tat ich? Ich war aufgestanden, ohne mich zum Tor umzudrehen und auf Katrin Schneider zugerannt, in einer einzigen schnellen Bewegung. Ich wollte ihr einen Kuss geben. Stolperte jedoch in der Aufregung über eine aufgeworfene Grasnarbe, verfehlte ihre gerötete Wange, segelte geradewegs an den Mädchen vorbei über den Rand der Wiese, des »Spielers«, und landete bäuchlings auf der Straße.

2015, aktualisiert 2023.

DAS SPANNENDE AM FUSSBALL VOLLZIEHT SICH VOR DEM HORIZONT DES TODES

Mit vierzehn Jahren ist das Leben kein Spaß mehr. Verhullt in Gewänder des mausgrauen Nichts in der Ödnis meiner frühen Jahre. Ich lief mit Freunden vorbei an Einfamilienhäusern Richtung Lindenberg. Vor uns riss ein Rabauke Holzlatten vom Zaun. »Vorne stehn die Hermsdorfer und glotzten unsere Frauen blöd an!« Ich hatte bei den Fußballspielen unserer BSG Motor Weimar eigentlich noch nie Frauen erspäht. Aber heute kam Motor Hermsdorf, die brachten gut und gern zwanzig Fans mit. Ob die wegen der Frauen hier waren? Bestimmt! Hier ging es ums Ganze. Testosteronströme flossen. Halb Weimar wallte erregt den Weg Richtung Stadion. Am Eingang wurzelte, wie immer, wenn Hermsdorf kam, breitbeinig ein Verkehrspolizist. Ein Dutzend Zaunlatten lagen zu seinen Füßen.

Ich glaube, im Alter von vier Jahren währte eine Sekunde meines Lebens doppelt so lang wie heute. Bei Schuleintritt dehnte sich die Zeit noch weiter aus. Es gab endlose Vormittage, durchsetzt von der Ödnis mathematischer Gleichungen und physikalischer Probleme. Ein dicklicher Lehrer mit Hornbrille peitschte uns mit unnützem Wissen. Ich wollte raus, an die frische Luft, die physischen Eigenschaften meines Körpers beim Ballspiel verbessern. Die libidinöse Gemeinschaft der Gleichgesinnten mit meiner Anwesenheit beglücken. Und von meinen Mitspielern bezaubert werden. Fußball als Notwehr gegen die Willkürherrschaft der Lehrerschaft. Unseren sozialistischen Pädagogen erzählten wir, unsere noble Absicht sei es, dem imaginären Fortschritt der progressiven Menschheit durch Fußball voranzutreiben. Fußball sei gesellschaftliche Arbeit. Unser Streben nach Vollendung kann sich doch nicht mit solchen banalen Zielen wie dem kleinbürgerlichen Einmaleins zufriedengeben. Wir wollten unsere Körper zu Maschinen stählen, um im Arbeitsprozess Hochleistungen zu erringen. Unsere Körper als Schlüssel im Kampf um die Übererfüllung des Großen Plans.

Unsere Deklaration erfüllte die Lehrerschaft mit Skepsis, doch gegen die Macht des Großen Plans konnten sie nicht anstinken und ließen uns auch in den Pausen auf dem Sportplatz bolzen. Außerdem war da noch unser Deutschlehrer, der gleichzeitig auch unser Sportlehrer war. Wir konnten ihn mit dem Gedanken: Fußball = spätgriechisches Tanzdrama, auf unsere Seite ziehen.

Vom Charme der Sportlerkörper und anderen Merkwürdigkeiten bekam ich ungefähr im Alter von vierzehn Jahren eine Ahnung. Fußball als rauschhafter Zeitvertreib, die Ästhetik von Bewegungen, die Eleganz des Spiels, das Begehren der Spieler und Zuschauer beim Wettkampf der rivalisierenden Mannschaften. Bis dahin war es ein weiter Weg. Meine ersten, großen fußballerischen Gefühlsgewitter suchten mich auf dem Wäschetrockenplatz hinterm Haus meiner Eltern heim. Wir waren von Feinden umzingelte Zwerge. Irgendwo lauerte immer ein böser Mensch, der uns das schöne Spiel austreiben wollte. Meist waren es alleinstehende Schurkinnen, die ihre Ehemänner frühzeitig ins Grab gebracht hatten und nun an den unschuldigen Kindelein der Gegend ihr sadistisches Handwerk perfektionierten.

Schabe Neubert lauerte hinter ihren Gardinen auf ihre Chance. Wir Jungen und Mädchen, noch unbeeindruckt von unaufhaltsam herannahenden sexuellen Verwicklungen, tobten gemeinsam über den Wäschetrockenplatz zwischen den Holzstangen, die für uns Torstangen waren. Schabe Neubert hieß Schabe Neubert, weil sie die meiste Zeit des Tages mit dem Kehren des Bürgersteigs und dem Harken einer zwischen unserem Haus und dem Bürgersteig befindlichen Rasenfläche beschäftigt war. Schabe sah alles und kannte sämtliche Geheimnisse der Leute aus unserem Viertel. Sie war dabei, als wir heimlich die erste Zigarette rauchten und der erste flüchtige Kuss geschah. Eine ihrer selbstgestellten Aufgaben war der fußballfreie Wäschetrockenplatz. Sie hatte verschiedene Taktiken entwickelt, um uns fernzuhalten. Schabe wusch täglich, lüftete in Terrorregimemanier ihr Federbett ausgiebig auf dem Trockenplatz und war in der Wahl ihrer Mittel nicht zimperlich. Deshalb nannten wir sie auch gelegentlich »Maulschellenschabe«. Sie war eine Schurkin reinster Blüte. Trotzdem tricksten wir sie aus. Dabei kam uns der Briefträger zu Hilfe. Der arme Kerl konnte ihr nicht ausweichen, vielleicht wollte er es auch nicht. Sie verwickelte ihn stets in banale Gespräche über die schrecklichen Geschehnisse im Viertel. Der hat seine Katze rausgelassen, die eine Kippe auf den Bürgersteig geworfen, jener nachts um drei besoffen gegen die Hauswand gepisst. Darüber vergaß sie uns und den Wäschetrockenplatz. Wir sprinteten nach hinten und gaben uns ganz der Gefährdung unserer Gesundheit mittels Fußball hin. Das Spannende des Fußballs vollzieht sich vor dem Horizont des Todes. Als wir älter wurden, wechselten wir die Hausseite und kickten fortan auf dem Spielplatz. Als wir noch älter wurden, drapierten wir unsere Kippen sorgfältig auf dem Bürgersteig, ließen nachts die Katzen raus, und pinkelten selbstverständlich nach der Disco an die Hauswand. Aber das ist eine andere Geschichte.

2022, aktualisiert 2023.

LENIN UND ICH

An echte russische Kinder ranzukommen, war in Weimar im Jahr des Herrn 1975 nicht einfach. Obgleich die Stadt von einem Gürtel sowjetischer Kasernen umgeben war, bemerkte man unsere Befreier vom Hitlerfaschismus in der Stadt kaum. Soldaten und Unteroffiziere bekamen niemals Ausgang, nur höhere Offiziere und ihre herrlich aufgedonnerten und sehr sehr hochnäsigen Gattinnen traf man hin und wieder in der Innenstadt.

Ich war zu dieser Zeit »Wandzeitungsredakteur«, verantwortlich für Propaganda und Sport. Sport bedeutete für mich Fußball. Meine Propagandatätigkeit bestand im Groben darin, jeden Dienstag einen Ausschnitt aus der Neuen Fußballwoche mitzubringen, in welcher der neuste Sieg des übermächtigen FC Carl Zeiss Jena propagandiert wurde. In unserer Schule gab es nur Jena-Fans. Wer das noch nicht war, wurde vom fetten Schlanditzke und seiner Bande umerzogen.

Ich hatte den Großen Plan, im Alleingang zum Jahrestag der Großen Sozialistischen Oktoberrevolution ein Fußballturnier zu Ehren des Genossen Lenin zu organisieren.

Jede sowjetische Garnisonsstadt verfügte über meist mittelgroße Läden, sogenannte Магазин, in denen sowjetische Waren verkauft wurden. Im Volksmund hießen sie »Russenmagazin«. Das Besondere an ihnen war, dass man dort mit DDR-Mark Waren aus der Sowjetunion kaufen konnte. Die ordnungsgemäß mit Russendiesel eingesprühten Verkäuferinnen errechneten den Gesamtpreis des Einkaufs mit einer Art Abakus, außerdem konnte man dort Zigaretten und Alkohol ohne Altersbegrenzung erstehen. Die Kippen mit dem merkwürdigen Klappfilter Marke Kapitalistentod versüßten uns viele öde Nachmittage, der Wodka wurde später ein wichtiges Hilfsmittel beim Mädchenhaschen.

Mein Leninturnier sollte von vier Mannschaften bestritten werden. Unsere Schule mit zwei Mannschaften, eine stellten die verhassten Bengel aus der Schule des Nachbarviertels. Den ehrenvollen Höhepunkt sollte eine Kindermannschaft unserer sowjetischen Beschützer vorm Atomtod durch den BRD-Imperialismus bilden.

Der Vater eines Kumpels schweißte mir halb betrunken einen Leninpokal. Ein sehr experimentell geratener Lenin wies mit ausgestrecktem rechtem Arm in die frohe Zukunft der DDR-Arbeiterklasse.

Das war der Anfang vom Ende meiner Tätigkeit als Propagandist, wie sich ein paar Tage später rausstellte.

Die verhassten Bengel sagten schnell zu, unsere zwei Mannschaften waren auch dabei. Nur das sowjetische Team bereitete mir Kopfzerbrechen. Die Leiterin des »Clubs der deutsch-sowjetischen Freundschaft« wollte keine weiteren Treffen mit jungen Sowjetbürgern ausrichten, nahm aber einstweilen den Leninpokal in ihre Obhut.

Als ich im Russenmagazin zur Eigeninitiative griff und ein paar junge Sowjetbürger ansprach, geriet das zum Fiasko.

Am nächsten Tag wurde ich aus dem Unterricht gerufen.

Zwei ernst dreinschauende Männer saßen im Büro der Leiterin des »Clubs der deutsch-sowjetischen Freundschaft«.

Ich wurde darüber belehrt, die Organisation von Treffen zwischen Sowjet- und DDR-Bürgern ausschließlich den dafür ausgebildeten Organen der Volksbildung zu überlassen. Dann holten sie meinen Leninpokal hervor und zeigten auf den rechten Lenin-Arm, der steil nach oben zeigte. Ich begann zu schwitzen, die Clubleiterin blickte mich tadelnd an.

»Sie bringen dieses skandalöse Machwerk eines kranken Geistes dem Hausmeister persönlich zur Vernichtung!«

Mit schlotternden Knien überbrachte ich dem Hausmeister den Befehl und sah von Furcht betäubt dabei zu, wie er grinsend meinem schönen Leninpokal den rechten Arm absäbelte, um ihm danach in einem der Öfen unserer Schulheizung endgültig den Garaus zu machen.

2021, aktualisiert 2023.

LIEBE IM ZUG

Braucht unser Dasein eine Berechtigung? Es gibt bestimmt irgendwo auf der Welt ein Seminar, das den Titel »Wie werde ich Fußballfan« trägt. Dort erfahren Wissbegierige alles über das Leben der tiefgläubigen Massen, denen der Fußball das Einzige war, ist und sein wird. Der Großteil der Menschheit existiert, ohne jemals das geringste Bedürfnis nach einer Berechtigung zu spüren. Sie leben, weil sie leben. Es kommt, wie es kommen muss. Es liegt nicht an mir, hinter diesen Worten etwas Armseliges oder Kleines zu vermuten. Glücklich jene, die das Leben zufrieden macht, die sich amüsieren und fröhlich sind.

Das Land war schmutzig. Die Felder, die Wälder, die Wege, die Häuser. Sogar die Kühe waren schmutzig. Und die Schafe. Ganz zu schweigen von den Hühnern. An den Pforten lagerten die Volkspolizisten mit ihren Schreckenshunden. Bereit uns zu jagen, für immer zu knechten. Das damalige menschliche Leben war eines der Schwierigsten überhaupt. Wir fürchteten uns außerhalb der Friedhöfe und bewunderten die leisen Leute. Sie setzten sich einfach in den Zug, zogen ein Butterbrot heraus und mümmelten die nächsten Stunden daran. Wir waren im Morgengrauen auf versteckten Pfaden zum Bahnhof geschlichen. Wir wollten von A nach B. Unseren Club in der Hauptstadt nach vorn peitschen. An einem Ort, von dem es hieß, es würde dort jederzeit Bananen geben. Wir hatten in unserem Stadion periodischen Besuch von Menschen aus dieser Stadt. Eine große, eine verstörende Stadt direkt neben einem Stückchen außerterrestrischen Westen. Einmal bewarfen sie uns mit überreifen Orangen. Die kannten die meisten von uns nur aus dem Fernsehen. Unser Lieblingsobst war die appetitliche Kohlrübe.

Die Helden des Sozialismus lagen noch in ihren Betten und

träumten vom Fortschritt durch Technik. Für uns bestand kein Zweifel darüber, dass in der DDR viele Menschen auf rätselhafte Weise getötet wurden. Ihr Tod trat nicht sofort ein, sondern nach und nach. Sie starben ihr ganzes Leben lang. Obwohl ebenfalls kein Zweifel darüber bestand, dass das ein gewaltsamer Tod war. Wir sahen von früh bis spät solche Menschen, die langsam, bei vollem Bewusstsein, das Wesen eines Toten annahmen. Mors ex nihilo. Männer und Frauen heirateten einander aus Mitleid oder Angst vor der Einsamkeit. Oder weil es einen günstigen Ehekredit gab. Sie setzten Kinder in die Welt, mit denen sie im Grunde nichts zu tun haben wollten. Nichts konnte uns davon abhalten, das zu sehen. Welche Komik, welche Tragik, welcher Selbstbetrug. Für uns war es eine Tatsache, dass die Mehrheit zehnmal dümmer sein musste als wir. »Den Sozialismus in seinem Lauf, hält weder Ochs noch Esel auf.« Selbst unsere Lehrer sagten den täglichen Unsinn. Während wir in unserem Kindersandkasten meinten, eine eigene Meinung zu haben, eine Richtung zu vertreten, uns für einen Gedanken einzusetzen. Wir nutzten nicht die Möglichkeiten, die sich uns boten. Wir zerstreuten die besten Einfälle unserer Eltern im Wind und kehrten alle guten Ratschläge in den Gully.

Neben dem Bahndamm ruhte ein Trupp Gleisarbeiter. Sie sahen uns aus müden Augen an. Die Luft war schlecht, geschwängert von verbrannter Braunkohle. Der Zug fuhr ein. Wir waren völlig erschöpft. Von innen öffnete sich die Tür eines Abteils und wir schlüpften von der falschen Seite hinein. Der Zug war voll betrunkener Soldaten. Das war unser Glück. So traute sich die in den Zügen stationierte Transportpolizei nicht, zu patrouillieren.

Ulrike. Ich wollte keinen Sex mit ihr haben. Höchstens ein bisschen. Sie saß im Abteil auf einmal neben mir. Blitzartig war alles licht. Ein Hauch von Frühling. Ich roch Mandeln, drei Haselnüsse für Aschenbrödel. Meine Teilnahme an der Welt nahm sekündlich ab. Die Menschen interessierten mich nicht mehr, die Natur interessierte mich nicht mehr. Das Glück bezahlt unsere Rechnungen erst, wenn wir von unserer Reise zurückkommen. Die einzige Lösung war klar. Immer unterwegs sein. Niemals den Fuß freiwillig über eine Schwelle setzen, um zu bleiben. Die unglaublichsten Dinge bewerkstelligen, es allen Unwissenden zeigen. Unser Abteil war sehr voll, eigentlich gab es kaum einen freien Zentimeter. Trotzdem schaffte ich es, meine Arme um Ulrike zu schlagen. Ich drückte meine Lippen auf ihr blaugelbweißes Halstuch, schob es zur Seite und erreichte mit meinen Küssen ihren weißen Hals. Es brannte in mir, eine Feuersbrunst legte sich über mich. Die wahre Lust des Vergnügens, die allergrößte Lust der Lüste. Sie sagte, ich solle leise sprechen. Und schob mir ihre Zungenspitze zwischen die Zähne. Wir glaubten an etwas, dass es nicht gab. Gunst und Dauer. Sie sagte, dass alles keinen Sinn hat ohne die Süßigkeit der verbotenen Früchte. Sie sagte, ich solle jeden Lärm vermeiden. Es waren Kleinigkeiten, die uns dabei halfen, die Dinge, welche unsere nichtsnutzigen Gehirne ausbaldowerten, in die Tat umzusetzen. Um die Aufmerksamkeit der Welt zu erlangen, muss man unsterblich werden. Es ist ganz einfach.

2022, aktualisiert 2023.

ABDULGALIMOW KAM BIS ZUM LINDENBERG

»Mooodooohr Mooodooohr!«, brüllte es in den 70er Jahren aus vielen Kehlen, wenn die Kicker der BSG Motor Weimar im heimischen »Sportpark am Lindenberg« das Tor des Gegners belagerten.

Motor spielte in der zweiten Liga der DDR einen guten Stiefel. Die Arbeiter und Bauern Thüringens pilgerten in großer Zahl zu den Heimspielen.

Die Spieler der 1. Mannschaft waren allesamt pro forma beim Landmaschinenbaukombinat Fortschritt angestellt, als Erbauer fröhlicher Mähdrescher. Die realsozialistische Wirklichkeit sah anders aus. Die Kicker erblickten nie einen Mähdrescher aus nächster Nähe- und dran herumschrauben mussten sie gleich gar nicht. Motor kickte gemütlich in der 2. Liga. Dafür wurden die Spieler berappt. Der Westen nannte sie verbittert Staatsamateure. Die Spieler waren Chefs in den Weimarer Discos und wussten, wo der Krimsekt floss.

Ich war ein Kind der seltsamen Diktatur von Dachdeckern und Bauernlümmeln und spielte anfangs bei Motor, um später bei wichtigen Clubs wie Post Weimar, Traktor Kromsdorf oder Empor Weimar zu brillieren.

Motors Fußballspiele auf dem Lindenberg waren Volksfeste. Bratwurstdüfte schwängerten die Luft und wetteiferten mit feinen Bockwurstaromen. Die Vereinskneipe unter der Holztribüne platzte aus allen Nähten, Ehringsdorfer Hell und Rote Brause flossen in Strömen. Der Fußballplatz war Treffpunkt und Meckerecke. Die kleinen Leute ließen die Seele baumeln, man nölte über Versorgungsengpässe und ließ nach dem vierten Bier auch mal die Fäuste zärtlich kreisen. Wir Jungs bolzten auf einem Nebenplatz und nahmen die ersten Mädchen in Augenschein.

Das Idol aller Weimarer Fußballfans hieß Gisbert Job. Er war Weimars Mannschaftskapitän, spielte im Mittelfeld und dachte das Spiel. Er bediente den wilden Weimarer Stürmer Wolfgang Dummer mit Traumpässen, die jener lauffreudige Blitz kraftvoll in gegnerische Tormaschen drosch. Häufig bediente er auch sowjetische Gastspieler, in Weimar der Einfachheit halber Russen genannt. Weimar war Garnisonsstadt, der Trägerbetrieb der BSG Motor Weimar, das Landmaschinenbaukombinat, pflegte gute Kontakte zu den Freunden, wie man in der DDR offiziell die Sowjetbürger nannte. Sie kamen aus Russland, der Ukraine, und asiatischen Sowjetrepubliken. Der positive Kontakt zu den Besatzern befruchtete Motor, so gab es von 1976 bis 1984 einen stetigen Nachschub an Spitzenspielern aus der Sowjetunion. Das Thüringervolk verteilte schnell klangvolle Spitznamen. Dawidow wurde zu Maradonow und Alijew zu Ali. Alimäßig wurde es zuweilen schwierig, da der Stürmer Aschmann, genannt Ascher, von manchem Motor-Fan wegen seines recht dunkeln Teints ebenfalls Ali gerufen wurde. Die einfache Lösung lautete fortan: Ali 1 und Ali 2.

Die Weimarer Bürger verloren durch das fußballerische Engagement ein wenig die Furcht vor den Russen. Die sowjetischen Besatzer waren ungeliebt, es kursierten wilde Gerüchte von Vergewaltigungen, obzwar der einfache Soldat während seiner dreijährigen Stationierung in der DDR die Kaserne nie zum Ausgang verlassen durfte. Die Bedingungen für die Soldaten der ruhmreichen Sowjetarmee waren unmenschlich. Selbstmorde und Fahnenflucht nicht selten die Folge des harten Kasernenlebens.

Ein glückliches Bild vom Leben der sowjetischen Soldaten wird durch die sowjetischen Fußballer in der zweiten DDR-Liga vermittelt. Offiziell als Armeeangehörige stationiert, dürfen sie über den grünen Rasen tollen. Sie waren allesamt Offiziere, die sich für einen langen Dienst verpflichtet hatten. Viele von ihnen spielten ursprünglich bei legendären sowjetischen Clubs in der 1. Liga der Sowjetunion. In der zweiten DDR-Liga durften bis zu drei ausländische Spieler pro Match auflaufen.

Ich erlebte am 7.11.1976 beim 5:0 Sieg gegen Motor Veilsdorf erstmals die Russen. Aubakirow schoss gleich drei Tore, neben ihm stürmte Aliew. Motor vermeldete vier Neuzugänge, die ersten Russen im Motordress waren Aubakirow, Aliew, Abdulgalimow und Chan. Leider traten sie nur sehr unregelmäßig auf, Aubakirow verschwand schnell vom Rasen. Warum er entschwand, war nie zu erfahren.

Es gaben sich später noch einige die Ehre, der bekannteste und populärste war Stepan Marusynez. Tiefe Gefühle hegten wir für »die Walze« Somin, Namen wie Koslow, Davidov, Jakowlew oder Janez bringen meine verschüttete Motorseele zum Blinken. Insgesamt waren es über die Jahre fünfzehn Mann.

Stepan Marusynez kickte von 1976 bis 1981 bei Motor. Er organisierte alles, was die Gastspieler betraf und fungierte als Dolmetscher. Im Pokalspiel gegen den 1. FC Magdeburg im Jahr 1979 sollte er Torjäger Joachim Streich bewachen, dem trotzdem alle vier Treffer zum 0:4-Endstand gelangen.

Marusynez arbeitete Anfang der 2000er lange für Bayer Leverkusen in der Betreuung osteuropäischer Profis. Der gebürtige Ukrainer starb 2016 in Leverkusen. In den Zeitungen tauchte er mal als Marussinez, dann als Marrusinec, Marushinez, oder Marusinez auf. Die jeweilige Schreibweise blieb der Fantasie des Journalisten überlassen. Und fütterte unsere Fantasie. Etwas wie Homestorys sowjetischer Fußballer gab es in der gleichgeschalteten Propagandapresse der DDR nicht. Private Dinge waren Militärgeheimnisse. Ich hatte über den Russisch-Club Kontakt zu Offizieren, doch die Treffen waren langweilige Aufführungen. Wir trugen Gedichte oder Lieder auf Russisch vor, danach lief entweder ein russisches Märchen oder ein sowjetischer Kriegsfilm. Dann sangen wir: »Partisanen durch die Steppe ziehen«. Meist bekamen wir von den Sowjetoffizieren Leninabzeichen geschenkt und schenkten ihnen Ernst-Thälmann-Abzeichen. Die jeweiligen blechernen Größten Führer aller Zeiten wechselten den Besitzer, getragen haben wir Lenin natürlich nie, sie landeten bei der nächsten Gelegenheit im Mülleimer! Alles Russische war inoffiziell bei der Jugend verpönt. Niemand konnte mit einem Lenin am Revers Pluspunkte bei den Mädchen machen. Hier musste ein Victoryzeichen her, mindestens der Aufnäher eines Bundesligavereins.

Ich sammelte Fußballabzeichen und tauschte mit Offizieren oder ihren Kindern Abzeichen, wann immer es möglich war. Kamerad Snatschok! Die Kasernen waren mit hohen Mauern und Sichtblenden aus Holz verkleidet, doch es gab Löcher, es gibt immer einen Weg. Ich schlüpfte durch und traf mich auf der anderen Seite heimlich mit Jungs. Wir durften nicht gesehen werden, weder von übereifrigen DDR-Bürgern noch von sowjetischen Wachsoldaten.

Sowjetische Clubs und die sowjetische Nationalmannschaft standen ganz weit unten in der Gunst der Fußballfreunde in der DDR. Jeder Fan hatte einen Bundesligaverein als Zweitclub. Ich kenne keinen, der sich in den 70ern oder 80ern für den sowjetischen Fußball interessiert hätte.

Dann gab es in der DDR noch den SASK Elstal. Ein Fußballklub aus Elstal im heutigen Landkreis Havelland. Die Fußballer waren fast ausschließlich ehemalige Spieler von ZSKA Moskau, ZSKA hieß die sowjetische Armeesportvereinigung. Der Club absolvierte Freundschaftsspiele in der DDR und nahm gelegentlich an Turnieren teil, wurde aber nie in Meisterschaften oder Punktspielbetriebe integriert. Ab den Siebziger Jahren verlieh SASK ausländische Spieler im größeren Stil an Zweitligavereine. Für die höchste Spielklasse des DFV (Deutscher Fußball Verband) wurden ausländische Spieler nie zugelassen.

Das deutsch-russische Fußballkapitel wurde von offizieller Seite als eine Erfolgsgeschichte verkauft. Die Wirklichkeit hinter der Propaganda sah, wie so oft in der DDR, anders aus. Private Zusammentreffen gab es nur sehr wenige, die kickenden Sowjetsoldaten im Offiziersrang blieben immer Fremde in der sowjetischen Besatzungszone (SBZ), den vielen Millionen einfachen Soldaten wurde der Kontakt zur Bevölkerung verwehrt.

2018, aktualisiert 2023.

HERBSTZERREISSEN

Dies ist der Herbst. Der bricht dir noch das Herz. Fliege fort, fliege fort. Die Sonne steigt zum Berg. Und steigt. Und steigt. Und fällt bei jedem Schritt. Was ward die Welt so welk. Auf müd' gespannten Fäden schreit der Wind sein Lied. Die Hoffnung floh, er klagt ihr nach. Dies ist der Herbst. Der bricht dir noch das Herz.

Im bunten, herbstlichen Blättertrieben anno 1970 brachte mich mein Vater ans einsamste Ende des Weimar-Werks. Allda, im putzigsten Nichts, befand sich die Stätte des Heils. Ein kleiner, schotteriger Fußballplatz, der eigentlich ein Hockeyplatz gewesen war. Hockey spielte dort schon lange keiner mehr. Es tobte die junge Hoffnung Weimars, die Knabenmannschaft der BSG Motor Weimar. Plötzlich flammten mehrere Scheinwerfer auf, Flutlichtstimmung! Unten zwanzig kleine Jungs mit ungewohnten Stollen an den Füßen.

»Leg dich nicht hin, denke an deine Knie!«, war der letzte Rat des Vaters. Dann tauchte ich ein in die Fußballwelt, um für immer darin zu versinken.

Mein erster Trainer legte nicht viel Wert auf »Taktik oder ähnlichen Unfug«, wie er zu sagen pflegte. Wichtig waren nur Disziplin und Ausdauer. Also wurde gerannt und gerannt. Und geschwiegen. Freilich nur beim Training ohne Ball. Mit dem Ball musste im Moment der Ballabgabe gebrüllt werden. Ganz schön schwierig. Doch wir waren eifrige, siebenjährige Rostbratwürstchen und lasen unserem Idol die Wünsche von den Lippen ab.

Training war zweimal die Woche, jedes Wochenende fand ein Punktspiel statt. Vater fuhr mich im Trabi durch den Landkreis, ich lernte die nähere Umgebung Weimars durch den Fußball kennen. In Mellingen lebte ein fieser Stamm. In Pfiffelbach waren nur dickliche Nichtskönner anzutreffen. Aufbau Weimar war ein Lacher. Vor geschickten Blankenhainern musste man auf der Hut sein. Wir waren als Motorkicker von Hause aus auf allen Plätzen der Favorit. Und wir schlugen sie selbstverständlich alle. Der »FC Bayern« des Kreises Weimar. Am 1. Mai durften wir mit Fußballschuhen und Trikots eine Extraabteilung bilden. Unser Beitrag zum Kampf für den Weltfrieden. »Die Fußballer der BSG Motor Weimar leben hoch, hoch, hoch!«. Die Sonne schien gleich viel heller. Das war ein deutliches Privileg. Nicht wie die anderen Schulkinder am hinteren Ende des Zuges im schmutzigen Weiß der ungeliebten Pionierhemden. Wir marschierten stolz in unseren rot-weißen Trikots, auf der Brust prangte das Mal der BSG Motor.

Sonntagnachmittag spielten immer die Großen. Die erste Männermannschaft. Ganz Weimar versammelte sich bei Rostbratwurst, roter Brause und Ehrinsgdorfer Hellem. Unvergessliche Namen wie: Wolfgang Dummer, Gisbert Job, Armin Romstedt. Wir Jungs immer hinterm Tor des anwesenden Gegners. »Modor vor, schieß ein Tor!«.

Wir hatten uns vorgenommen, den Torwächter mit unseren Falsettstimmchen zu verunsichern. Es gelang selten. Eigentlich nie.

2020, aktualisiert 2023.

SCHNEEFUSSBALL

Heute stehe ich als verzweifelter Fußballdichter am Fenster und blicke, auf den frischverschneiten ehemaligen Todesstreifen darunter.

Schnee, du Geißel der Menschheit! »Aus der Traum« vom Fußballwochenende im schönen Poststadion. Seit Wochen vermiesen uns Stehranghelden Frau Wetterfrosch samt ihren Bösen Onkels von der Firma Klimawandel das Wochenendvergnügen. Dazu kommt die Arglist der städtischen Angestellten, die beispielsweise in Magdeburg einfach nicht den AN-Knopf für die Rasenheizung fanden und bei jedem Schneeflöckchen Reißaus unter Muttis Kittelschürze nehmen. Fußball im Blamierformat! Die Meute der einst johlenden Fans hockt trotzig in ihren Dörfern und gibt sich bockigen Träumereien hin.

Seifig war meine Kindheit, als Pittiplatsch Schnatterinchen nachstellte und Rostbratwurstduft mein kleines Thüringer Herz zum Pumpen brachte. Heute ist die Rostbratwurst vorgebrüht und die gute, alte Holzkohle unwürdigen Elektrogrillanlagen gewichen. Um die Umwelt schön sauber zu halten.

Geliebte Umwelt, wie schlecht ging's dir gestern, als grässliche Kombinatsdirektoren ungefiltert ihre Braunkohle durch den Schornstein schickten. In Halle fiel der Schnee schwarz vom Himmel, manchmal war er auch Purpur, wenn in Leuna wieder an der Geheimformel gebastelt wurde und seltsame Gase die Lüfte schwängerten. Schläfer, grüß mir die Sonne, grüß mir die Atomraketen! Grüß mir die Wolken, die Wolken, die von Purpur sind! Eine irre sowjetische Labormaus versuchte tatsächlich über viele Jahrzehnte, Erdöl aus dem Wasser der Saale zu gewinnen. Raffiniert, oder?

Weimar im Winter 1980. Lustig wummerte der Ofen, draußen lag meterhoch der Schnee. Trotzdem wäre niemand auf die Idee gekommen, deshalb ein Fußballspiel abzusagen. Pünktlich um acht wartete der alte Roburbus vorm Stadion und schluckte Jungs. Hatte er vierzehn und einen Trainer beisammen, schlitterte er auf matschigen Straßen Richtung Mellingen. Dort warteten die berüchtigten Traktorfußballer auf uns Intelligenzlersöhnchen. Um uns die Scheiße aus dem Leib zu prügeln und ein für alle Mal zu klären, welcher Verein König im Bratwurstland ist. Der Mellinger realisierte angeblich seit Generationen eine komische, ländliche Gemeinschaft. Roter als rot! »Inzestuöses Leben«, flüsterte Olaf und bekreuzigte sich. Unser Trainer sagte immer »Hier heeßen alle mit Vornamen Lenin oder Stalin und mit Nachnahmen Misthaufen oder Holzzipfelmütz!« Auffällig waren die roten Haare und die roten Nasen. Jeder Mellinger und jede Mellingerin war rothaarig. Die tiefrote, gummiartige Nase hing ihnen wie ein Abflussrohr im Gesicht. Sie waren mit allen Jauchen des Sozialismus gewaschen. Listig, robust, gemein. Ihre Statur erinnerte an Brühwürfel. Klein aber kompakt. Wie durch ein Wunder hielten wir bis zur 80. Minute gegen diese kommunistischen Bauernklone ein 0:0. Plötzlich schickte mich Freund Sauerbier in einem Anfall von Genialität steil. Vor mir nur noch drei Mellinger Stumpen. Ich umkurvte den ersten. Vor mir der zweite. Aus seiner tiefroten Nase schlugen Blitze, ich schloss die Augen und sprang. In meinen Ohren klangen Engelschöre nach, als ich sanft auf dem Schneeboden landete und mit Siebenmeilenschritten auf den letzten Mellinger zustürmte. Der letzte Mellinger, ihr Torwart. Er rotzte fies in meine Richtung und breitete die Arme aus. Er spielte ohne Torwarthandschuhe. Er war so breit wie zwei Brühwürfel. Er brüllte, ich brüllte, wie liefen aufeinander zu. Ich hob ab, um abermals durch einen geschickten Sprung zu brillieren. Er ahnte meine Absicht und sprang ebenfalls. Im Zenit trafen wir uns. Er harpunierte mit seinem struppigen Kopf, welchen der Mellinger auch Nüschel nennt, meine Zierden der Männlichkeit. Etwas explodierte und das Licht ging aus. (Er hieß Bert, wie ich ein paar Tage später erfuhr. In der Kabine fertigte Gegnertrainer Uwe den Bert vor der Bolztruppe ab. Bert rannte heulend mit nassen Haaren aus der Dusche, zog sich an und radelte nach Hause. Keiner hielt ihn auf. In der eisigen Winterkälte holte er sich eine Hirnhautentzündung und war eine Woche später tot.)

Ich erwachte im Krankenhaus. Mein Unterleib ganz Ballon. Katrin, die Perle des Ilmtals, hielt mir die Patschhand. Mir schwante Schlimmes. Hatten es die Mellinger wirklich geschafft? Mit mir, dem letzten männlichen Spross, das Willmannsche Geschlecht zum Erlöschen zu bringen? Vor mir lagen bange Tage des Schmerzes, doch mit Katrins tatkräftiger Hilfe erlangte ich bald positive Nachricht.

Das Spiel hatten wir im Übrigen gewonnen, da beim Aufprall der Körper der Ball einen derartigen Aufwind bekam, dass er bis ins Tor der Mellinger rollte. Beim nächsten Schneespiel stand ich wieder auf dem Platz und besuchte am Nachmittag das Schneespiel der Zeiss-Kicker, die bei klirrender Kälte Beute gegen Stahl Riesa machten. Die Strecke von Weimar nach Jena bewältigten wir mit unseren Mopeds. Gut eingemummelt als Haudegen der Landstraße. Am Sonntag schauten wir uns meist noch das Motor-Weimar-Spiel an. Auf den Rängen bauten wir Schneemänner, bewarfen die Linienrichter mit Schneebällen und bestaunten die langen Eisstangen, die wir an der Rückwand unserer alten Holztribüne abbrachen.

Der Ball flutschte über den Schnee, wir knabberten in der Halbzeit an unserer BoWu (Bockwurst) und die rote Brause floss in Strömen.

2016, aktualisiert 2023.

WIE DIE HEILIGE ANGELA IN MICH FUHR UND FUSSBALL AUF EINER HÖHEREN EBENE STATTFAND

Ostern 1981.

Ich war keine achtzehn, kickte bei Empor Weimar und pflügte mit meiner MZ 150 emsig den Weimarer Asphalt. Wir standen mit Empor auf Tabellenplatz eins und mussten im heimischen Stadion die zweite Mannschaft von BSG Motor Weimar niederringen. Wir spielten mit Empor auf Asche im »Stadion des Friedens«. Hört sich gut an, war aber auch 1981 nur ein leeres Versprechen, die Welt brannte auch damals an diversen Ecken. OK, es waren meist Stellvertreterkriege, Amis und Russen machten sich selten die Hände schmutzig.

Im kleinen Weimar beschäftigten wir Emporbuben uns nur mit den Motorkickern. Sie waren technisch besser, wir jedoch konnten besser treten, kratzen, schubsen. Sie spielten auf Rasen, wir auf schöner Schlacke. So nannten wir voll Liebe den Unterboden, der uns die Beine aufschlitzte und die Hände, wenn wir ungebremst in unsere Gegner rannten und uns mit ihnen auf dem Platz kugelten, möglicherweise heimlich nachtraten. Doppelt hielt schon immer besser. Der schlechte Platz und unser robustes Spiel raubten den Motorbübchen den Schneid, drei landeten im Dreck, es waren ihre besten Spieler. Der Motor-Trainer tobte, unsere ausnahmsweise anwesenden Eltern brüllten: Macht sie fertig! Der Schiedsrichter freute sich schon auf die leckere »Flache« Nordhäuser Doppelkorn, die wir ihm in die Kabine gelegt hatten. In der 22. Minute schickte mich Steini steil. Ich hatte rechts ein paar Meter Platz, rannte wie besengt bis zum Strafraum und traf den Ball mit dem Vollspann. Er segelte über den Torwart und traf die Unterkante der Latte.

Schon während des Segelns sah ich vor meinem inneren Auge eine holde Maid, die mich entfernt an Angela Davis erinnerte. Sie lächelte. Um ihren Hals prangten Peace-Zeichen und ihr schicker Afro erfreute mein hungriges Herz. Sie zeigte auf den Ball, fast schien es, als würde sie ihn mit einem fast unsichtbaren Tippen ihres vorzüglich manikürten Daumens ein wenig berühren. Ich erlebte diesen ehrwürdigen Moment im Bruchteil einer Sekunde und erkannte die Göttlichkeit allen Fußballs. Denn leset, von der Unterkante der Latte prallte der Ball auf den Hinterkopf des Torwarts und von seinem Brummschädel ins Tor. Ein warmer Glücksregen durchreiste meinen jungen Körper, meine Mitspieler rannten auf mich zu, alle brüllten wild durcheinander, indes sich der gegnerische Torwart nicht mehr imstande sah, weiterzuspielen.

Nur wenige Sekunden später kam Steini an den Ball. Er stand frei vor dem Torwart und musste ihn machen. Er machte ihn.

Wir gewannen die Meisterschaft und mussten in die Relegation um den Aufstieg. Einen Tag vorm Entscheidungsspiel holte mich ein LKW vom Motorrad. Ich lag beim Spiel meines Lebens im Krankenhaus, alle Zähne locker, aber geistig vollendet.

2022, aktualisiert 2023.

ICH WAR EIN SCHECKIGER HUND

Als mein Vater mich mit ungefähr acht Jahren bei der BSG Motor Weimar anmeldete, war ich ein schmächtiges Kerlchen mit Segelohren und Brille.

Brille und Fußball passten nicht gut zusammen. Weil aber Vater den bärbeißigen Coach gut kannte und ein paar milde Gaben sein Eigen nannte, ward dieser mild wie ein Lamm. Meine Mitspieler beäugten mich kritisch und gaben mir den Spitznamen »Hosenknopp«. Sie hielten mich für ein Muttersöhnchen, denn nur Muttersöhnen trugen ihrer Ansicht nach eine Brille. Um eilig zu wachsen, trank ich täglich einen Liter Milch und aß jede Bratwurst, die ich bekommen konnte. Ich badete jeden Sonntag, Punkt 17 Uhr, und ließ mich im Sommer gern an einer Stange schwebend trocknen, um schneller zu wachsen. An dieser Stange wurden Teppiche ausgeklopft und rotzbetrunkene Thüringer zum Trocknen aufgehängt. Diese Jobs übernahm ich gern, ebenso hackte ich pausenlos Holz. Beides schien mir geeignet, meinen Körper zu stählen, schließlich musste ich mir die vermaledeite »Hosenknoppigkeit« austreiben.

An manchen Tagen schlich ich heimlich in die Küche der elterlichen Wohnung in Weimar, um vor dem ersten Hahnenschrei Liegestütze und Kniebeugen zu trainieren.

Ich schien zum Fußballspieler-Schauspieler geboren zu sein. Wenn ich ganz bei der Sache und gut aufgelegt war, dann war es fabelhaft mich anzusehen, wie ich durch die Luft geigte und mich bewegte.

Im Geheimen war ich eine Leseratte. Meine bürgerliche Großmutter hatte mich sehr früh in der Kinderbibliothek angemeldet. Fußball und Brille waren, wie bereits erwähnt, schwierig. Fußball und Bücher ein Ding der Unmöglichkeit. Ich ging gern mit Oma und einem Buch in der Hand im Park spazieren, pflückte Blumen und schaute den Bienen beim Herumtüteln zu. Großmutter hasste Sport und kam nie ins Stadion, um mir beim Kicken zuzuschauen. Sie sagte, es gäbe keine Seligkeit ohne Bücher, und verachtete Fußball, sie nannte ihn »widerlichen Proletensport«. Ich hingegen wollte sein wie die Proleten. Nach ehrlichem Arbeiterschweiß riechen und die ehrliche Arbeiterfaust in den Himmel recken. Wo ist der Ball zum Einlochen? Her mit dem Bier! Mädchen, schenk mir deinen Kussmund! Ich war ein scheckiger Hund, der zwischen Gustave Flaubert und Peter Ducke hin und her schwankte. Und ich merkte mit vierzehn, als mein Körper zum Leben erwachte, welchen günstigen Eindruck es im Schatten junger Mädchenblüte hervorrief, wenn man im richtigen Augenblick den Liebreiz der Angebeteten in die schönsten Worte packte. Diesen Wettbewerbsvorteil hatte ich der Literatur zu verdanken. Fußball spielte ich weiter, ihm galt meine zweite Liebe. Als man mich bei Motor Weimar wegen mangelndem Fleiß beim Training aussortierte, fand ich nach zwei schnellen Haken eine neue Heimat bei Empor Weimar. Ein Glücksfall für eine glänzende Karriere als Nummer 2 des Weimarer Fußballs. Bei Empor landeten die gestrandeten Eintänzer, die Schönlinge, Besserwisser und Hakenschlager, die bunten Jungs, Schulschwänzer, Hallodris und Weiberrockhochheber. Meine Haare und die meiner Mitspieler waren grundsätzlich zu lang oder zu kurz. Wir waren verschrien als die »schwulen Säue« aus Weimar-City. Wir waren stolz, auf Schlacke zu trainieren, indes die pickligen Bauernsöhne nur Rasenplätze kannten und beim ersten Bodycheck Diarrhö bekamen. Wir hingegen aßen den Schorf von unseren Knien zum Frühstück, pfählten die Bauerntruppen und pflügten sie mit unseren Metallstollen (extra bauergerecht abgefeilt) auf ihren Rasenplätzen um.

2020, aktualisiert 2023.

BALZEN UND BOLZEN AM BODDEN

Während meiner Kindheit verbrachte die Familie den Sommer oft in Fuhlendorf. Ein kleiner Ort am unteren Rand des Darß. Für die richtige Ostsee reichte es nie. Meine Eltern gehörten nicht zur Arbeiterklasse, somit fielen Urlaube in Erholungsheimen des FDGB aus. Wir waren in den ausgebauten Hühnerställen listiger Dörfler untergebracht. Durften uns aber in der örtlichen Kneipe jeden Tag unseren Broiler abholen. Der Ort lag am Bodden. Eine braune, handwarme Flüssigkeit, gekrönt von gigantischen Schaummengen. Gespeist wurde das Gülleparadies von landwirtschaftlichen Großbetrieben. Heute wirbt die inzwischen gastfreie Gegend mit ihrer Natürlichkeit und Verträumtheit. Erstaunlich. 1978 durchzogen hunderte von armen Teufeln auf der Suche nach Erholung die Gegend.

Manchen Tags verzichteten wir auf unsere Broiler. Und fuhren mit dem Trabant an die Ostsee. FKK-Strand bei Prerow. Sechs Uhr früh aufstehen. Dann in die Schlange der Trabis einreihen. Die Sandburgen standen am Strand in Sechserreihen.

Wie überall fand sich auch am Boddenstrand irgendwann die Schar der Pubertierenden zusammen. Eintauchen im kühlen Nass des Boddens kam aber nicht in Frage. Es ging die Legende um, ein Sachse hätte es versucht. Als er aus dem Wasser trat, soll ihm die Haut in Fetzen vom Körper gefallen sein.

Für den stillen Betrachter ergab sich ein anmutiges Bild. Wenige Meter vor der Boddenflüssigkeit ruhten die jungen Mädchen auf ihren Handtüchern. Etwas versetzt davon spielten die Jungs Fußball. Beide Parteien taten so, als interessiere sie das Tun der anderen nicht. Die Sonne schien allen und die Zeit war ein relatives Moment. Unter der Schar junger Mädchenblüten stach besonders Isabella hervor. Ihre langen Haare umrahmten ein engelsgleiches Antlitz. Wenn sie erschien, legten sich Fuchs und Hase friedlich vor ihr nieder. Sie war die Göttin von Fuhlendorf.

Alle Jungs spielten Fußball. Egal ob sie es konnten oder nicht. Das Ziel eines jeden war, das Herz der Angebeteten zu erreichen. Viele von uns bestritten am Boddenstrand das Spiel ihres Lebens.

Icke aus Berlin war ganz besonders von Isabella angetan. Er war so ein Kleiner, Flinker. Geniale Pässe, brandgefährliche Dribblings. Jede seiner vollkommenen Finten widmete er Isabella.

Ickes Problem war seine Größe. Magere 1,59 Meter erhob sich sein Körper vom Boden. Zu wenig, um aufzufallen. Unter den vierzehn-, fünfzehnjährigen Jungs war er der Zwerg. Und er wusste aus seinen Büchern, der Zwerg bekommt am Ende der Geschichte niemals die Königstochter zur Frau. Er ist der Possenreißer. Manchmal darf er der böse Zwerg sein.

Dennis trug Jeans und T-Shirts aus dem Westen. Dennis war Torwart. Zwischen den Pfosten bot er ein glänzendes Bild. Immer wenn er als Torwart nichts zu tun hatte, zog er mit einem blauen Kamm seinen Scheitel nach und lächelte. Er lächelte in Richtung der Mädchen. Er lächelte eine ganze Woche in Richtung der Mädchen und brachte mit seinem Kamm den Scheitel in Ordnung.

Icke sah das Lächeln. Doch Icke hatte auf dem Platz keine Zeit, den Mädchen schöne Augen zu machen. Seine Augen fixierten den Ball. Er war auf dem Platz zu sehr Fußballer und vergaß es immer wieder, seine Gestalt den Mädchen verlockend zu präsentieren.

Wenn Icke am Abend in seinem Bett lag, musste er oft weinen. Er sah sich auf dem Spielfeld. Icke stand neben Dennis und schaute nach oben. Dennis Zähne blitzten in der Sonne. Icke glaubte jeden Tag an seine Chance. Sein Spiel wurde immer göttlicher. Doch Isabella interessierte sich nicht für Fußball.

Es war am Boddenstrand genauso wie im richtigen Leben. Isabella entschied sich nach einer Woche für den blonden, großgewachsenen Dennis. Fortan lief Dennis nach dem Spiel zu ihr. Er küsste sie auf den Mund. Sie gingen zusammen.

Neben Isabella und Dennis hatten sich weitere Paare gebildet. Unschuldige Küsse hinter dem Hühnerstall. Die Mädchen hatten einen »Typ«. Die Jungs eine »Kirsche«. Icke hatte keine »Kirsche« abbekommen. Icke hatte am Tag Fußball gespielt. Nachts konnte er nicht einschlafen.

Am Tag vor der Abreise spielten wir noch ein letztes Mal Fußball. Die Mädchen saßen wie immer etwas abseits.

Icke nahm sich den Ball und rannte damit auf Dennis zu. Sein Gesicht war Fratze. Icke zielte, holte aus und drosch den Ball mit enormer Wucht in Dennis Schoß. Dennis wehklagte. Dennis fiel. Schon bei Dennis erstem Schrei erhob sich Isabella und lief zu ihrem verletzten Geliebten. Dennis lag betäubt auf der Bolzwiese. Isabella entrüstet. Icke lachte. Er lachte laut. Nicht aus Häme, aus Beklommenheit. Isabella schaute Icke an. Sie sagte nur ein Wort. Sie sagte es voller Verachtung. *Zwerg.* Dann nahm sie Dennis ihn den Arm, der ihre zärtliche Fürsorge genoss und schnell genas. Und schon bald wieder lächelte. Icke stand allein. Icke dachte an Dennis' blauen Kamm. Icke rannte schreiend zum Bodden und warf sich hinein.

Wir beendeten das Spiel. Die Pärchen setzten sich zueinander. Nach einer Weile kam Icke aus dem Wasser. Seine Haut war noch dran. Kurz bevor er verschwand, drehte er sich um und schrie: »Kicken ist mein Ficken!«

Ich habe Icke fünf Jahre später im Fernsehen gesehen. Er spielte für eine bekannte DDR-Mannschaft im Europapokal in Westdeutschland. Nach dem Spiel blieb er dort. Icke hatte dazugelernt.

2013, aktualisiert 2023.

WIE ICH EINMAL WELTMEISTER WURDE

Meine erste Weltmeisterschaft wurde mir 1974 vom RFT Fernsehgerätewerk Stassfurt geschenkt. Der Fernseher mit der anmutigen Bezeichnung Color 21 schmückte bereits seit einem Jahr unser Wohnzimmer. Meine Eltern hatten ihn für 3600 DDR-Mark gekauft. Das war eine hübsche Stange Geld und entsprach in etwa drei Monatslöhnen meines Vaters. Man konnte diese Fernseher nicht einfach so kaufen. In der DDR-Mangelwirtschaft ging vieles über eine anständige Bestellung. Wenn man Glück hatte, lag nach einem halben Jahr eine Karte im Briefkasten. Der Fernseher soundso steht zur Abholung in der RFT-Kaufstelle bereit. Meine Eltern handelten mit Zigaretten und Alkohol. Auch hier gab es immer wieder Engpässe bei besonders beliebten Marken. Legte man genug Mangelerzeugnisse zur Seite, war es über einen Tausch, der manchmal zum Ringtausch geriet, möglich, früher an bestimmte rare Erzeugnisse zu gelangen. Der Color 21 stand zwischen zwei Fenstern. Ich ging immer sehr vorsichtig daran vorbei. Der Fernseher war in gewisser Weise ein Heiligtum. Er brachte den Westen in unser Wohnzimmer. Ich war elf, kickte bei Motor Weimar und war fußballerisch auf dem Zenit meiner Karriere. Zu WM-Beginn feuerten meine Freunde und ich die DDR-Fußballnationalmannschaft an. Weil sie »von uns« waren, ein Stück Heimat. Wir wurden von Staatsbürgerkundelehrkräften gegängelt und karrierebewussten FDJ-Kadern ein bisschen gequält. Wir logen im Unterricht und sagten »Wir hassen den BRD-Imperialismus in jeder Gestalt, in der er uns begegnet!« Nicht weil wir linientreu waren, sondern weil wir unsere Ruhe haben wollten. Wie unsere Eltern, die sich mit dem DDR-Sozialismus arrangiert hatten. Erst nach dem Ausscheiden der DDR schwenkten wir auf die BRD um. Die Deutschen aus dem Land der Ado-Gardine (»die mit der Goldkante«), der Lux-Seife und der Sprengel-Schokolade. Beim Endspiel gegen Holland waren alle Zonis für die BRD. Ich sah das Spiel mit meiner Familie und einigen Freunden meiner Eltern. Mutter wischte drei vorwitzige Staubkörner vom Gehäuse. Mein Vater streichelte mit der Hand über unseren Color 21, die Freunde nickten anerkennend. Im Augenblick, als die BRD Weltmeister wurde, fotografierte ich Gerd Müller vom Fernseher ab. Er hielt den Pokal mit beiden Händen fest. Und lächelte in sich gekehrt. Das Foto hing einige Jahre an der Wand über meinem Bett. Nach dem Sieg prosteten sich die Erwachsenen zu. Ich bekam mein erstes Bier.

In der Schule flüsterten wir aufgeregt in den Ecken über das Spiel. Natürlich hatten es alle gesehen, selbst der verhasste Vopo-Sohn. Wir schauten die FDJ-Sekretärin aufmüpfig an. Sie guckte weg. War das der Anfang einer Revolution? »Ihr tauben Nüsse, wie könnt ihr euch an diesem kindischen Spiel der Kapitalisten erfreuen!« Im Staatsbürgerkundeunterricht priesen wir anderntags die Vorzüge des Sozialismus gegenüber dem menschenverachtenden BRD-Kapitalismus. Ich malte unter die Schulbank ein Victoryzeichen. Der damalige Bundeskanzler Helmut Schmidt schaute sich das Spiel nicht einmal im Fernsehen an.

2010, aktualisiert 2023.

VON WEISSEN MÄUSEN UND ANDEREM GEFLÜGEL

Wenn wir gegen die Mellinger (ich erinnere: rotäugig, rothaarig, schweinsäugig, zahnlos) spielten, mussten wir uns was Besonderes einfallen lassen. Ein Sieg musste einfach her.

Remember September 1977. Die letzten Spiele wurden wir sang- und klanglos von Mellingen zusammengetreten. 0:4, 0:5, 0:3. Bittere Begebenheiten. Und ihre Kirschen verlachten uns nach Spielschluss.

Sonntag sollte es wieder nach Mellingen gehen. Was tun?

Konnte eigentlich nur Hexerei helfen. Schwarze Katzen galten mannschaftsintern als fluchintensiv. Der Haken: Man brauchte vier Exemplare. Tot, versteht sich. Unmöglich! Musste improvisiert werden. Libero Fritzschis Vater ackerte in einem NVA-Testlabor. Da gab es weiße Mäuse satt. Schwarze Katzen, weiße Mäuse? Alles Säugetiere. Irgendwie. Samstag vorm Spiel schleppte Fritzschi vier erlöste Mäuse an. Rochen schon etwas. Aber egal. Das Schicksal musste beeinflusst werden. Zu viert fuhren wir mit unseren Mopeds nach Mellingen. Zwei sicherten das Gelände ab. Fritzschi und ich robbten unbemerkt zu den Strafräumen. Wir packten zwei Feldspaten aus und gruben neben den Torpfosten auf der Torlinie zwei Löcher. Maus rein, zugeschaufelt, Beschwörung gemurmelt:

»Meine Mutti ist Abteilungsleiterin, jede Stunde steht sie ihren Mann! Tor bleib zu! Lass nix rein! Oder wir hacken dich klein! Hex, Hex beim wilden Erich!«

Nun zum anderen Tor, gleicher Fluch. Original thüringische Chiromantie.

Wir hetzten zu unseren Mopeds und fuhren nach Haus. Nach unruhiger Nacht holte uns am nächsten Morgen der klapprige Clubbarkas ab.

In Mellingen erwartete uns eine Meute brutal Gestörter. Es war wie immer: Finger knackten, Hosenboden wurden strammgezogen, verbohrte Bräute kreischten.

Wir in unsere Trikots und Höschen geschlüpft. Angetreten, Sport frei, Anstoß. Mellingen stürmte fix auf unser Tor. Doch trotz fantastischer Chancen gelang ihnen in Halbzeit eins einfach kein Tor. Hähä! Wir sparten unsere Kräfte und hielten uns zurück. Kurz vor der Halbzeit pulte Fritzschi unbeobachtet die zwei Mäuse zwischen unseren Torpfosten raus. Das Tor würden wir nach der Halbzeit berennen. Seitenwechsel und so. Kurz nach Wiederanpfiff ließen wir elegant den Ball durch unsere Reihen sausen und stürzten mit lautem Geschrei auf das mausfreie Tor. Rumms, 1:0. Die Mellinger konnten es nicht fassen. Die schnöseligen Städter hatten ihnen ein Tor eingeschenkt. Wie Wahnsinnige versuchten sie im Gegenzug einzulochen. Doch vorm Tor war »Ende Allende«. Nach neunzig gespielten Minuten schlich der rote Haufen geschlagen vom Platz. Ihre Kirschen schauten uns interessiert an, wie wir jubelnd die Kabine enterten. Verstohlen blickte ich eine außerordentliche Rothaarige an. Sie schaute. Und winkte mit dem kleinen Finger.

2012, aktualisiert 2023.

MIT EMPOR IN DIE PUBERTÄT

Im Frühling 1981 spielte ich als Mittelstürmer bei Empor Weimar. Die HO (Handelsorganisation) war Namengeber.

Wir sprangen in ausgeleierten, grünen Sportanzügen über den Hartplatz, der uns in Weimars düsterem Norden Heimat war. Der Spielboden Marke Feinstaub war früher mal ein roter Kieshaufen. Unserer Sportstätte wurde von allen Bauernlümmeln gefürchtet, die auf ihren Dörfern über schöne Rasenplätze verfügten. Wir waren Dreckfresser, jeder Sturz auf dem Felde stopfte uns das Maul mit rotem Kot und färbte unsere weißen, jugendlichen Körper.

Ich kickte Ende der 70er lustlos bei einer der zahlreichen Traktortruppen und las isoliert in der Halbzeit Nietzsche, als mich der donnernde Ruf Empors erreichte.

Empor war eine Oase des geliebten Fußballs. Eine Vereinsleitung, die nicht nur aus fußballdoofen Quadratköppen bestand, und ein sehr freundlicher Trainer, kein brutaler Päderast, wie ich sie bis dahin im Jugendbereich antraf. Unter dem freundlichen Regime unseres Trainers Hartmut Hagelganz geschah in der Saison 1980/81 ungeheuerliches. Wir spielten in der Kreisklasse Weimar Stadt und Land. Unser Hauptgegner waren die bösartigen Totmacher aus Mellinger und die weichmütigen Techniker aus Schöndorf.

Empor glänzte durch pfeilschnelle, überraschende Angriffe und durch Courage. Der Trainer hatte es geschafft, aus den Gestörten der Stadt eine Einheit zu formen. Anfangs wurden wir von den gut gefütterten Bauertruppen verlacht. Viele von uns hatten schmieriges, strähniges Haar. Wir hielten manchmal unseren Rumpf sauber, und manchmal nicht. Unsere Trikots waren ausgewichst, die Hosen hingen wie Säcke. Wir rauchten vorm Spiel erst mal eine Kippe, bevor wir uns gemächlich in die Klöten packten. Doch sobald der Schiri in seine Pfeife blies, änderte sich das Bild. Geschlossen wurde nach vorn marschiert und der Gegner fängisch gestellt. Reihenweise versohlten wir die Pfeifen vom Lande, und auch unsere städtischen Gegner wurden fachgerecht auseinandergenommen. Zur Halbserie lagen wir an zweiter Stelle. Der erste Platz berichtigte zur Teilnahme an der Aufstiegsrunde in die Bezirksliga. Dort hatte noch nie eine Empormannschaft gespielt. In der Rückrunde verstärkte unser Team ein abtrünniger Spieler des Weimarer Vorzeigeclubs Motor. Er war trainingsfaul, ein eitler Pfau. Er scharwenzelte mit sieben Mädchen auf einmal durch den finsteren Goethepark, trat aber genial gegen den Ball. Mit ihm schafften wir das Unmögliche, wir wurden Kreismeister. Die Bauern tobten, wir feixten uns eins. Ich feixte mir eins zu viel und knallte mit meinem Motorrad gegen einen LKW. Vom Krankenlager verfolgte ich den Siegeszug meiner Emporkömmlinge. Tatsächlich schafften wir den Aufstieg in die zweithöchste Spielklasse der DDR. Da wir aber altersmäßig im nächsten Jahr in die Männermannschaft aufrückten, konnten wir die Früchte unserer Siege nicht ernten. Unsere Nachrücker stiegen in der Folge sofort wieder ab.

2021, aktualisiert 2023.

OSTEUROPA

MOSTAR SEHEN UND WEINEN

»Ich parlar Deutsch!«, ruft die Schankwirtin und reicht uns strahlend Ožujsko-Becher über den improvisierten Stadiontresen. Wir stehen an einem der wackligen Tische auf dem Parkplatz vor dem Stadion des HŠK Zrinjski Mostar, hinter uns die grau verputzte Mauer zum Stadion. Darin ein quadratisches Loch, weiß umrandet, aus dem heraus die Tickets verkauft werden. Alles erscheint symbolisch in dieser Stadt, die Ruinen, die flimmernde Hitze, das mächtige Kreuz auf dem kroatischen Hausberg, der orthodoxe Kirchenneubau auf der anderen Seite, die Minarette mittendrin und tief unten der Fluss, der Kroaten und Bosniaken trennt.

Am besten lässt sich Mostar frühmorgens erkunden, wenn die Stadt den Tieren gehört. Wir steigen hinab von unserer Ferienwohnung an der stark befahrenen Landstraße. Das muslimische Zentrum mit seinen Moscheen und Friedhöfen schlummert noch. Eine Katze spaziert auf den glänzenden Steinen der leeren Hauptstraße Braće Fejića, wir queren den Fluss nördlich der Altstadt. Dort ist das Leben bereits erwacht und im Westteil herrscht buntes Treiben. Bäckereien und Friseure werden frequentiert, Musik quillt aus den Läden. Der Glockenturm des Franziskanerklosters ragt über Einkaufszentren, Hotels und Reisebusse, die sich mit Rollkoffertouristen füllen. In südöstlicher Richtung wechselt das Alter der Häuser wieder und statt Asphalt bilden faustgroße Pflastersteine die Straße. Hier und da wird ein hölzerner Fensterladen geöffnet, Verkäufer jonglieren Tabletts mit Kaffeegläsern. Eine Gasse steigt an und plötzlich liegt sie vor uns im Sonnenschein: die Brücke, vor mehr als 400 Jahren errichtet, vor 25 Jahren von kroatischen Soldaten zerstört und 2004 wiederaufgebaut. Ihre hellen Steine geben Bögen frei und schenken eine fantastische Aussicht ins Neretva-Tal. Drei dickfellige Straßenköter liegen quer über dem Stari Most (Alte Brücke) drapiert und schlafen, unter ihnen schießen blau glitzernde Eisvögel den Fluss entlang. Noch sind keine Touristen unterwegs, um die erste Weltkulturerbestätte Bosnien-Herzegowinas zu bestaunen.

Am Nachmittag nimmt uns unser Wirt Adem mit zum Zweitligaspiel FK Velež Mostar gegen NK Zvijezda Gradačac. Mit 2.000 weiteren Fans pilgern wir gen Norden zum Stadion Vrapčići im gleichnamigen Stadtteil. Die Berglandschaft um das kleine Stadion bildet eine fantastische Kulisse. Industrieruinen gruppieren sich vor den Gipfeln, der dreiseitige Blockaufbau korrespondiert mit der Horizontlinie. Bei Brause und Sonnenblumenkernen herrscht aufgeräumte Stimmung. Junge Mädchen kommen mit ihren Cliquen, ein paar Jungs tragen Trikots des Liverpooler Stürmers Salah mit der Nummer 11. Gegenüber der Tribüne trommeln und singen die etwa 50 Ultras des Fanclubs Red Army. Gästefans sind keine anwesend. Gradačac liegt gute 300 Kilometer und fünf Stunden Autofahrt nördlich von Mostar. Während im sommerwarmen Nachmittagsspiel sieben Tore für Velež fallen, finden wir eine gemeinsame Sprache mit Adem, unserem Wirt. In den von Pyrogewitter unterstützten Torjubel mischen sich russische Satzfetzen. »Politika otschen plocho.« – »President kriminal.« Der Mittvierziger erklärt, wie die drei Bevölkerungsgruppen des Landes zwischen Korruption und Nationalismus zerrieben werden. Seine Geschwister würden im europäischen Ausland leben, aber er könne sich nicht von Mostar und Velež trennen. Der nach dem östlichen Gebirgszug Velež benannte Verein hat seine großen Zeiten hinter sich. Einst galt der Arbeiterklub als Sinnbild für die Einheit der Stadt, errang zweimal den jugoslawischen Pokal und spielte sogar im Europapokal. Beim Bau des Stadions Bijeli-Brijeg halfen Serben, Kroaten und Muslime mit, später kamen 40.000 Zuschauer, um Velež zu sehen. Adem strahlt. Vor uns landet der Ball gerade wieder im Kasten.

Eine Stunde später stehen wir auf der anderen Seite der Brücke vor besagtem Bijeli-Brijeg (deutsch: der weiße Hügel). Wir wollen auch Mostars Erstligamannschaft HŠK Zrinjski Mostar sehen, die am selben Septembersamstag gegen NK Široki Brijeg spielt. Die 2.500 Besucher dieser Partie sind im Durchschnitt einen Kopf größer als die von Velež Mostar, essen Bratwurst, trinken Bier und sitzen gemeinsam mit den Gästen aus der herzegowinischen Nachbarstadt auf der Tribüne. Popcorn und Sonnenblumenkerne werden aus Bauchläden verkauft. Tabletts voller Bier wandern in die Zuschauerreihen. Das herzegowinische Derby wirkt sehr friedlich, Mädchen schwatzen, kleine Jungs kicken im Graben, klettern auf die Absperrgitter. Sie tragen Rakitić-Shirts, ab und an flitzt ein Ronaldo oder Suárez vorbei. Vielleicht 300 Zrinjski-Ultras trommeln, singen und fackeln das gesamte Spiel über auf der Gegengraden Pyros ab; Tore fallen nicht. Zrinjski Mostar ist der jüngere Fußballklub der Stadt. Allerdings wurde bereits 1905 ein Klub mit diesem Namen gegründet, der 1945 jedoch wieder verschwand, denn unter Tito wurde er als nationalistisch geächtet. 1992 wurde Zrinjski neu gegründet und beanspruchte nach dem Bosnienkrieg das im Westteil gelegene Stadion Bijeli-Brijeg. Sehr zur Empörung der Fans von Velež Mostar, denen es seit seiner Erbauung 1971 Heimstatt gewesen war. Heute steht das Stadion für die Zerrissenheit Bosniens und Mostars, einer Stadt, die einst für ihre ethnische Toleranz und große Zahl an sogenannten Mischehen bekannt war. Versuche, sich das Stadion zu teilen, scheiterten. Das Mostar-Derby zwischen beiden Klubs erzeugt einen kriegsähnlichen Zustand. Die Sockel der Neubaublöcke und Restaurants rund um das Stadion Bijeli-Brijeg zieren überwiegend kämpferisch geprägte Zrinjski-Graffiti, im Ostteil der Stadt dominieren Velež-Schriftzüge. Wenige Tage nach unserer

Abreise kommt es bei Auswärtsfahrten beider Vereine zu einem Aufeinandertreffen von Fans, bei dem einige Verletzte zu beklagen sind. Das wissen wir noch nicht, als wir uns in der Halbzeit ein Bier bei der Schankfrau holen und mit hunderten Kroaten im warmen Sommerabend über den Parkplatz vor dem Stadion schlendern. In der Abflussrinne zwischen Parkplatz und angrenzender Straße fehlt ein Stück Abdeckgitter, und während ein kleiner Rakitić an uns vorbeiflitzt, denken wir: Hoffentlich fällt niemand rein.

2019, aktualisiert 2023.

UNTER BÖSEN BLAUEN JUNGS UND WEISSEN ENGELN

Ein geräumiger Hinterhof am Ende der Flaniermeile Zagrebs. Die Autodurchfahrt ist mit einem mehrere Meter langen Graffiti besprüht, eine Kurve mit Fahnen und Pyro, dem Schriftzug »Blue Madness« und einem weißen Adlerkopf am Ende, sehr aufwendig und kunstvoll in Szene gesetzt. Der Fanshop der Bad Blue Boys (BBB) ist ein kleines Häuschen, kioskgroß, mit Trikots, Boban Nummer 10, einem Shirt mit einem Strafbefehl der Polizei, etlichen Stickern und einer von oben bis unten beklebten Tür. Ein Aufkleber zeigt einen Totenkopf mit Dinamo-Cap über dem Schriftzug »Ustaše Zagreb«, ein anderer den serbischen »family tree«, einen kahlen Baum, an dem drei Leichen hängen. Unweit des Shops trinken wir ein Bier. Am Nachbartisch sitzt ein junger Mann, der beobachtet, wie wir die BBB-Sticker auf unserem Cafétisch auslegen. Wir fragen ihn nach dem Spiel am Sonntag, ob es voll wird. »Ich denke schon, es ist der Abschluss gegen die Torcida, das zieht auch die Leute, die sonst oft keine Lust haben.« Er fragt, wo wir herkommen, Berlin. Hertha oder Union? Eher Union! Er nickt. Viele Ultras! Aber im Moment kommen wir aus Slowenien und vor zwei Tagen waren wir beim kroatischen Pokalfinale zwischen Dinamo Zagreb und HNK Rijeka in Pula. »Mh, mh.« Er rückt seinen Stuhl heran und schwärmt, Deutschlands Ultras, sogar in Freiburg und Frankfurt kommen Zehntausende zu einem Spiel! Nein, bei uns wird es nicht voll, wenn es in der Woche ist, wie in Pula kommen nur 500. Er schüttelt den Kopf. Und 3.000 aus Rijeka! Alles verlief weitestgehend friedlich. Eine kurze Randale im VIP-Bereich. Er grinst. Welche Fanszenen sind in Kroatien relevant? Torcida aus Split, Armada aus Rijeka, White Stones aus Varadžin, Bad Blue

Boys Zagreb. Alle anderen Gruppen sind klein. Die White Angels Zagreb sind in der Stadt keine Konkurrenz für die BBB. Werden viele aus Split kommen, Torcida? Heftiges Nicken. Manchmal kommen 5.000 von denen, wenn nicht so viele im Knast sitzen. Vor ein paar Monaten gab es Kämpfe in Zagreb, da haben wir sie abgefangen, die Bullen wussten Bescheid und viele mussten ins Gefängnis, einige sind erst vor ein paar Tagen raus. »Split is the enemy!« Stimmt das mit den Torcida-Typen in Belgrad vor zwei Jahren? Die sich haben kaufen lassen? Und dass einer von ihnen auf der Autobahn gestorben ist? Kopfschütteln, er winkt ab, das will ich gar nicht so genau wissen! Split ist unser Hauptfeind, sagt er energisch. Schweigen. Nach einer Weile fragt er, wart ihr in Belgrad? Vor Partizan habe ich Respekt. Die haben auch Probleme, dort ist es aber großartig! Graffitikunst, Pyro, Nebel. Rauch, Randale ziehen vorbei. Seine Augen leuchten. Wir erzählen von unseren Begegnungen und Spielen, fragen nach den Fans von Tetovo, wo wir vor einem Monat ein ultrafreies Stadion erlebten – da steht der junge Mann fast auf, Tetovo, ja, ich weiß, ja, schlimm! Skopje auch, keine Ultras, Boykott, Desinteresse, schlechter Fußball, Polizeiwillkür. Wir kennen die Geschichte, wir schauen auf alle Ultras, wir respektieren alle – außer Split! Er schaut ernst, schwingt sich in die Sonne, grüßt und ist in der Nachmittagsmenge verschwunden.

Insgesamt herrscht eine leicht unangenehme Stimmung in Zagreb, weil die »Mütter der Nation« (die rechten Abtreibungsgegnerinnen) am Sonnabend, den 25. Mai, demonstrieren und der rechtsradikale Musiker Thompson für sie aufspielt. 70 Demonstrantinnen und Demonstranten stellen sich dagegen. Wir holen die Karten für das sonntägliche Spiel Dinamo Zagreb gegen Hajduk Split am Stadion ab. In der Schlange am Tickethäuschen stehen ein paar Dinamo-Kiew-Fans, sie lachen und kommen näher, als Anne ein Foto macht und sich als BFC-Freundin zu erkennen gibt, sofort hebt einer der Recken den rechten Arm. Nachmittags, auf der anderen Seite der Save, ein Neubaugebiet unweit des Hotels Porin (eine Flüchtlingsunterkunft), treffen wir den Soziologen Andrew Hodges beim progressiv ausgerichteten Klub Zagreb 041, der gegen seinen Lokalrivalen Zelengaj 1948 spielt. Aus dem Neubaugebiet tauchen Dinamo-Fans auf, 20 halb betrunkene Männer (mittelalt, weiß, rechtsoffen), die weitersaufen, »Dinamo Zagreb!« brüllen und dumme Sprüche ablassen. Sie stehen in einer Art Käfig, der den Bierbereich vom Fußballplatz trennt. Wir interviewen die beiden Zagreb-041-Fans und Bomba. Die Vorsängerin Bomba meint, wir sollen besser schon vorm Schlusspfiff gehen. Machen wir nicht, weil wir die netten Fußballfans um uns herum, von denen höchstens drei wie Kämpfer aussehen, nicht allein lassen wollen. Andrew, der für ein Buch ein Jahr bei den BBB recherchierte, geht in den Käfig, redet mit den Biertrinkern, die sich tatsächlich zurückhalten. Das Spiel geht für 041 verloren, es folgt ein schneller Abmarsch.

2019, aktualisiert 2023.

FUSSBALLKRIEG IN BELGRAD – ÜBER PROBLEMBESCHAFFUNGSMASSNAHMEN

Laut Hegel traten bereits die ersten Menschen bei ihrer primären Begegnung mit ihren Artgenossen in einen Kampf um Leben und Tod. Es ging dabei nicht um Besitz oder Nahrung, sondern um reine Anerkennung. Das Verhalten von Menschen bei einem Fußballspiel ist ein gutes Beispiel, um die Aktualität des deutschen Philosophen zu belegen. Der Fußball als Fortsetzung des Krieges mit anderen Mitteln.

Gerade gestern erlebte die schöne Stadt Belgrad ein Fußballspektakel der Marke Merkwürden. Serbien gegen Albanien. Wenn die Stimmen im Kopf nach Rache schreien, kann das Sehnsuchtsziel ein kleiner Genozid sein. Dabei immer niedlich aussehen. Haare gekämmt, Sonnenbrille im Haar, Foto der Mutter im Brustbeutel. Menschen sind nicht süß. Nicht einmal in einem großserbischen oder großalbanischen Fellkostüm.

In der 41. Minute senkte sich eine ferngesteuerte Drohne ins Stadion. Darin kickten Serbien und Albanien um die Qualifikation zur EM. Fucking Europa. Die Drohne transportierte eine Fahne, das Banner Großalbaniens. Dem Publikum, ausschließlich Serben, stockte der Atem. Die verhasste Fahne! Für die Serben ist der Kosovo eine serbische Provinz. Für die Albaner ein Teil Großalbaniens. Albanern wie Serben ging es um den Nationalstolz. Um Anerkennung (siehe Hegel). Laut albanischer Geschichtsschreibung war der albanische Staat vor 1912 viel größer. Die aktuellen Grenzen wurden durch die Londoner Friedenskonferenz von 1912 festgelegt und schließen heute diverse albanisch besiedelte Gebiete wie den Kosovo und Teile von Südserbien, Mazedonien, Montenegro und Griechenland aus. Für die große Mehrheit der Kosovaren und Albaner sind der Kosovo und Albanien trotzdem ein Land. Der EU-Beitritt liegt wie der Wohlstand in weiter Ferne. Trotzdem sehnt sich das albanische Volk nach einer Bestätigung seiner Bedeutung. Das ist in Serbien nicht anders. In beiden Ländern wird dieses Bedürfnis durch den Nationalismus gestillt. Dabei verwechseln die Menschen Nationalismus mit Patriotismus, wie viele auf dem Balkan. In keinem dieser Staaten funktioniert die Zivilgesellschaft. Ein Bürgerstaat ist unbekannt. Aus diesem Grund gibt es nur wenig öffentlichen Widerstand gegen nationalistische oder gar faschistische Äußerungen. Das führt wiederum zu einer breit gefächerten Akzeptanz solcher Ideen.

Albaner waren gestern nur inkognito im Stadion. Auf einen Ausschluss der Auswärtsfans hatte man sich vorher geeinigt. Wahrscheinlich, um Tote zu vermeiden. Der serbische Spieler Stefan Mitrovic sprang und riss die Fahne von der Drohne. Als er das für die Albaner heilige Stoffstück zu Boden warf, stürmten wütende albanische Spieler auf ihn zu. Handgemenge auf dem Platz, auch den Zuschauern kochte das Blut, einige wenige sprangen über die Balustraden und machten Jagd auf albanische Spieler und Funktionäre. Letztlich gelang den Albanern die Flucht in den Spielertunnel, wo sie sich verschanzt hielten. Das Spiel wurde abgebrochen. Ein trauriges Spektakel, das so gar nichts mit dem europäischen Gedanken zu tun hatte.

Unser Fußball darf niemals zum Objekt einer Minderheit degradiert werden. Die Interessen Einzelner nicht die der Masse bestimmen. Schenkt eurem Verstand mehr Beachtung. Allein um euren Mitbürgern weniger auf den Keks zu gehen. Macht euch unabhängig, feiert die Party mit Würde!

2017, aktualisiert 2023.

HAJDUK ŽIVI VJEČNO – HAJDUK LEBT EWIG

Wer wie ich mit den Digedags und der FuWo (»Fußballwoche«) die Welt entdeckte, wird bei den Worten Dalmatien und Hajduk Split fröhlich mit den Ohren wackeln. Erstmalig begegnete mir Dalmatien im Digedag-Comic, als die Helden samt Ritter Runkel auf dem Weg ins Heilige Land mit den unerfreulichen Teufelsbrüdern um Enterhaken-Ali aneinandergerieten.

Die romantischen Hajduki hingegen trieben in unseren Abenteuerbüchern ihre groben Scherze und erreichten Heldenstatus.

In der FuWo fand ich in den siebziger Jahren die Sehnsuchtsorte künftiger Weltreisen. Hajduk Split, das klang einfach besser als Traktor Krumhermersdorf oder Empor Klein Wanzleben.

Leider hat der moderne Fußballkapitalismus in den letzten zwei Jahrzehnten Vereinen wie Hajduk Split die Möglichkeit genommen, jemals im europäischen Orchester der Großen auch nur die vierte Geige zu spielen.

Regelmäßig scheidet Hajduk schon in der Europa-League-Qualifikation aus und kann sich, jedes Jahr, an der Kartoffelschalensuppenausgabestelle anstellen.

Armes Hajduk, arme Danica, armer Davor, armer Mario, deren Gastfreundschaft ich anlässlich eines solchen traurigen Ereignisses genießen durfte. Die drei gehören zu Torcida Split, Hajduks 1950 geründeter Fanvereinigung. Torcida soll heute etwa 8.000 Mitglieder haben. In Sachen Zuschauer ist Hajduk Split in Kroatien unerreichter Krösus. Im am Meer gelegenen anmutigen Heimstadion Poljud feiern regelmäßig die Massen.

Hajduk Split sieht sich oft und gern als Opfer von Dinamo Zagreb. Noch 2014 demonstrierten in Split über 30.000 Menschen unter dem Motto »Gegen die Dunkelheit, gegen die Macht«. Wohlgemerkt, es ging um Fußball, wobei der Verein

Dinamo Zagreb seitens der ehrbaren Menschen aus Split synonym für mafiöse Verstrickungen des kroatischen Fußballverbands steht. Dinamo ist heute der einzig relevante kroatische Rivale. Keiner gönnt keinem etwas, selbst europäische Erfolge des jeweiligen Clubs werden nicht beachtet.

Der aktuelle politische Kanon in der Kurve ist rechts-nationalistisch. Wobei es auch Leute gibt, die sich als links bezeichnen. In den letzten Jahren gab es immer rechte Gruppen in der Fanszene, die fortwährend stärker wurden. Nach vielen Spielen wurden vom Verband Strafen wegen Zeigens verbotener Symbole, des Deutschen Grußes oder rechter Parolen ausgesprochen, das hält aber keinen davon ab.

Dabei ist die Vereinsgeschichte von Hajduk antifaschistisch. Da Split bis 1945 zu Italien gehörte, sollte Hajduk in der italienischen Liga spielen. Das lehnten Vereinsführung und Spieler ab. Die Mannschaft floh aus Split, schloss sich 1944 den jugoslawischen Partisanen um Tito an und spielte fortan als »offizielle Armeemannschaft«. Zur Zeit der jugoslawischen Republik war Hajduk Split der erfolgreichste kroatische Club.

Antiserbische Parolen und Plakate sind heute allgegenwärtig. Vor zwei Jahren wurden in Split beispielsweise die Fans aus Rijeka während eines Spieles geschmäht, weil in Rijeka eine serbische Minderheit lebt.

In Dalmatien gibt es den Spruch: Ein Fremder wird nie verstehen, was die Dalmatiner zusammenhält. Hajduk ist ein sehr starkes Symbol für ganz Dalmatien, ein gemeinsamer Nenner, egal welcher politischen Überzeugung man ist, alle halten zu Hajduk, in allen Ecken der Region finden sich Graffitis und Liebesbekundungen für den Club. Auch über meiner Lieblings-Piratenbucht prangt im Felsen das Haiduk-Emblem.

2019, aktualisiert 2023.

IM ABGRUND LAUERT DIE TIEFE

Umgeben von der tiefblauen Adria hat die kroatische Insel Kres alles, was ein von den bösartigen Winden des deutschen Fußballs geplagter Erdenwurm braucht. Unter dem schattigen Dach eines mächtigen Feigenbaumes, umgeben von Weinranken, Blumenmeeren und freundlichen Geckos, vergisst man kurz die Minidramen der allumfassenden, germanischen Balltreterei. Der einheimische, elegant betonierte Bolzplatz ächzt unter der Sonne. Ab und an fällt eine Mücke darnieder, um sofort zu verdampfen. Am Abend finden sich junge Menschen ein, die träge an den Toren lehnen und aus selbstgedrehten Riesentüten die Präparate der Region schmauchen. Auf die Idee, gegebenenfalls einen Ball mit den Füßen zu malträtieren, kommt niemand. Zu träge macht die Hitze, der Rauch, der blau ist wie die See, dazu das Konzert der Zikaden.

Das letzte Bier wird bei Shenia geschluckt. Shenia ist Herr der Dämmerung. In seiner Sport-Kneipe halten sich die schlimmen Finger fit, der anregende Bodensatz, die Stacheln der Diestel. Im Hintergrund läuft irgendein Fußballspiel. Ab und an hört man jemanden fluchen oder jubeln.

»Die Kroaten schummeln, die Italiener schummeln, selbst die räudigen Albaner.«

Shenja tut so, als würde er mir den Kopf abschneiden und zeigt mir grinsend ein Dutzend Goldzähne.

»Es ist alles eine Frage des Preises. Ab einer bestimmten Summe wird jeder schwach. Sieh dir deine ehrbaren Deutschen Beckenbauer oder Hoeneß an. Sie alle jagen der großen Nutte hinterher und plappern gegen Bares, was du von ihnen verlangst. Wenn ich gewinnen will, kostet mich das in meiner Liga fünfhundert Euro. Ich will gewinnen. Aber nicht immer. Gier ist schlecht fürs Geschäft.«

Shenja gehört der örtliche Dorfklub. Auf den Trikots seiner Jungs steht »Shenja's Sportbar«. Ich stelle mir vor, dass jeder kroatische Dorfklub seinen Shenja hat. Der sich um alles kümmert. Viele, viele brave deutsche Bürger hätten Angst vor Shenja, hielten ihn für einen Mafioso, mit seinen Goldzähnen. Das geht doch nicht. Shenja sagt:

»Alles muss fließen. Der Geldfluss darf nicht unterbrochen werden. Die Wirtschaft der Schatten ernährt hier ganze Familien. Wir müssen an die Armen und Schwachen denken. Die staatliche Rente ist ein Witz. Freizeit bleibt Freizeit. Wir kümmern uns um Unterhaltung. Sport, bisschen mit Dope rummachen, bisschen Wetten und so.«

Ob das bei uns auch so geht? Am nächsten Tag steht in der Zeitung, dass der deutsche Steuerbetrüger, Medienliebling, Superpromi, Präsident und Aufsichtsratsvorsitzender des mächtigsten deutschen Fußballclubs, Uli Hoeneß, wohl mit einer Geldstrafe und Bewährung wegkommt. *Seine ungeheuerlichen Verdienste ... bayerisch-deutscher Fußball ... immer mit Herz ... Wurst auf dem rechten Fleck ... ohne ihn wäre alles Staub ... gab den armen, schwachen Clubs ... daran müsse man denken.*

Obwohl der Prozess noch nicht begonnen hat, steht das Urteil schon fest. Ist das Fußball? Das ist doch nur Fußball!

Was ich in Kroatien des Weiteren erledige? Ich bin Wandersmann. Die klaren Wasser der Adria umfluten meine Beine, zwei kleine, zuckersüße Möhrchen hängen mir aus den Ohren. Ich lasse mich hängen, baumeln.

Aus Deutschland dringt weitere merkwürdige Kunde. Lothar Matthäus soll Trainer bei RB Pjöngjang (Leipzig) sein und in Jena terrorisieren die Flutlichtmasten des maroden Stadions meine Lieblinge. Ein echter Knallerbsen-Strauch-am-Maschendrahtzaun-Skandal. Listige Lurche, bärbeißige Biber und/oder aus

Brandenburg eingewanderte Waschbären füllten sich jahrelang die Bäuche an den nahrhaften Lichtwerfer aus den Siebzigern. Jena ist eine der reichsten Städte Deutschlands. Steuereinnahmen von denen man weltweit nur träumen kann. Zugezogene Studenten werden gezwungen in überteuerten Kartoffelkellern und Katzenklos zu übernachten. Aus Verzweiflung verkaufen sie ihre Seele an rechte Burschenschaften. Nur weil die mit billigen Buden locken. Doch die Stadt der goldenen Klobecken lässt ihren Fußballclub verhungern. Carl Zeiss gibt keinen Cent für den Club. Der Jenaer Bürgermeister muss ein rot-weißer Schläfer sein. Vor Jahrzehnten illegal nach Jena gekommen. Mit nur einem Ziel: den ruhmvollen FCC zugrunde richten. Nun steht er kurz vorm Ziel. Der Club hat keine Heimat mehr, das Stadion eine gammelige Klärgrube. Weinende Kinder blockieren mir ihren Tretautos Jenas Straßen. Müssen die jetzt Erfurt-Fans werden? Alptraumszenarien, bald bleibt mir nur noch der Frauendingswaschmaschinenfußball.

Die Botschaft Matthäus 1–2013 gefällt mir hingegen gut. Endlich hat Lothar, genannt tote Oma, einen deutschen Club gefunden, an dem er sein Œuvre als Trainer vollenden kann. Nach den Lehrjahren beim FC Weihnachtsmann Guantanamo, Reaktor Hinkelstein Tomanien und Arschfalte Klein-Klamydien, darf er nun bis zum Ende seiner Tage in Saccharose, Glucose, Aspartam, Glucuronolacton, Coffein und so weiter bei RB Pjöngjang (Leipzig) baden.

Am kommenden Freitag eröffnet RB Pjöngjang beim Halleschen FC die Drittligasaison. Wir werden selbstverständlich dabei sein. Auf der Couch. Bei Shenja. Der setzt 1.000 Euro auf einen RB-Sieg. Ich setze dagegen. Aus purem, blitzblankem, unerlässlichem Trotz.

2016, aktualisiert 2023.

AUCH IN LJUBLJANA EROBERT VALTER SARAJEVO

Wir sind in Ljubljana, gehen in ein Restaurant, das für seine Ćevapčići berühmt ist und einen Film über den Partisan Valter in Endlosschleife zeigt. Die schlichten Holzstühle und -tische gefallen uns, ein Rollbild zeigt einen mittelalten Mann mit Maschinengewehr, der zornig schaut und dergestalt für ein Bier wirbt. Wir können zwischen fünf oder zehn Ćevapčići wählen, das bosnische Valter-Bier ist süffig. Über uns läuft der Film, in dem abwechselnd geschossen wird oder etwas in die Luft fliegt. Ohne Ton. Studenten schöpfen Suppe aus einer riesigen Terrine, Familien tafeln lautstark. In Slowenien ist alles ein bisschen teurer und schicker als im Rest Post-Jugoslawiens, es gilt nicht ohne Grund als die Schweiz der Ex-Republiken. Wirkt das Restaurant »Das ist Valter« deshalb so anheimelnd auf uns? Auf der Website dasistvalter.eu wird sein Vermächtnis erklärt: »Valter ist nicht nur der Partisanenheld, der Sarajevo vor den Besatzungsmächten schützte. Heute beköstigt er nämlich viele Städte in Slowenien und Österreich ... Das Restaurant ist Teil einer Kette. Andere Gastlokale finden Sie in Kranj, Škofja Loka, Jesenice, Maribor und im österreichischen Villach.«

»Merkwürdig, seit ich in Sarajevo bin, suche ich Walter und finde ihn nicht. Jetzt, da ich gehen muss, weiß ich, wer er ist.« Der Gestapo-Mann ist bedrohlich nah an den SS-Standartenführer von Dietrich herangetreten, dessen Stimme ruhig und gelassen bleibt. »Sie wissen, wer Walter ist? Sagen Sie mir sofort seinen Namen!« Fanfarenmusik setzt ein. »Ich werd' ihn Ihnen zeigen ...« Es sind die letzten Sekunden des Films »Valter brani Sarajevo« (Walter verteidigt Sarajevo). Die Kamera schwenkt auf Sarajevo; eine Stadt, die wie ein Tuch zwischen Berge gespannt ist, eingehüllt von Rauch und Nebel. Ein See aus Ziegeldächern, Minaretten, Schornsteinen und Hochhäusern. Von Dietrich sagt: »Sehen Sie diese Stadt? Das ist Walter.«

Der 1919 im serbischen Prijepolje geborene Vladimir Perić alias Valter war Partisan und Sekretär der Kommunistischen Partei Sarajevos, leitete jahrelang den Untergrund gegen die faschistischen Besatzer und kam in der Nacht vor der Befreiung Sarajevos am 6. April 1945 durch eine Granate ums Leben. An seiner Beerdigung nahmen über 15.000 Menschen teil. Vier Jahre später erhielt er postum den Orden des Volkshelden der Föderativen Republik Jugoslawien. 1972 drehte der bosnische Regisseur Hajrudin Krvavac einen Partisanenfilm über Valters Leben und seine Aktionen, gespielt von Velimir Bata Živojinović. Die deutschen Offiziere wurden von DEFA-Schauspielern dargestellt.

Zwei Nächte, etliche Laufkilometer, drei Museumsbesuche, drei Interviews, einen Liveauftritt des Frauenchors »Kombinat« (der bevorzugt Partisanenlieder singt) und ein Fußballspiel später sitzen wir wieder im »Das ist Valter«. Es gibt in vielen ex-jugoslawischen Republiken Valter gewidmete Restaurants, Museen und Touren. Es gibt Bands und Songs, die sich auf ihn beziehen, und Künstler, die sich unter seinem Namen im Ausland vereinen. Die Partisanentradition und das Ansehen Valters ist in Slowenien besonders groß, viele offene Fragen der Gegenwart nähren sich aus dem Befreiungskrieg der Partisanen. Der auch auf Deutsch erschienene Comic »Valter verteidigt Sarajevo« orientiert sich an den legendären Comics von Ahmet Muminović', der in den 1970er Jahren die sechs »Valter brani Sarajevo«-Episoden schuf. Mit der bosnischen Neuauflage in der Biblioteka Bosančica knüpfte ein kleiner Comicverlag in Sarajevo 2016 an den gesamtjugoslawischen Ruhm an. Der Comic wurde seinerzeit allein in China über acht Millionen Mal verkauft. Der gleichnamige Film erschien in 60 Ländern und erregte ebenfalls vor allem in China enormes Aufsehen. Über eine Million Menschen sollen den Darsteller des Valter, Bata Živojinović, bei einem Besuch in den 1970er Jahren am Flughafen empfangen haben. Der Comic erzählt von der Besatzungszeit Sarajevos, dem Widerstand und der Kollaboration. Valter ist dem Feind immer einen Schritt voraus. Er seilt sich vom Uhrenturm des Basarviertels ab, trickst deutsche Spione aus, stiehlt Essensmarken, hilft Untergrundkämpfern und der Zivilbevölkerung. Die naturalistisch gezeichneten Szenen lassen das bedrohliche Szenario der belagerten Stadt auferstehen und diebische Freude über die steten Erfolge der Partisanen aufkommen.

Uns hat es vor allem die zweite Episode angetan. Ein Sanitätszug soll von Sarajevo nach Visegrád fahren und Benzinfässer für die Betankung deutscher Panzer transportieren. Valter und seine beiden Freunde erobern, als deutsche Soldaten verkleidet, die Lokomotive des Zuges. Ihr Coup wird bemerkt und mehrere bewaffnete Deutsche versuchen, die Lok wieder einzunehmen. Als wir uns zu Valter-Bier und den unschlagbar leckeren Ćevapčići-Portionen an einem Holztisch einfinden, schiebt Valter gerade Kohlen in einen Ofen. Sein rußgeschwärzter Genosse erklimmt das Waggondach und schießt mit einer Pistole auf die Deutschen. Anne juchzt, »das kenne ich, gleich kommt ein Tunnel«. Wir verstehen die slowenischen Untertitel nicht, aber die entsetzten Gesichter auf dem Zugdach sprechen für sich. Valters Freund gleitet noch rechtzeitig in die Lok, es wird geschraubt und gerüttelt, Dampf steigt auf und, während der Zug in einen der bosnischen Berge saust, koppeln die Partisanen die Lok ab. Es knistert im Bildschirm, schwarz. Sendepause.

Während uns Brot und Bier nachgereicht werden, studieren wir die Speisekarte. »Unsere Gäste sind Feinschmecker, die gutes Essen genießen. Das gastfreundliche Personal kommt aus allen sieben Staaten des ehemaligen Jugoslawiens. Alle sind

Südslawen und verstehen sich prächtig untereinander. Oder mit den Worten unseres Obers Zoran: ›Bei uns herrscht Demokratie, deswegen ist die Stimmung in unseren Restaurants so großartig.‹ ... Unsere Gäste lieben es, eine Tasse bosnischen Kaffees zu genießen, und dazu Rahat Lokum und eine Zigarette der Marke Drina aus Sarajevo serviert zu bekommen ... Die wahren Jugo-Nostalgiker und Liebhaber des unendlich guten Essens können sich ausgezeichnete bosnische Spezialitäten gönnen und beim Zuschauen des Films ›Valter brani Sarajevo‹, der ununterbrochen auf dem großen Bildschirm läuft, entspannen ...« Auf diese Worte muss der unsichtbare Filmvorführer gewartet haben. Der Bildschirm füllt sich mit bosnischen Bergen, Rauch und einer riesigen Lokomotive. Der Zug rollt rückwärts. Ein Deutscher dreht am Bremsrad. Frank fragt, das Valter-Bier schwenkend, »wie geht das denn aus?« Im Comic schaut Valter aus dem Fenster der Lok und ruft: »Genossen, springt! Jetzt bekommen sie ihre Lokomotive wieder zurück.« Wir schauen zu, wie der Zug an einem Berghang zum Halten gekommen ist und Schauspieler Rolf Römer als Nazioffizier sich verwundert umdreht, die Lokomotive anrauschen sieht – und begreift.

2018, aktualisiert 2023.

BESUCH BEI HARUN ISA IN NORDMAZEDONIEN

»2004 habe ich aufgehört, Fußball zu spielen. Ich erlitt in Osnabrück einen Kreuzbandriss, danach war es vorbei. Ich versuchte zuerst, die Verletzung nicht operieren zu lassen, einen Monat später hatte ich die Gewissheit des Kreuzbandrisses. Nach der OP konnte ich nicht mehr auf hohem Niveau kicken. Ich kam im Jahr 2000 von Aue zu Union Berlin, es war am Anfang als ehemaliger Spieler von Tennis Borussia Berlin sehr schwer für mich bei Union. TeBe war damals der große Lokalrivale. Es gab erst viel Kritik seitens der Fans, fast schon beleidigend. ›Geh zurück nach Hause‹, war noch die harmloseste Ansage. Irgendwann gab es ein Gespräch mit ein paar kritischen Union-Fans, es war sehr laut, ich wollte nicht immer wieder unterschätzt oder gekränkt werden. Dazu hatten sie kein Recht. Ich habe ihnen gesagt, ich bin zu Union gekommen mit meinem ganzen Herzen, nicht nur wegen des Geldes, ich will mit Union aufsteigen, das habe ich ihnen versprochen. Und es auch eingehalten. Nach dem Aufstieg sind diese Fans zu mir gekommen und haben sich entschuldigt, sie haben geweint, das werde ich nie vergessen.

Bei Sachsen Leipzig hatte ich einmal ein übles rassistisches Erlebnis mit Tennis Borussia. An der Außenlinie wurde ich von einem Fan ständig beleidigt. ›Du Schwarzer!‹ ... Ich habe nur gelächelt. Ich bin auch ein Mensch wie du. Es gibt keinen großen Unterschied zwischen uns beiden. Er sagte trotzdem: ›Du bist ein Schwarzer.‹ Ich habe gelächelt. Aber solche Menschen möchte ich nicht beim Fußball treffen, auch nicht im richtigen Leben. Ich bin froh und glücklich über meine Zeit in Deutschland, ich habe meistens super Erinnerungen an das Land und die Menschen. Schon bevor ich nach Deutschland kam, war ich ein zuverlässiger Profi. Als ich in Deutschland lebte, sah ich meine Mentalität bestätigt. Ich kam vom Balkan, da ist die Zuverlässigkeit nicht das erste Wesensmerkmal. Ich habe gut nach Deutschland gepasst.

Später wurde ich der Liebling der ›Eisernen Fans‹ des 1. FC Union Berlin, sie nannten mich liebevoll ›Hartmut‹ und widmeten mir sogar einen eigenen Schal. Für mich war nach dem Wechsel zu Union jedes Spiel wichtig. Es gab 2000/01 den Druck, unbedingt aufsteigen zu müssen. Ich habe 2001 mit Union gegen Schalke 04 im DFB-Pokalfinale gestanden, das war eines meiner wertvollsten Spiele für Union, ich denke immer noch oft an dieses Spiel zurück. Wir haben es knapp verloren, das Glück fehlte, wir trafen bei unseren Chancen das Tor nicht, erst ich den Pfosten, dann Djurkovic die Latte. Wir haben uns aber trotzdem für den Europapokal qualifiziert, weil Schalke bereits die Champions-League-Qualifikation sicher hatte. Das Olympiastadion war voller Union-Fans und natürlich auch Schalkern, ein friedliches Fußballfest. Auf dem Platz war ich fokussiert, du erlebst den Lärm, aber ich war immer voll auf das Spiel konzentriert. Laut war es immer bei Union, so waren meine Unioner eben, voller Leidenschaft.

In der nächsten Saison spielten wir im Europapokal. Wegen der Anschläge in New York fiel unser Spiel am 12. September aus, alle Spiele wurden damals abgesagt. Wir waren bereits in Finnland, auch viele Fans, dann mussten wir zurück. Am Ende überstanden wir die erste Runde und mussten danach gegen die Bulgaren aus Lovetch spielen. Im Hinspiel in Berlin fehlte das Glück, beim Rückspiel schieden wir aus, obwohl uns sehr viele ›Eiserne‹ nach Bulgarien gefolgt waren. Wir spielten 0:0, das reichte nach dem 0:2 in Berlin nicht.

Mein schönstes Tor für Union schoss ich gegen Babelsberg 03 von der Mittellinie. Aus 52 Meter Entfernung. Alle anderen 26 Tore sind mir aber genauso wichtig. Beim Pokalspiel gegen Fürth schoss ich das 1:0 zum Sieg, ein Elfmetertor. Den Samstag davor hatte ich im Punktspiel einen Elfer verschossen. Dienstag gegen Fürth nahm ich mir den Ball trotzdem und rein ins Tor damit!

Als ich zu Union kam, war die Alte Försterei noch nicht das Schmuckstück von heute. Es gab kein Dach, wir haben uns in Containern umgezogen. Ich vermisse diese romantischen Container. Ich habe in der Alten Försterei gern gespielt; auch wenn es früher selten ausverkauft gewesen ist, waren die ›Eisernen Fans‹ sehr, sehr laut. Sie gaben mir durch ihre Anwesenheit ein enormes Selbstvertrauen. Ich weiß nicht mehr genau, das waren immer zwischen 4.000 und 7.000 Leute, aber alle standen hinter uns wie eine Wand, sie haben der Mannschaft oft die entscheidenden Prozente gegeben, die wir zum Sieg brauchten. Dann unser Zeugwart Detlef Schneeweiß ... und Susi ... das war wunderbar.

Als wir im Spätsommer 2001 gegen Mannheim spielten, bekam ich einen Anruf aus der Heimat, aus Tetovo. Es war ungefähr 19 Uhr. Ein Kumpel rief mich an, dein mittlerer Bruder ist gekidnappt worden. Es war ein schlimmer Schock, ich habe versucht, meine Familie telefonisch zu erreichen. Das Telefon war aus, bei meinem älteren Bruder war die Leitung immerzu besetzt, bei meinen Eltern auch. Die drei Stunden bis zur Rettung meines Bruders gegen 22 Uhr waren die schlimmsten Stunden meines Lebens. Es war in der Zeit des kurzen Bürgerkriegs zwischen Albanern und Mazedoniern in Mazedonien. Mein Bruder wurde am Rand von Tetovo von maskierten Soldaten oder Reservisten der mazedonischen Armee in seinem Auto angehalten. Er bekam eine Kapuze auf, die Leute brachten ihn in die Berge bei Skopje in die Nähe des Flusses Vardar. Seine Hände und Füße waren gefesselt. So haben sie ihn in den Fluss geworfen. Es war schon leicht dämmrig, mein Bruder lag eine Stunde im Wasser, er hatte sich bei einigen Bäumen, die im Fluss lagen, festhalten und verstecken können. Die Soldaten nahmen an, mein Bruder sei ertrunken. Als sie fort waren, hat sich mein Bruder aus dem Wasser befreit, er weiß nicht mehr wie, angetrieben vom Überlebenstrieb. Er hat mich sehr spät in der Nacht angerufen und Entwarnung gegeben: ›Mach dir keine Sorgen, ich wurde heute zum zweiten Mal geboren.‹ Mehr wollte er darüber nicht sagen. Ein schlimmes Trauma. Später hat er dann in Auszügen berichtet. Sie hatten ihn geschlagen, er fragte, wie viel Geld wollt ihr? Auch wenn du uns eine Million bringst, du kommst hier nicht wieder frei, du bist tot. Sie wollten ihn erschießen, weil aber in der Nähe ein Mann mit einem Traktor unterwegs war, sagte einer, nicht hier, es wird zu laut, vielleicht kommen noch andere Leute vorbei, wir schmeißen ihn in den Fluss. Die Täter wurden nie gefunden. Für mich war das eine schwere Zeit.

Ich bin immer zweimal im Jahr nach Hause gefahren. Im Sommer geflogen, im Winter mit dem Auto. 2001 konnte ich erst im Dezember nach Hause, weil im Sommer in meiner Heimat Krieg war. Zum Glück hat es aus meiner Familie niemanden getroffen. Leider starben andere Menschen, auch ein guter Kumpel, ein Freund aus Kindheitstagen, er spielte gern Schach, ich auch, es war ein harter Schlag. Immer wenn ich heute ein Schachspiel sehe, muss ich an ihn und seinen sinnlosen Tod denken. Meine Frau und ich hatten unsere Hochzeit für den Juni 2001 geplant. Die Hochzeit haben wir wegen des Kriegs abgesagt, der Flughafen in Skopje wurde geschlossen, wir haben dann im Dezember 2001 geheiratet. Im Januar 2002 ist meine Frau mit nach Deutschland gekommen.

2004 hörte ich mit dem Fußball auf, bis 2005 bin ich zwischen Deutschland und Tetovo gependelt. Unsere Tochter wurde in unserer Heimat geboren. Als ich nach der Verletzung in Deutschland arbeitslos war, nahm ich die Arbeitslosenunterstützung nur kurz an. Ich wollte kein Arbeitslosengeld, ich wollte auch nicht, dass meine Tochter die deutsche Staatsbürgerschaft erhält, ich wollte Deutschland nicht zur Last fallen und vom deutschen Staat Geld bekommen. Obwohl ich zwölf Jahre Steuern bezahlt habe.

Mein bester Kumpel bei Tennis Borussia, Union und später in Osnabrück war Mario Tredup. Wir haben viel Spaß gehabt. Ich habe zu ihm gesagt, hör mal zu, du Deutscher, ich habe mit meinen Steuern für dich drei Kilometer Autobahn gebaut, du kannst jetzt nicht gegen Ausländer sein! Ich habe in Deutschland Steuern bezahlt und bin stolz darauf. Ich hatte in Deutschland ein gutes Leben, ich habe kein schlechtes Gewissen, weil ich dem Land auch etwas gegeben habe.

Die Union-Fans waren die besten Fans, die ich in Deutschland erlebt habe. Ich bin heute noch auf Facebook mit vielen befreundet. Super engagiert, sie haben damals dem ständig maroden Klub mit originellen Aktionen ausgeholfen. Ich kann mich an ein Pokalspiel gegen Mönchengladbach erinnern. Es lag so viel Schnee, die Fans haben den Platz vom Schnee befreit, das vergesse ich nie. Das Spiel gewannen wir dann im Elfmeterschießen. Ein irres, dramatisches Sporterlebnis, die Mannschaft, die Fans, alle waren wie verrückt nach dem Sieg, minutenlang Gänsehaut, völlig fertig, aber – Gott sei Dank – gewonnen.

Als Profi habe ich schon mal ein oder zwei Bier getrunken, habe auch ein bisschen geraucht. Zu meiner Zeit war das Training in Deutschland sehr hart. In Jugoslawien stand der Ball im Vordergrund und das Training war sehr locker, in Deutschland war es die Physis der Spieler. Ich musste viel laufen, das war für mich als Balkanmensch nicht immer schön. Nach ein paar Monaten hatte ich mich daran gewöhnt. Ich kam mit 73 Kilo nach Berlin und war sehr schnell runter auf 68 Kilo. Vom harten Training. Mein wichtigster Trainer bei Union war Georgi Wassiljew, ein sehr harter und bestimmender Trainer, sein Spitzname sagt alles: der General. Im privaten Umgang war er ein netter Mensch, ich werde ihn nie vergessen. Hermann Gerland (mein damaliger Trainer bei Tennis Borussia) war als Mensch und

Trainer der Wichtigste für mich, ich habe heute noch Kontakt zu ihm.

In jedem Land gibt es ein bisschen Korruption. Aber leider ist Nordmazedonien das korrupteste Land Europas. Danach kommen gleich Kosovo, Serbien, Bosnien. Das ist einfach schlimm. Deshalb bin ich auch sehr weit von der Politik entfernt. Weil auf dem Balkan die Politik korrupt ist. Deutschland und Mazedonien ist wie schwarze Farbe gegen weiße Farbe. Ich lebe heute in Mazedonien, bin aber oft beruflich in Deutschland, ich habe ein Dauervisum. Ich vermisse manchmal mein Deutschland. Ich habe in Tetovo mit meinen Brüdern seit fast 30 Jahren eine Firma, die Autoteile vertreibt, wir haben zwei Geschäfte. Es läuft gut, trotz der ökonomischen Krise und der Korruption bei uns. Ich bin oft mit einem meiner Brüder auf Messen im deutschsprachigen Raum unterwegs, weil ich gut Deutsch spreche und die Mentalität der Deutschen gut verstehe. Die ›Bild‹ hat auch mal über uns berichtet, Harun Isa, der Geschäftsmann. Ich habe auch mal als Spielerberater gearbeitet, drei, vier Jahre. Als ehrlicher Mensch war ich für dieses Geschäft nicht geeignet. Ich war es nicht gewohnt, ständig mit Lügnern und Betrügern zu arbeiten. Viele Leute denken nur an Geld, nicht an die Herzen der jungen Spieler. Das ist nicht gut, irgendwann im Leben kommt, wenn man Böses tut, das Böse zurück. Deswegen habe ich als Spielerberater aufgehört. In Mazedonien möchte ich gegenwärtig nicht für den Fußball arbeiten. Ich bin ein sehr einfacher, ein sehr normaler Mensch. Ich brauche keinen Reichtum und keine Macht. Ich respektiere jeden, egal, ob er Geld hat oder keins.

Das Stadion von Shkëndija Tetovo – der Verein ist neben Vardar Skopje der größte in Mazedonien – ist 300 Meter von meinem Haus entfernt. Alle, die bei Shkëndija arbeiten, haben leider keine Ahnung vom Fußball. Sie investieren hier nicht in die Jugend, sondern holen ältere Spieler von außerhalb. Es gibt kein Fundament. Von 24 Spielern sind 18 von außerhalb. In

Mazedonien gibt es viele Talente. Wenn aber ein junger Spieler mit 18 keine Chance bekommt, verkümmert er. Viele junge Spieler lassen die Schule sausen, machen keine Ausbildung und setzen nur auf den Fußball. Sie leben von ihren Eltern, die 300 bis 400 Euro im Monat verdienen. Es gibt keine stetige Förderung, keine Jugendinternate, keine solide Ausbildung. Es zählt allein das schnelle Geld, die meisten packen es nicht und stehen mit 20 mit leeren Händen da. Nur Rabotnički Skopje setzt auf eigene Talente, in Tetovo bekommen die Talente keine Chance. Die jungen Leute haben von neun bis 18 Jahre nur Fußball gespielt. Mit 19 ist ihr Traum geplatzt. Kein Fußball, keine Arbeit, keine Unterstützung im Berufsleben. Offiziell liegt die Arbeitslosigkeit bei 30 Prozent, inoffiziell noch höher. Und unsere Liga ist schlecht. Man müsste sich viel mehr Gedanken machen, wie man junge Spieler nach oben bringt, und denen, die es nicht schaffen, eine Perspektive geben. Daran denkt keiner, auch nicht beim mazedonischen Fußballverband. Mein Konzept wäre, fünf ältere Spieler pro Team, ansonsten auf die Jugend setzen, auch, um die Talente zu entwickeln und später zu verkaufen, um den Klub nach vorn zu bringen. Unsere Stadien sind alle in schlechtem Zustand. Wir haben nur gute Gärtner, die den Rasen pflegen.

In Tetovo ist der Sponsor die Firma Ecolog (ein Militärdienstleister mit Hauptsitz in Dubai). Der Besitzer will ein neues Stadion bauen, hoffentlich geschieht das … irgendwann. Tetovos Ultras nennen sich Ballistët. (Im Februar 2019 haben sie sich zurückgezogen, sie waren auch Teil der Tifozat Kuq e Zi, einer Ultragruppe, die Albanien im internationalen Fußball unterstützt). Im Stadion sieht man derzeit offiziell keinen von ihnen. Die Fankultur ist hier nicht wie in Deutschland. In Mazedonien werden die Fans auch vom Verein finanziert. Vielleicht läuft das im Moment nicht. Wenn ich mich an die Fans von Union erinnere, an meine ›Eisernen‹ … die gaben ihr letztes Hemd für Union. Und hier in Tetovo? Das ist nicht normal, dass ein Verein die

Fans finanziert! Freier Eintritt, Essen, Fan-Utensilien ... wenn du einen Verein liebst, erwartest du doch kein Geld von ihm ... noch vor ein paar Jahren gab es hier 10.000 Zuschauer. Wäre ich hier Sportdirektor geworden, hätte man mich nach einem Monat gefeuert, weil ich diese Privilegien sofort abgeschafft hätte.

Shkëndija Tetovo ist ein albanischer Verein, Vardar Skopje ein mazedonischer. Shkëndija wurde zu Jugoslawien-Zeiten kurzgehalten, wie alle Vereine, die eine nationalistische Ausrichtung hatten. Tito wollte ein vereintes Jugoslawien, keine nationalistischen Gegenentwürfe. Ich habe ein Spiel zwischen Shkendija und Vardar gesehen. Nur Beleidigungen. Mir ist das fremd. Für mich gibt es nicht Mazedonier, Albaner oder Türke. Für mich zählt der Mensch, egal, an welchen Gott er glaubt. Ich respektiere alle. Ich habe Freunde in Serbien, Deutschland, Kroatien, Albanien. Ein Mensch ist ein Mensch. Deshalb mag ich auch keine nationalistischen Hooligans, egal von welchem Verein. Ich verstehe nicht und habe auch keine Antwort darauf, warum sich gerade beim Fußball die Extremisten und auch viele Gewalttäter treffen – überall auf dem Balkan. Hier muss unsere Gesellschaft sehr schnell etwas unternehmen.

Als junger Spieler wechselte ich zu Rad Belgrad, es war für mich ein großer Traum, in der damals sehr starken jugoslawischen Liga zu spielen. 1990 holte Roter Stern Belgrad den Landesmeistercup, die höchste Ehre in Europa. Ich hatte 1991 mit Rad in Bosnien ein Pokalspiel in Tomislavgrad. Es war zu Beginn des jugoslawischen Bürgerkriegs. Die Kroaten fragten mich, he Harun, was machst du da mit den Serben? Du bist Albaner! Ich sagte, auch wenn es vielleicht etwas gefährlich für mich ist, ich verdiene mein Brot in Belgrad, ich gebe hier alles. Spielte ich bei Dinamo Zagreb, würde ich dort alles geben. Ich bin Jugoslawe. Mir ist egal, was ihr dazu denkt. Unser Bus wurde nach dem Spiel demoliert, wir wurden von der Polizei eskortiert. Ich merkte natürlich, dass es in Jugoslawien langsam hochkochte, aber ich wollte

Fußball spielen und nicht irgendwelchen Parolenschreiern hinterherlaufen. Es wurde sehr gefährlich und machte keinen Spaß mehr. Ich mochte die jugoslawische Idee. Ich konnte als junger Spieler problemlos zuerst in den Kosovo und dann nach Serbien wechseln. Den einfachen Leuten ging es gut. Heute ist die Schere zwischen Reich und Arm riesengroß. Zu Jugoslawien-Zeiten hatten fast alle Arbeit. Viele arbeiteten im Westen als Gastarbeiter. Politisch waren die Leute eingeschränkt, doch 80 Prozent konnten an der Adria in staatlichen Einrichtungen Urlaub machen. Urlaub ist heute für viele Leute in Nordmazedonien ein Fremdwort. Jugoslawien war für kleine Leute ein Superland. Tetovo war eine hübsche Stadt. Heute ist die Hauptstraße voll Wettbüros, wir haben vor ein paar Wochen dagegen protestiert, das Kulturhaus ist geschlossen, der Springbrunnen auf unserem großen Platz und die Blumenrabatten sind verschwunden. Heute ist es eine Betonfläche, das Geld für die Verschönerung haben sich korrupte Politiker in die eigene Tasche gesteckt. Ich vermisse die Zeit der Blumenbeete und funktionierenden Springbrunnen in meiner Heimatstadt. Das schönste Stadion in Jugoslawien stand in Split, das Poljud, mit den fanatischen Torcida. Das größte war das jugoslawische Marakana von Roter Stern. Laut ist es überall gewesen. Modern waren die Stadien damals auch im Gegensatz zu den Ruinen von heute.

Aktuell bin ich weit weg vom Fußball. Vor zwei Jahren stand in der Zeitung, Harun Isa ist ein Kandidat für den Verband, ich habe aber eine Gegendarstellung gegeben und Nein gesagt. Fragt mich beim nächsten Mal gleich selbst, Harun Isa wird nie ein Kandidat sein. Man sagt niemals nie, also sage ich zu 99,9 Prozent Nein. Von zehn Leuten im Verband sind sieben korrupt, die drei nicht korrupten verlieren immer. In diesem Kreis von Dieben möchte ich nicht sein. Ich will meinen Namen nicht beschmutzen. Ein armer Mensch hat mehr Herz als ein reicher Mensch. Ein reicher Mensch ist nie zufrieden, einem armen Menschen reicht wenig, um glücklich zu sein. Ich verdiene normal mein Geld, ich bin nicht arrogant, ich bin glücklich mit meiner Familie. Mein Sohn ist zwölf Jahre, er spielt Fußball, viele sagen, er wäre besser als ich, er ist so schnell wie ich früher und lässt beim Spielen genau wie ich gern die Zunge aus dem Mund hängen. Ich träume davon, dass er Fußballer wird. Vielleicht nach Deutschland kommt. Andererseits habe ich auch ein bisschen Angst, dass er als junger Spieler später keine Chance bekommt und sein Traum vom Fußball kaputt gemacht wird. Ich passe auf, dass er die Schule nicht vernachlässigt. Ich bin nach dem Gymnasium Profifußballer geworden, ich hatte Glück, aber auch gute Förderer, die mein Talent erkannten. Ich habe mit 17 in der ersten Mannschaft gespielt, mit 19 bin ich zu FK Lirija Prizren in die zweite jugoslawische Liga gewechselt. Ein Jahr später spielte ich bei Rad Belgrad erste jugoslawische Liga. Ich hatte damals ein Angebot von Real Oviedo, aber mein Traum war es, einmal in der ersten jugoslawischen Liga zu spielen, deshalb habe ich auf Geld verzichtet.

Ich bin jetzt gerade noch mal Papa geworden, wenn meine Tochter später Fußball spielen will, würde ich sie genauso unterstützen wie meinen Sohn, sowieso! Sport ist Kultur. Das haben mir schon meine Eltern beigebracht, das versuche ich, auch meinen Kindern weiterzugeben. Eine Balkanliga, gespeist aus allen ehemaligen jugoslawischen Republiken, wäre eine gute Lösung. Leider haben in vielen Ländern Leute das Sagen, die keine Ahnung vom Fußball haben, auch von seiner verbindenden Kraft. Es wäre ein Traum: die Jungs aus Bosnien, dem Kosovo, aus Mazedonien, Serbien, Kroatien, Montenegro! Die starke Liga von früher! Mazedonien ist ein schönes Land. Leider ächzen wir unter Korruption und Armut. Ich wünsche mir, dass es mit meinem Volk, Albaner und Mazedonier gemeinsam, politisch und ökonomisch nach vorn geht. Keiner will Krieg.«

2019, aktualisiert 2023.

BOSNIEN-HERZEGOWINA – ALLE KNABBERTEN SONNENBLUMENKERNE

Das erste Fußballspiel sahen wir in Zenica. Ein Qualifikationsspiel zwischen Österreich und Bosnien-Herzegowina. Die bosnische Nationalmannschaft wurde von zwei aktiven Fangruppen angefeuert, die sich aus politischen Gründen hassten. Sie standen sehr weit getrennt voneinander und supporteten im Ultrastyle.

Wir kannten diese Grüppchenbildung bereits aus Serbien, wo jede politische Aufstellung ihren Widerhall in der Fanszene findet. Die Ultranationalisten mit großserbischen Fähnchen, die Durchschnittsnationalisten (gleichzeitig die größte Gruppe) mit der aktuellen Fahne Serbiens, die Fußballinteressierten mit gar keiner Fahne. Alle knabberten Sonnenblumenkerne. Das kleine Stadion in Zenica war gut gefüllt, die Zuschauer schienen seriös ergriffen, als die Nationalhymne ertönte.

Reist man nach Bosnien und Herzegowina, hat man kaum eine Möglichkeit, den Narben des jugoslawischen Bürgerkriegs auszuweichen. In Sarajevo erinnerte uns die Sniper Alley an die 1425 Tage Belagerung der Stadt in den 90ern durch die Armee der bosnischen Serben.

Als Abstecher schien uns die Karawanserei in Višegrad gerade recht. Vor dem Bürgerkrieg war Višegrad eine mehrheitlich muslimisch geprägte Stadt. Inzwischen sind fast alle Muslime vertrieben und durch Serben ersetzt, die wiederum aus anderen Gegenden Bosnien-Herzegowinas vertrieben wurden.

Die Brücke über die Drina steht im gleichnamigen Roman von Ivo Andrić stellvertretend für eine geteilte Welt aus Schmerz und Leid. Der Bürgerkrieg in Bosnien und Herzegowina führte viele junge Fußballfans direkt in den Tod. Die Gräber von Bosniaken, Serben, Kroaten, Albanern … schmücken das ganze Land. Der Weg zum serbischen Soldatenfriedhof Višegrads führt vorbei an verfallenen muslimischen Häusern. Sie sind verziert mit roten Graffiti, die in poetischen Worten an die gefallenen Delije erinnern. Delije ist der Sammelbegriff aller Fans von Roter Stern Belgrad. Die Delije waren im Bürgerkrieg besonders präsent, als Täter und Opfer. Einige Grabsteine zeigen die Porträts milchbärtiger Gestalten, die trotzig in die Ferne starren. Neben serbischen Toten wird auch russischer Toter gedacht. Der Krieg in Jugoslawien zog diverse Nationalitäten ins dunkle Grab.

Mostar, geteilte Stadt. Zwei Vereine, einer kroatisch, einer bosnisch, lieb hat sich keiner. Die Derbys finden ohne Gästefans statt. Wohlfühlfeeling kam für uns im Stadion und in der Stadt selten auf, darüber konnten uns auch nicht die großartigen Graffiti der beiden Fußballclubs hinweghelfen. Müßig zu berichten, welcher Verein die größere Nationalistendichte hat, es ist für alle nicht leicht. Alle knabberten Sonnenblumenkerne.

Auf dem Weg zum Meer machten wir in einem kroatischen Dorf in der Nähe von Široki Brijeg halt. 2009 brachte ein mehrstündiger Fußballkrieg zwischen bosnischen Fans aus Sarajewo und kroatischen Fans aus Široki Brijeg den Bürgerkrieg für ein paar Stunden zurück, der wie durch ein Wunder nur ein Menschenleben forderte. Ein freundlicher kroatischer Landbewohner lud uns zu einem Vormittagsschnaps in seinen Vorgarten. Er konnte ein wenig Deutsch, wir ein wenig Kroatisch. Wir radebrechten, knabberten Sonnenblumenkerne und tranken Schnaps. Irgendwann kam das Gespräch auf Roma. Lächelnd sagte unser Gastgeber, Zigeuner sind keine Menschen.

Wir ließen unsere halb ausgetrunkenen Gläser stehen und fuhren nach Međugorje. 1981 erschien dort die Jungfrau Maria, um den ewigen Frieden zu verkünden. Sie kam nur bis Međugorje und verwandelte sich in einen Fußball, der weint.

2019, aktualisiert 2023.

MIR DITA PRIŠTINA (GUTEN TAG, PRIŠTINA) – HERR LINDEMANN IM KOSOVO

»Etwas Besseres hätte mir nicht passieren können. Solange man lebt, lernt man. Ich habe noch nie so freundliche Leute wie hier getroffen«, sagt der einstige DDR-Nationalspieler und Jenaer Europapokalheld Lutz Lindemann und blinzelt listig in die Sonne. Wir sitzen Ende Oktober draußen auf dem Mutter-Teresa-Boulevard vor einem der vielen Cafés der kosovarischen Hauptstadt Priština. Hier flaniert an schönen Tagen das ganze Land.

Lutz Lindemann ist seit dem Sommer in Priština. Geholt als Sportdirektor, übernahm er im Herbst auch die Trainerrolle beim »FC Bayern München des Kosovo«. Den FC Priština gibt es seit 1922, er ist eines der Gründungsmitglieder des kosovarischen Fußballverbands. Dieser ist seit Mai 2016 das 55. Mitglied der UEFA und das 210. Mitglied der FIFA. So hat der FC Priština seit ein paar Monaten endlich die langersehnte Chance, sich für die Champions League zu qualifizieren. »Darum wurde ich geholt. Das ist hier der große Traum aller Kosovaren, endlich auch im Fußball international wahrgenommen zu werden.« Lindemann schaut mild lächelnd in die Ferne. Der FC Priština würde es in der ersten Runde mit Teams aus Gibraltar oder Andorra zu tun haben. Das wäre zu schaffen. Doch spätestens in der 2. Qualifikationsrunde dürfte es mit der aktuellen Mannschaft nicht weitergehen, die etwa gehobene deutsche Regionalligaqualität besitzt.

Mancher Mensch kommt mit zwanzig schon nicht mehr aus seinen Pantoffeln raus. Andere bummeln noch nach dem Eintritt ins Rentenalter durch die Welt. Zu den Weltenbummlern ist Lutz Lindemann zu zählen. Lindemanns Lieblingskinoheld ist

John Wayne. Zäher Pionier, furchtloser Cowboy. Ähnliche Qualitäten sind auch im Kosovo gefragt. Das fängt bei den Trainingsbedingungen an und hört beim Akzeptieren merkwürdiger Schiedsrichterentscheidungen auf. »Ich plane erst mal für ein Jahr, ich habe Bock auf die Aufgabe. Vielleicht lerne ich ja dann, wie die Kosovaren mit zwei Telefonen gleichzeitig bei 120 km/h zu telefonieren und mit den Oberschenkeln das Auto zu lenken«, sagt Lindemann augenzwinkernd. »Wer zögert, bereut«, so ein altes albanisches Sprichwort. Seriöse Strukturen müssen im Kosovo erst geschaffen werden. Von Leuten wie Lutz Lindemann. Oder Remzi Ejupi, dem Präsidenten des Vereins. Ein fußballverrückter Kosovare und Geschäftsmann, wohnhaft zumeist in Hessen:

»Wer in den Wirren des Krieges in den 90ern im Kosovo Fußball spielte, wurde von außen bezahlt. Der kosovarische Fußball wurde von den Serben kleingehalten. 1991 sind alle kosovarischen Teams raus aus dem jugoslawischen Verband. In der Folge wurden wir aus unserem Stadion geworfen. Es folgten fünfundzwanzig Jahre Leid. 2000, nach der relativen Unabhängigkeit des Kosovo, durften wir zurück in unser Stadion. Dann noch mal 16 Jahre warten bis zur Aufnahme in FIFA und UEFA. Wir hatten die Hoffnung schon aufgegeben. Wir schufen in den 90ern eine eigene Liga, unabhängig von Serbien. Wir haben Trikots, Bälle und Geld ins Land geschmuggelt. Alles, was man für den Erhalt des Spielbetriebs brauchte, wurde von außen ›importiert‹. Viele Spieler kamen wegen vermeintlich politischer Vergehen in den Knast. Trotzdem haben wir weiter Fußball gespielt. Dem Fußball gehört unsere Liebe. 1997 wurde ein Spiel zweimal von der Polizei unterbrochen. Nach der ersten Unterbrechung sind wir 25 Kilometer gefahren, neun Mann in einem Yugo (jugoslawischer Kleinstwagen). Da hat uns die Polizei wieder erwischt. Sind wir 40 Kilometer weitergefahren und haben das Spiel beendet (Das Spiel Lapi vs. Kek endete 2:1)«.

Nachdem Leute wie Ejupi fünfundzwanzig Jahre Geld in den Verein pumpten, wollen sie nun mit dem Fußball Geld verdienen. Sie sehen Licht am Ende des Tunnels, ihr Vorbild ist der deutsche Fußball und dessen Infrastruktur. Die Generation der heute Fünfzehnjährigen nach oben zu bringen, ist ihr ausgemachtes Ziel. Der Club investiert viel in die Jugendarbeit. Und gemeinsam mit dem Staat ins neue Stadion, in dem mindestens zwanzigtausend Fans Platz finden sollen.

Glaskugelweisheiten: Möglichst von jetzt auf gleich soll die Meisterschaft her. Der FC Priština steht momentan auf dem zweiten Platz. Zwei Punkte Abstand zum Spitzenreiter sind nichts. »Wenn wir in die Champions League kommen, putze ich eigenhändig die goldene Bill-Clinton-Statue im Zentrum Prištinas blitzeblank!«, sagt Lindemann.

Er hat als Sportchef nicht nur mit den hohen Ansprüchen des Vereins zu kämpfen, dessen letzte Meisterschaft schon ein paar Jahre her ist. Das Stadion des Clubs wird momentan renoviert, um den Anforderungen der UEFA gerecht zu werden. Der ganze Kosovo ist eine riesige Baustelle, ob das Stadion 2017 fertig wird, weiß nur der liebe Gott. Und der ist im Kosovo mal muslimisch, mal katholisch, mal orthodox. Der FC Priština spielt gegenwärtig in Obiliq auf einem besseren Acker und pendelt zum Training von einem schlechten Platz zum nächsten. »Immerhin gibt es Duschen und Kabinen«, sagt Lindemann und fühlt sich an die Frühphasen seiner Karriere erinnert. Von kaltem Ostwind durchgepustet, hält er eine kurze Trainingsansprache: »Es ist hier so warm wie im Kongo, gleich lassen wir den Ball 75 Minuten schön laufen, wir werden schön trainieren. Macht nicht so viele Übersteiger, ihr seid keine David Copperfields. Was wir morgen machen, wissen wir heute noch nicht, wir haben noch keinen Platz.« Lutz scheucht die Spieler lustvoll über den Kunstrasen und schickt einen Zuschauer, der auf dem Trainingsplatz raucht, lautstark in die Wüste.

Selbst die Nationalmannschaft des Kosovo trägt ihre Heimspiele im Ausland aus, weil es keinen vernünftigen Fußballplatz im ganzen Land gibt. Sollte das neue Stadion fertig werden, wird es Neider auf den Plan rufen. Zumal bereits heute dem Hauptstadtclub FC Priština auf seinem Ritt über die Dörfer wenig Freudengeheul entgegenweht. Extreme Härte gegen den Klassenprimus Priština gehört für die Gegner zum guten Ton.

Die Spieler Prištinas verdienen zwischen 500–1500 Euro im Monat. Der Durchschnittsverdienst im Kosovo beträgt 300 Euro, die Höchstrente liegt bei 140. Die Arbeitslosigkeit ist enorm, der Kosovo ein armes Land. Fußball ist wie überall die Sportart Nummer eins.

Aber der Kosovo ist ein junges Land, eine Zivilkultur muss sich erst entwickeln. Vieles liegt im Argen, ohne Bestechung läuft im Alltag wenig. Ein Extrainer: »Gute Kontakte zu Schiedsrichtern sind sehr wichtig. Wenn ein Team am Ende der Tabelle steht, lässt sich manchmal mit Geld viel erreichen«. Wildwestgeschichten sind in fast jedem Balkanland in der Gegenwart normal. Viele Politiker sind korrupt, auch die Polizei drückt in bestimmten Situationen gern ein Auge zu. »Trauen kann man bloß der eigenen Familie«, sagt ein weiteres albanisches Sprichwort.

Lindemann verfügt als Trainer, Sportdirektor, Chefscout und Präsident über einen riesigen Erfahrungsschatz. Er hat unter widrigen Bedingungen in der Ukraine gearbeitet, Erzgebirge Aue in den 90ern nach oben befördert. Er weiß, wie bitter das Brot im Fußball schmecken kann. Sein großes Plus: Er ist im zarten Alter von 67 ein unheimlich fleißiger und weltoffener Typ, ausgestattet mit einer gesunden Portion Rastlosigkeit. Ein bisschen die aufgeklärte Versions eines Rudi Gutendorff. »Solange ich kann, will ich was tun. Eine andere Sprache lernen, eine andere Religion. Das gibt mir so viel, das ist durch nichts zu bezahlen«, sagt Lutz Lindemann.

2017, aktualisiert 2023.

NOVI SAD, ZEHN GRAD UNTER NULL

Als ich gestern meinen Waschbärbauch vor mich hin streichelte und draußen vor der Tür der deutsche Schneesturm wütete, flog ich in Gedanken nach Novi Sad im Jahr des Herrn 2019.

Die Lage war katastrophal. Wir kamen mit dem Flixbus auf zweitägige Stippvisite aus Budapest, um Tage später das Belgrader Večiti derbi (Ewiges Derby) zu sehen, das auch unter Београдски дерби (Beogradski derbi) fungiert.

Weil Spielansetzungen auf dem Balkan einer eigenen Logik folgen, kam es nicht dazu, doch das wussten wir noch nicht, als wir in Novi Sad einfuhren. Am Abend sollte es im Stadion Karađorđe zum Punktspiel zwischen FK Vojvodina Novi Sad und FK Radnički Niš kommen. Norden gegen Süden heißt in Serbien traditionell auch immer Serben gegen Shqiptari.

Karađorđe, der Namensgeber des Stadions ist einer der Säulenheiligen des Serbentums. Er war der gewählte Anführer des Ersten Serbischen Aufstandes gegen das Osmanische Reich von 1804 bis 1813, sein abgeschlagener Kopf zierte 1817 die Pforte in Konstantinopel, nachdem er einer innerserbischen Intrige zum Opfer fiel. Manche haben eine andere Erklärung für seinen Tod. Es ist kompliziert, wie immer auf dem Balkan.

Jedenfalls hat Karađorđe es bis in die Kochbücher geschafft, heute wird in Serbien ein Schnitzel nach ihm benannt.

An jenem Spieltag wollte die Firma (organisierte Supporter von Vojvodina Novi Sad, kyrillisch Фирмаши) ihr zwanzigjähriges Bestehen feiern.

Zu Gründungszeiten war die Firma stark vom Punk Rock geprägt, Novi Sad in den 80er Jahren die jugoslawische Punkerhauptstadt. Progressiver Punk in der serbischen Nationalistensuppe? Von westlichen Deutungsmustern muss man sich schnell verabschieden, wenn man die Leute verstehen will. Sie haben ihre eigene Definition von Punk. Entweder man lässt sich darauf ein, oder steigt schnell in den Flieger nach London.

Als das Spiel begann, wehte ein kalter Wind, gefühlte 15 Grad Minus. Wir waren elegant in coole Turnschuhe und schicke Jäckchen gewandet, schließlich wollten wir ein paar Tage später durch Belgrad gockeln.

Das Stadion romantisch marode, neben uns froren sich 500 Menschen auf der Haupttribüne den Hintern ab. Zu lokalen Punkrockklängen zeigten sich kurz vor Beginn weitere 200 Herren, die entweder Firma oder angereister Sympathisant waren. Schon mächtig in die Jahre gekommen, wurde spärlich Pyro gezündet und Liedgut intoniert, gleich zu Beginn der Schlachtruf: Shqiptari, Shqiptari, Shqiptari! Untermalt von der Behauptung Косово је Србија: Kosovo je Srbija, Kosovo ist Serbien. In Exjugoslawien ist Fußball immer Politik.

Fünfzehn Auswärtsfans betraten kurz nach Spielbeginn den Gästekäfig. In vielen Stadien der Region werden aus gutem Grund die Auswärtsfans von der Polizei hinein- und herauseskortiert, häufig sogar bis in den jeweiligen Heimatort, weil Überfälle bis kurz vor die Haustür keine Seltenheit sind. Die fünfzehn tapferen Nišfans hatten nur eine Fahne dabei. Auf dem Untergrund der serbischen Flagge prangte: Косово је Србија; Kosovo je Srbija.

Doch das nützte ihnen nichts. Wie jedes Kind in Novi Sad weiß, wohnen in Nis keine Serben, sondern nur Shqiptari, Albaner.

Bereits 1878 wurden die meisten Muslime aus Nis vertrieben, die Volkszählung 2002 nennt 93,47 Prozent der Bewohner Serben. Im Fußballkontext spielt das keine Rolle, so verzweifelt sich die Nišfans auch als wahre Serben präsentierten. Ihr einziger Schlachtruf: »Kosovo je Srbija!«, wurde von den Locals gnadenlos ausgepfiffen. Fünf Minuten später rief die Firma

»Kosovo je Srbija!«, was die Tribüne mit tosendem Applaus erwiderte.

Dem Kältetod nah, entwichen wir nach Spielende in die angemietete Neubaubude, die uns einen wunderbaren Blick auf die Freiheitsbrücke über die Donau bescherte. 1976 bis 1981 erbaut, 1999 durch die NATO zerstört, bis 2005 wieder aufgebaut.

2019, aktualisiert 2023.

DAS EWIGE DERBY – PARTIZAN BELGRAD GEGEN ROTER STERN BELGRAD

Und wieder ist eine Pandemiewoche ins Land gegangen, in der ich durch Erinnerungslandschaften des Fußballs traumwandelte. Mein innerer Finger auf der Landkarte machte in Serbien Stopp. Ringelpietz in Belgrad – Partizan gegen Roter Stern ist das heiße Derby Serbiens, das alle Fans schon Wochen vorher kirre macht. Krawall und Remmidemmi, Pyrotechnik satt, geile Choreos und ohrenbetäubender Lärm.

Die Serben neigen dazu, gelegentlich ein paar Tage vor Spielbeginn noch an den Ansetzungen zu basteln. Das ist für den auswärtigen Besucher eine harte Nuss, die man nicht immer knacken kann. Ende Februar 2019 verursachten die Terminplaner Tränenbäche, als sie kurzerhand einen Spieltag fachgerecht zerlegten und das Derby einen Tag nach unserem Abflug ohne uns stattfand. Wenigstens nahmen die Belgrader und ihre vielen osteuropäischen Freunde das Stadion ordentlich auseinander und zündeten Pyro, dass es bis nach Wien leuchtete.

2020 klappte alles, obgleich man auf dem Balkan immer bis zuletzt zittern muss. Das macht womöglich auch den Reiz dieser Fußballlandschaft aus, man weiß nie, ob dich der Fußballteufel doch noch fickt.

Partizan wie Roter Stern haben in ganz Serbien und der restlichen Welt eine große Anhängerschar, die zum Derby regelmäßig austickt. Beide Gruppen können unterschiedlicher nicht sein. Roter Stern in rotweiß, Partizan in schwarzweiß. Roter Sterns Fanszene strukturiert und organisiert. Roter-Stern-Fans nennen sich Delije, was für sie ungefähr einen mutigen, starken, harten und gutaussehenden jungen Mann beschreibt. Ein Delije mag Heimatmusik, wäscht sich den Hals und ist ein stolzer Serbe.

Die Partizanfans, Grobari (Totengräber) genannt, zeichnen sich durch einen besonders hohen Wirrnisfaktor aus. Sie besingen ihre zerlumpten Fahnen, zahnlosen Münder und zerrissenen Klamotten. Sie mögen Punkmusik und sind etwa 25 Prozent weniger nationalistisch als die Delije. Ob aus politischer Überzeugung oder dem Wunsch, den Delije eins auszuwischen, wissen sie selbst nicht.

Die Grobari sind ein einziger Chaoshaufen. Ich tendiere selbstverständlich klar zum Chaos. Leider ist es so, dass die Leader der jeweiligen Fanszenen seit Jahren schwer im kriminellen Milieu verwurzelt sind. Nichtsdestotrotz ist die große Mehrheit der Fans nur fußballverrückt und brüllt während des Derbys infernalisch die Mannschaft nach vorn. Und beleidigt den Gegner in buntem Vokabular, dass für aufgeklärte deutsche Ohren verstörend klingt.

Wir waren 2020 mit unserem Freund Boban unterwegs. Ein strammer Grobari, der seine Liebe im schweizerischen Exil auslebt. Boban führte uns vorm Spiel in einer kleinen Kneipe mit Freunden und Familienmitgliedern zusammen. Erst im Lauf des Beisammenseins erkannte ich, dass es ein sehr gemischter Haufen war, halb Grobari, halb Delije. Weil Freundschaft und Familie über allem stehen, wurde sich nicht über das Fantum ausgetauscht. Es gab genug andere Themen: Biertrinken, Schnapstrinken, Sprüche klopfen.

Kurz nachdem wir die Kneipe Richtung Stadion verließen, wurde sie von einer großen Gruppe händelsuchender Wüteriche heimgesucht. Laut Wirt nix besonderes, nur ein paar zerschlagene Gläser, Scheiben usw. (Wir besuchten die Kneipe nach dem Spiel wieder.) Anscheinend untereinander rivalisierende Grobari, die sich ein wenig auf den Mund schlagen mussten. Das Spiel ging (wie gefühlt fast immer) 0:0 aus. Aber wen zur Hölle interessierte das Spiel?

2018, aktualisiert 2023.

FUSSBALL IN SERBIEN.
GOSPODIN COVEK, GROUNDHOPPER AUS SACHSEN

»Mein allerersten Spiel auf dem Boden Ex-Jugoslawiens war am 19. Oktober 2002, Partizan Belgrad gegen Roter Stern Belgrad. Das 119. Derby! Bei Partizan, es ging 2:2 aus. Das erste Mal in einem Stadion hatte ich Partizan ein Jahr vorher in Wien gesehen. Das war ein Europapokalspiel, Qualifikationsspiel, 1. Runde. Partizan wurde gegen Rapid Wien gepaart, das Hinspiel war in Belgrad.

Damals ging ein Bild rum vom Fanblock bei Partizan, das muss der 14. September 2001 gewesen sein, wo die ein Spruchband hochgehalten haben: ›Bin Laden 1 – Bush 0‹. Und ich war 21 und dachte, huch, das musst du drei Tage danach erst mal bringen. Das war ein Ding. Da ist der Zündfunke entfacht, wie kommen die denn dazu, sowas zu machen? Das Internet war noch primitiv mit Modem und so, es hat ewig gedauert, an Informationen zu kommen. Eine Website von Partizan gab es seinerzeit nicht und ich habe mich da und dort ein bissel belesen und mir war klar, ich will zum Rückspiel!

In Wien gab es noch das alte Rapid-Stadion (Gerhard-Hanappi-Stadion) und wir waren schon Stunden vorher in Hütteldorf, dem Stadtteil. Wir sind rumgestromert und nach und nach kamen die Busse mit den Serben. Das waren alte, abgefuckte Busse, da hast du dich gewundert, wie die die Strecke mit dem verrosteten Ikarus geschafft haben. Hinten guckten die Köpfe raus, es wurde serbisches Zeug gegrölt, was für mich zu diesem Zeitpunkt unverständlich war, diese kehligen Stimmen. Solche bulligen Typen mit richtig Oberkörper – da haste ein bissel aus dem Hinterhalt geguckt und gedacht, mal lieber Vorsicht! Damals wusste ich schon, Rapid ist alles andere als Fallobst, die haben selber eine Fanszene, da musst du dich eigentlich in Acht nehmen. Aber das hat die Serben alles nicht interessiert! Die kamen daher und haben sich aufgeführt wie die Schweine, denen war alles scheißegal, das fand ich sehr beeindruckend. Dass die halt keine Angst hatten. Mir war nicht so richtig klar, warum. Später fand ich dann heraus: Die NATO hat erst zwei Jahre vorher Bomben auf Belgrad fallen lassen. Und die Jugoslawien-Kriege waren noch nicht mal ein Jahrzehnt her. Die Geister, die zum Fußball fahren, sind also noch ein bissel mehr enthemmt, als ein Fußballfan so schon ist. Die Serben waren noch nicht wieder völlig befriedet. Das ging im Stadion weiter, die haben 5:0 oder 5:1 auf die Fresse bekommen, Lothar Matthäus war damals Trainer von Rapid und von Partizan Ljubiša Tumbaković. Den Serben war das Spielergebnis anscheinend egal. Die haben weiter gesungen. Die waren einfach gut drauf, die wussten: ›Wir haben hier keine Chance, aber wir wollen hier unseren Stempel hinterlassen. Die sollen sich erinnern, dass wir hier waren.‹

Es waren etwa 1000 da, die Busse, die ich gesehen habe, da saßen Belgrader Jungs drin. Das Konstrukt der Fanszene von Partizan war mir unbekannt, ich habe gedacht, das sind Fans von dem Verein. Mir war schnell klar: Da will ich auch mal hin.

Einen kleinen 106-Peugeot hatte ich als Student, dreitürig, in Grün. Damit ich meinen wiedererkenne, hatte ich 'ne Schramme reingemacht, damit ich ihn noch besser wiedererkenne, war auf der Heckscheibe ein Riesenaufkleber meines Heimatvereins angebracht. So bin ich durch die Weltgeschichte gefahren. Am 19. Oktober 2002 war mein erstes Derby. Vor der Grenze haben wir das Emblem abgeklebt. Jugoslawien war damals noch ziemlich abgeschottet. Du musstest ein Art Visumskarte kaufen und eine Extra-PKW-Versicherung abschließen, weil kein deutscher Versicherungskonzern das YUG mit auf die Grüne Karte packte. Die haben dich schon noch ein bissel abgezockt. Am Freitag los, noch ein Spiel in der österreichischen Liga mitgenommen, dann über Zagreb und Slavonski Brod, von Westen kommend, nach Belgrad reingefahren. In den ersten Jahren hattest du an der Grenze zu Kroatien noch die Hinweisschilder ›Straße nicht verlassen, Landminen!‹. Die Grenzer waren nicht das Problem, sondern die regulären Polizisten. Die kommen mit ihren Pseudolaserpistolen zur Geschwindigkeitsmessung und wollen Geld. Wir haben bezahlt. Und hinter jedem Maisfeld standen die Gauner. Beim ersten Mal wären wir fast noch zu spät gekommen zum Spiel. Einer hatte hinten den Stadtplan in der Hand und hat nach vorn gerufen, jetzt rechts, jetzt links. Ich darf hier nichts rechts, da standen auch Bullen ... das war das erste Mal, Belgrad hat damals ganz anders gerochen, über der Stadt war eine Smogglocke, das hast du schon von Weitem gesehen. Nebel, grau. Die ganze Stadt roch nach billigem Treibstoff, weil es keine Katalysatoren gab.

Das Spiel ist unentschieden ausgegangen, wer die Tore geschossen hat, kann ich nicht mehr sagen, es waren 20.000 Zuschauer da, das Partizan-Stadion JNA fasst ja 32.000. Das hing mit der geringen sportlichen Qualität zusammen, sicher hatten die Leute auch andere Sorgen in den Jahren nach den kriegerischen Konflikten. Es war auch kein besonderes Derby. Klar gab es Pyro, aber Partizan hatte keine Choreo, die haben gesungen und ein bisschen durch Debilität bestochen. Irgendwie gegen die Konventionen, irgendwas Bescheuertes machen, Hauptsache auffallen und dagegen, gegen alles. Im Nachhinein hat es deutlich bessere Derbys gegeben, aber es war mein erstes. Deswegen war es ein Flash. Wir hatten keine Kontakte, wir waren Touristen, das Land ist dir fremd, die Mentalität ist anders. Du weißt eigentlich nichts. Dementsprechend – piano! Nicht auffallen! Auto schön weit weg abstellen wegen dem deutschen Nummernschild, im Stadion keinen Max machen, unauffällige Kleider, wie man es halt so macht. Ich hab' Fotos geschossen von den Vorgängen im Stadion. Lass das 2002 fünf Ausländer im Stadion gewesen sein, jetzt will jeder dahin. Sie kommen zu achtzigst, zu hundert, manche nur einmal. Es ist ja nicht jedes Mal der totale Abriss. Die Derbys sind inflationär, du hast das Derby in der aktuellen Liga dreimal! Zweimal in der regulären Saison und dann spielen sie jetzt noch so eine Meisterrunde, wo jeweils der höher Platzierte von den beiden das Heimrecht hat. Das wird in diesem Jahr wieder Roter Stern sein. Auch noch weitere zwei Male im Pokal, wenn die Auslosung passt. Und ich garantiere dir, beim letzten Derby, das eigentlich sportlich den Meister krönt, werden die wenigsten Zuschauer sein.

Die Mystik des Derbys für Zugereiste stammt meiner Ansicht nach aus den 1990ern, seitdem im Netz Bilder kursieren. Für die Serben lag es sicherlich auch an der Qualität der beiden großen Vereine einer Stadt. Was dort alles passiert ist, da waren auch noch richtig Leute im Stadion. Bei Roter Stern hab ich auch schon Derbys von 50.000 gesehen, aber wenn du dir mal die Statistiken anschaust – früher waren auch im Partizan-Stadion 55.000! Da waren noch nicht alles Sitzplätze, da wurde alles reingelassen, und wer nicht kehr reingelassen wurde, fand einen anderen Weg, so muss das doch sein! Das Ding muss knackevoll sein!

Das Volk ist gespalten, es gibt nun mal nur die zwei Vereine, aber dass das elektrisiert, seh' ich so jetzt nicht mehr. Klar bestimmt das die Medien noch und die Leute, die sich für Fußball interessieren. Aber du wirst in Belgrad auch genug Leute treffen, die sagen, nee, früher hab ich mich dafür noch interessiert, aber heute ist alles korrupt. Das Massenphänomen gibt es nicht mehr, weil auch der Fußball zu schlecht ist. Du bist als Verein gerade dann gut, wenn du die jeweilige politische Führung hinter dir hast. Der serbische Präsident Aleksandar Vučić ist Roter-Stern-Fan. Da werden viel Witzchen drüber gemacht, aber es wird schon etwas damit zu tun haben, dass in den letzten Jahren einiges passiert ist – Roter Stern war ja meilenweit abgeschlagen, die hatten 50 Millionen Schulden und das Stadion ist vor zehn Jahren beinahe als Baugrund verscherbelt worden unter dem Präsidenten Dan Tana. In Serbien sind Vereine anders organisiert als bei uns. Wenn's um Vorstandswahlen geht, dann werden fünfzig bis sechzig Leute bestimmt, fünf müssen Ex-Spieler sein, drei sind Fans, fünfzehn sind ehemalige Verantwortungsträger, manche kommen von der einen Partei, manche von der anderen – also die beiden Vereine sind auch Parteispielzeuge. Fußball ist nun mal der Sport Nummer eins und somit auch ein ideales Propagandawerkzeug. Die Fans, die ich über die Jahre kennenlernen durfte, die sehen das als riesengroßen Zirkus, die lieben ihren Verein – aber in erster Linie aufgrund der Vergangenheit. Sie assoziieren ihre Jugend damit, die Älteren sind in Jugoslawien früher noch auswärts mitgefahren, aber inzwischen ist denen das auch peinlich, dass die Vereine Spielzeug und Vehikel von Politik und raffgierigen Managern sind! Machtinstrumente von staatlichen oder parteilichen Institutionen. Wir reden drüber, aber dann kommt, was sollen wir denn tun? Wir wissen es, aber ... Das ist wie Krebs, du kriegst die nicht los, schneidest die weg, hast vielleicht zwei Jahre Ruhe – dann sagt der Krebs, ich bin aber noch da. Ich wachse wieder. Die Leute sehen es mit einem weinenden Auge, aber das wird mit Zynismus und Sarkasmus überspielt. Die ganzen Europapokalteilnahmen in den 1980ern, wo auch Dynamo gespielt hat (sowohl BFC Dynamo als auch Dynamo Dresden), da sind die überall rumgekommen und haben auch noch gewonnen – aber wer das heute sieht und analysiert, der weiß auch, unsere Liga und unsere zwei Aushängevereine, das sind Geldmaschinen, die Talente produzieren. Wenn wir ganz viel Glück haben und wir haben schöne Gegner in der Qualifikation, dann kommen wir dort rein! Spielst du da mit, verlierst du aber gegen PSG 1:6 ... die vergangene Glorie kommt nicht wieder!

Ich hab' etwa 40 Derbys gesehen. Was mich an Belgrad reizt, hat mit der Mentalität der Leute zu tun. Die sind ein bisschen ruppig, du brauchst relativ lange, um dort das Eis zu brechen. In den ersten Jahren hing das damit zusammen, dass man Westeuropäern gegenüber noch nicht so aufgeschlossen war. Dass man die ganzen Dinge mitverbockt hat, die der serbischen Bevölkerung nicht unbedingt gefallen konnten. Über die Jahre habe ich die Leute kennengelernt und es ist ja der komplette Gegenentwurf zum Deutschen. Ich kann schon auch spontan sein, aber ich bin sehr, sehr strukturiert. In Serbien aber weiß man Samstagabend nicht, dass am nächsten Tag Sonntag ist. Die sind so wenig vorausdenkend, die leben so sehr im Moment und es geht trotzdem! Du brauchst diesen ganzen Vorbau, dieses Vorplanen eigentlich überhaupt nicht. Die Leute, die ich kennengelernt habe, sind dermaßen impulsgetrieben und extrem – wenn es heißt, heute wird gesoffen, dann sitzen die morgens früh um Sechse noch dort und sind stolz drauf, dass dem Nebenmann vorher die Augen zufallen. Aber um Acht müssen sie auf Arbeit, sofern sie Arbeit haben. Das gefällt mir, weil das nicht ich bin. Ich tauche dort gerne ein paar Tage ein, das ist alles ganz leicht, ich muss nicht optimal sein. Man kann mit wenig Geld glücklich sein. Klar beruhigt Geld, aber Serben sind kleine Kämpfer. Das fetzt. Solche Lebenskünstler kenne ich in der Form bei uns nicht. Es ist extrem maskulin dort, das muss man auch sagen. Frauen finden es vielleicht zu primitiv, was dort gesungen wird, ›Fotze‹ gehört noch zu den freundlicheren Aussagen. Es ist sehr archaisch.

Belgrad als Stadt ist preiswert – man kann für einen überschaubaren Taler viel Spaß haben – und sie vereint so viel – wie ein Crashkurs. Du hast westliche Elemente, die ganzen Shops und der ganze Mode-Qualm, die Mädels putzen sich gern mit westlichen Marken auf. Aber du hast auch diesen slawischen Touch, wo Männer nur mit Joggern rumrennen, dieses Raue.

Dieser Schmelzpunkt, zwei Dinge, Schönheit und Derbheit. In Belgrad ist immer was los, du kannst jeden Abend einen draufmachen. Da hat sich viel verändert, 2002 gab es an Tourismus gleich null. Wer wollte denn dorthin? Meine Mutter hat gesagt, auf die Minenfelder willste fahren, in den Krieg? Und heute? Die Kroaten, die Slowenen, auch aus London, die Billigflieger, die kommen alle für ein Wochenende nach Belgrad. Du brauchst keine Angst zu haben in Belgrad, auch nicht als Bosniake, als Mazedonier – das bringt doch auch Geld. Solang du die Regeln befolgst und nicht unbedingt im Kroaten-Trikot die Einkaufsmeile auf und ab stolzierst, ist alles easy.

Bekloppte gibt es trotzdem überall, auch bei Roter Stern. Ivan der Schreckliche hat auch reichlich Symbolik auf seinem Körperlein. Die Wünsche sind klar. Für den normalen Menschen ist der Kosovo Teil Serbiens. Die Schlacht auf dem Amselfeld, dieser Platz, der Ort des Nationalmythos, wird mir als Serbe aus dem Herzen gerissen. Die Hälfte der Staatengemeinschaft erkennt es an, die andere nicht. Vielleicht auch weniger. Die Jüngeren zwischen 20 und 25 haben noch ihre Sturm-und-Drang-Phase, die müssen irgendwie auffallen. Die Älteren, das geht bis Baujahr Anfang der 1960er, die machen das alles nur noch augenzwinkernd. Die kennen Leute in Bosnien, die kennen Leute in Kroatien, weil sie eigentlich Jugoslawen sind – diese Gegensätze sind erst in den 1990ern geschürt worden. Ich bin Teil eines virtuellen Netzwerks von alteingesessenen ›navijači‹ (aktiven Fans), die kommen aus allen ehemaligen Republiken und fahren seit den 1980ern mit. Die können sehr aufdrehen, weil sie die Zeit der Agitation voll mitgemacht haben. Und die sind total lieb zueinander. Was sollen wir uns denn jetzt hier hassen, wir gehen ja noch ins Stadion, aber du wirst ja ruhiger.

Roter Stern ist organisiert, Partizan ist es nicht. Das ist der fundamentale Unterschied. Auch wenn sie sich bei Partizan mal Mühe geben, 'ne schöne Choreo zu machen – was hin und wieder funktioniert. Aber bei Partizan regiert eigentlich das Chaos. Traditionell, wirklich wahr. Wenn du jemanden bei den Grobari fragst, wird jeder bestätigen, im Gegensatz dazu ist Delije sehr gut organisiert, militärisch durchexerziert! Um die Qualitäten abrufen zu können, brauchst du ganz starke Hierarchien. Es darf nicht gewackelt werden, vorne steht der Ivan, der Belgrader Putin, und das Volk dort in der Nordkurve folgt. Bei Partizan warteste eigentlich jede Minute drauf: Wer haut denn jetzt hier wem in die Fresse, um dann heute mal singen zu dürfen? Jetzt gibt es grad wieder drei eigenständige Gruppen. Alle, die Fans von Partizan sind, sind erst mal Grobari. Ich auch. Darunter gibt es aktuell drei Einheiten mit eigenem Platz, jede macht ihr eigenes Ding und sie können sich untereinander nicht riechen. Jeder behauptet von sich, wir sind die wahren! Wir sind richtige Fans, wir arbeiten nicht mit der Polizei zusammen, wir machen keinen Drogenhandel und wir nehmen keine Fans vom anderen Verein auf. Primär von Roter Stern. So. Die Realität ist – quasi jeder macht es!

Dann kam das Spiel, Mittwoch, 13.12.2017, das ACAB-Derby! Das Spiel lief schon eine Weile, auf einmal kamen maskierte Leute. Ich war mit zwei angereisten Freunden im Block unter der Anzeigetafel und wir haben das Programm mitgemacht, mit dem Klatschen hab' ich's ja als bewegungsresistente Kutte nicht so – auf einmal kommen schwarze Gestalten mit Phantommasken, alle die gleichen Klamotten, schwarze Ninjas, an den Oberarmen so weiße Streifen. Das waren alles Maschinen! Du erschrickst da, du stehst da im Block und denkst, scheiße, was geht denn hier los? Weil, es war ein paar Monate vorher passiert, da hatte Roter Stern nach 'nem ganz gewöhnlichen Spiel draußen versucht, den Grobari Fahnen abzunehmen. Und jetzt, da ging's uns nicht anders als allen anderen in der Kurve, völlig geschockt, was geht denn jetzt. Wir haben alle gedacht, das ist wieder Roter Stern, die probieren die Scheiße einfach noch mal.

Logischerweise gab's einen großen Verbrüderungseffekt, alle Leute auf die zwanzig druff. Es gibt zwar viele Kampfmaschinen dort im Block, aber da sind halt auch normale Typen. Hemden, Kinder – die haben die dort zusammengeschwartet ohne Ende. Ich habe zerrissene Klamotten gesehen, überall das Blut, ich habe gedacht, die bringen die jetzt um! Die treten die zu Brei. Da schalten ja sämtliche Sicherungen aus. Sehr zum Erstaunen haben sie die fertiggemacht, unten im Block hingelegt und den Sicherheitsdienst gerufen. Entfernt die, bringt die jetzt ja nicht um! Die Wege sind da ja kurz, Fanbeauftragter, die kennen sich. Dann wurden die über den Innenraum rausgeführt, das waren die Bilder, die um die Welt gingen.

Das waren angeheuerte Kampfsportler aus Kroatien. Der Dicke mit der Glatze ist mittlerweile tot, er war ein Kleinkrimineller aus Split, kroatischer Boxer, MMA-Fighter, 29, Ante Firić hieß der und hat angeblich zehn Scheine bekommen. Hat sich natürlich den größten Teil eingesteckt und 20 Boxer mitgenommen, die er für kleines Geld abgespeist hat – das war eine Auftragsprügelei. Die haben gedacht, die schaffen es. Es werden nicht alle erwischt worden sein, aber die sie gekriegt haben, die wurden über den Innenraum rausgeführt. Firić und drei andere saßen in Belgrad ein halbes Jahr in Haft, dann hat Serbien Abschiebung verfügt plus Einreisestopp – ihr kommt die nächsten fünf Jahre nicht mehr ins Land, weil ihr hier zivilen Aufruhr kreiert habt bei 'ner öffentlichen Sportveranstaltung. Und sie mussten 'ne Geldstrafe zahlen.

Als der Typ zurück in Split war – da gibt es ja Torcida Split –, sie haben gesagt, kommt ihr uns mal nach Hause! Ihr habt dem kroatischen Land Schande bereitet! Ihr Idioten lasst euch von irgendwelchen beschissenen Serben einkoofen und lasst euch dort verwamsen! So, und vor zwei Monaten hat der versucht, nachts um Fünfe über 'ne Autobahn zu rennen und hats Auto net gesehen – das war sein letztes Highlight im Leben. Wer hat die Kroaten bezahlt? Das würde er natürlich nie zugeben, aber es ist ein offenes Geheimnis – der ehemalige Capo, der abgesägt wurde. Er hat eben ein paar Leute um sich drumrum, die ihm vertrauen und meinen, er wäre der Richtige, und da er offenbar gezweifelt hatte, dass das reicht, hat er noch ein paar dazugekauft. Der wollte an diesem Tag die Kurve übernehmen. Das hat nicht funktioniert, danach hat er aufgerufen, ich mach jetzt meine eigene Gruppe, bin wieder da – Kimi heißt der Mann – und meine Gruppe heißt ab jetzt Partizanovci.

Was ich noch nicht erzählt hatte, warum ist Kimi von einem Tag auf den anderen abgesetzt worden? Das Problem ist, der hat die serbische Krankheit, der arme Mann: Sportwetten! Der hat also mal die kompletten Gelder der Kurve, die die über eine Saison eingezahlt haben, auf ein x-beliebiges Spiel wie Barça gegen Girona gesetzt – und das Geld verzockt! Die Kurve hat gesagt, Alter, du hast deine Verdienste, wir bringen dich jetzt nicht um, aber lass dich hier nie wieder sehen! Der hat geheiratet, ist Vater geworden, sich auf sein Kind konzentriert, erst mal. Aber anscheinend hat's irgendwann gejuckt, wenn du da oben mal der Star warst – das hat ihn nach dem Scheitern der Übernahme verleitet, diese zweite Gruppe zu schaffen. Mittlerweile sind die manchmal mehr als in der JUG, das Kräfteverhältnis ist beachtlich. Kimis Leute sind besser organisiert, die Gesänge und die Koordination, das kommt alles besser rüber. Das sind andere Lieder als in der JUG, höchstens das Kosovo-Srbija wird gemeinsam gesungen, oder auf Ivan Perović, der Jungsche, der damals abgeballert wurde, darauf können sich alle einigen. Der ist von Grobari-Leuten 2011 erschossen worden in Novi Beograd. Damals gab es auch eine Konfrontation zwischen rivalisierenden Gruppen und Perović hatte wohl eine große Klappe, hat die alten Kunden in einer Bar, einem Casino, provoziert und die haben ihn auf der Straße abgeknallt. Es vergeht kein Jahr, in dem dort niemand fußballbedingt stirbt.

Partizan wurde am 4. Oktober 1945 gegründet, aber es hat noch eine Weile gedauert, bis die tatsächlich das erste Mal in Schwarz-Weiß gespielt haben. In den Nuller Jahren hatten sie noch burgund-dunkelblaue Auswärtstrikots, weil das die ersten Farben waren. Und Roter Stern – das macht schon Sinn, dass die immer rot waren, wenn se schon Roter Stern heeßen. Russland als Land ist der Freund. Putin als Peron ist der Beschützer des serbischen Volkes, jedenfalls in der Wahrnehmung der Mehrheit. In den letzten zehn, fünfzehn Jahren wurde ein Kult kreiert, aber das ist eigentlich Volksverdummung – für das einfache Volk ist es ganz lustig, daran zu glauben, aber der Russe unterstützt Serbien nicht, weil er den Serben beschützen will. Der Serbe ist der Brückenkopf, der Finger nach Europa rein. Die EU buhlt nur um Serbien, das ist ja auch wieder ein Markt, den man mit Discountern und irgendwelchem Mist zupflastern kann, und der Serbe will eigentlich auch in die EU. Aber Russland ist ihm auch nah wegen Slawismus und der Historie. Der Westen ist noch vor 20 Jahren der Feind gewesen. Das ist für den Vučić jetzt auch nicht einfach, da den guten Weg zu finden. Aber Putin ist für jeden, mit dem ich da rede, einfach ein starker Mann, der hat 'ne Meinung, der lässt sich nicht verarschen, der hat Russland wieder auf die Landkarte gebracht, hat dem Land Stolz wiedergegeben. Die Serben sehen sich als der kleine Bruder, Serbien selbst erreicht global gesehen doch nichts, du willst dich an was Größerem aufrichten.

Die momentan tatsächlich gelebten Fanfreundschaften von Partizan sind alle zu orthodoxen Vereinen, das ist PAOK Thessaloniki, das ist CSKA Moskau, das ist CSKA Sofia. Wobei die aktuell nur auf Sparflamme gelebt wird, und einige Serben sagen: Bulgarians are Backstabbers – die Bulgaren haben in der Geschichte immer mal ganz schnell die Seiten gewechselt und dann die Messer in die Rücken ihrer bisherigen Verbündeten gehauen, Rumänien ist gleich null. Das ist eine gegenseitige

Koexistenz, ohne sich wahrzunehmen. Es kommen viele Rumänen rüber, gerade aus Timişoara, das ist bloß 170 Kilometer weg von Belgrad, die kommen oft zum Derby. Da kenne ich auch ein paar, Jugoslawien war halt auch 'ne Zeit lang viel weiter als Rumänien, was Fankultur angeht. Die Jugoslawen haben immer schon nach Italien geillert, deshalb haben sie die Farbelemente, die Choreos – und Rumänien war ja unter Ceauşescu deutlich schlechter dran als Jugoslawien unter Tito. Die Rumänen haben die Jugoslawen eher ein bissel beneidet, weil die hatten Radio und Fernsehen, es durften westliche Stars ins Land kommen! Mir hat mal einer erzählt, die haben drüben auf der rumänischen Seite versucht, das jugoslawische Radio anzuzapfen. Weil sie dort Musik hören konnten.

Partizan hat Kontakte zu Steaua, das kommt von dem Hintergrund – Armeevereine! Steaua heißt eigentlich Stern – die wird keiner verjagen, aber richtig Freundschaften, die man promotet, das sind PAOK Thessaloniki und CSKA Moskau. Roter Stern hat die Fanfreundschaft zu Spartak Moskau, also die Entsprechung in Moskau, und zu Olympiakos Piräus. Die haben also auch die Achse Russland – Serbien – Griechenland gespiegelt. Es gibt noch weitere kleine Freundschaften und Spartak Moskau zum Beispiel hat 'ne Freundschaft zu Lokomotive Plovdiv. Das sind Netzwerke, du musst nur weit genug suchen, dann findest du immer wen, über sieben Züge ist jeder Mensch mit jedem verwandt.

Inzwischen ist es für internationale Fans ungefährlich in Belgrad, wenn man sich erinnert, dass man in Belgrad ist und das ein bisschen mit Respekt angeht. Dass richtig was passiert ist, ist lange her, 2007, 2008, wo der Fan Brice Taton von Toulouse die Treppe runtergefallen ist. Die Leute haben ein paar Jahre Knast bekommen, aber man war nicht dabei. Die Beweislage war recht dünn, 13 Leute wurden verurteilt, zu grob 250 Jahren in summa. Die sind mittlerweile alle wieder frei. Frankreich hatte darauf gedrängt, hier muss ein Exempel statuiert werden, am Ende gab es eine Revisionsverhandlung. Da haben sich zwei Fußballszenen geprügelt und du solltest nie vergessen, dass du noch in Belgrad bist, auch wenn das heute ein relativ westlich erscheinendes smoothes Partystädtchen im Sonnenschein ist. Aber du solltest es dir mit den Leuten trotzdem nicht verscherzen. Und die von Toulouse – hast du jemals was von denen gehört? – haben in der Innenstadt in einem Café ein wenig den Starken markiert, haben dabei ihre Situation wohl aus zu westlich-gepamperter Sicht fehleingeschätzt. Die haben sich ein bissel geirrt in ihrer Fauststärke. 999-mal passiert nichts, das tausendste Mal fliegste die Treppe runter und es macht knack. Der hat ja noch ein paar Tage gelebt und ist dann an inneren Blutungen gestorben.

In Novi Pazar war ich zweimal mit Partizan und zweimal mit Rad, das ist die Region des Sandžak, dort leben mehrheitlich Muslime und die würden wohl insgeheim lieber zu Bosnien-Herzegowina gehören, aber richtige Abtrennungsbemühungen gab es da nie. Aber es war für Gästefans jahrelang unmöglich, dorthin zu fahren, weil die Polizei jeglichen ethnisch motivierten Trouble vermeiden wollte. Dann ist Novi Pazar durch einen Investor fast aufgestiegen, die sind aber nicht aufgestiegen, BASK Beograd ist aufgestiegen, der hat seine Lizenz an Novi Pazar verkauft, sodass die als Dritter oder Vierter doch noch aufgestiegen sind. Dann waren die auf einmal in der ersten Liga. Und die erste Liga hat natürlich auch klare Regeln, dass da Gästefans hinfahren dürfen. Das musste auf einmal organisiert werden, die haben das Stadion ein bissel saniert, das ging über einen längeren Zeitraum. Du hast nicht so viele Verkehrswege, da gibt es eine Hauptstraße, die musst du kontrollieren, und Rad – das sind nicht so viel, vielleicht 50 Mann, mit denen war ich vor 10 Jahren das erste Mal dort – wurden draußen vor der Stadt festgehalten, bis die heimische Bevölkerung im Stadion war, und dann wurde der Gästeblock reingeführt unter Tatütata, alle haben ihre Show abgezogen, also eher gesungen. Das war für mich nicht sonderlich religiös aufgeladen, obwohl ich gewarnt wurde, vorher.

Und dann war ich zwei, drei Jahre später mit Partizan mal dort. Partizan hatte 400 Mann, da waren wir auf einer anderen Tribüne. Da sind nur die Steine geflogen ohne Ende. Aus beiden Richtungen. Typisch serbisch renoviertes Stadion halt, die haben zwar saniert, aber das ist nicht so, dass sich nicht drei Zentner loses Steinematerial finden! Ich war da im Innenraum, ich hab' Fotos gemacht, wo Leute mit aufgeklatschten Augen und Stirnen herausgeführt wurden, da sind einige Krankenwagen weggefahren dann. Anschließend durften Gäste wie vorher nur nach jeweils situativer Direkteinschätzung der Ordnungsorgane anreisen – oder eben nicht. Es ließ sich nicht gefahrenfrei für beide Seiten bewerkstelligen. Novi Pazar ist dann pleite gegangen, der Investor ist im Knast gelandet, wie sich das für nen ordentlichen Serben gehört, weil das Geld offenbar aus nicht legalen Quellen stammte und dann hatte sich das Thema erledigt.«

2019, aktualisiert 2023.

DIE NÖTE DER WAHREN POLIZISTEN

Bewegt der weltgewandte Feingeist sich zum Zwecke der Erkundung fremder Fußballkulturen mit dem Automobil in Richtung Osten, wird unweigerlich das Befahren von Landstraßen zu einem fantastischen Abenteuer geraten.

Nun ist es nicht so, dass jeder Staatsdiener in Polizeiuniform zum Bleistiftspitzen prinzipiell eine Axt benutzt. Daneben lässt der lokale Bulle nur noch selten Schäferhund oder Reizgas von der Leine, um fremden Rabauken zu imponieren. Nichtsdestotrotz sind die Herren des Morgengrauens ein bösartiger Menschenschlag, dem man mit List und Tücke begegnen muss, um trockenen Pelzes seiner Wege gehen zu können.

Als uneingeschränktes Lieblingsland aller Ordnungshüter habe ich auf meinen Reisen Bosnien-Herzegowina ausgemacht. Hier findet sich eine Artenvielfalt, deren Hauptkommunikationsmittel der böse Blick und freihandgesägte Haltekellen sind.

Die Kunst der Wegelagerei wird von allen bosnischen Bullen, seien sie nun im kroatischen, bosnischen oder serbischen Teil der Republik unterwegs, ständig weiterentwickelt. Wie man hört, sollen unregelmäßige und schlechte Bezahlung Antriebsfedern ihrer Arbeit am Reisenden sein. Des Weiteren würden sie von lokalen Bürohengsten unterstützt, die einen undurchsichtigen Strafenkatalog für echte und Fantasiesünden der Helden der Landstraße erfunden haben. Möglicherweise steckt ein Industriezweig dahinter, der ganze Familien ernährt.

Die größten Fertigkeiten erlangten die fantasievollen Schelme im Brčko-Distrikt. In diesem kleinen Korridor konnte sich die Bevölkerung nicht darauf einigen, zu welcher Seite sie gehören wollte und gründete einen eigenen, de facto selbstverwalteten Distrikt. Böse Zungen nannten solche Regionen früher

Banditennester. Das berühmteste Eigengewächs dieser düsteren Ecke ist Goran Jelisić, der sich während des Bürgerkriegs schlicht »serbischer Adolf« nannte und wegen abscheulichster Kriegsverbrechen 1998 zu vierzig Jahren Knast verurteilt wurde.

Bereits an der Grenze Kroatien/Brčko und standen bei meinem ersten Besuch vier gelangweilte Buben und verlangten eine spezielle Auslandsversicherung. Ich wies sie höflich darauf hin, dass meine Versicherung für von mir verursachte Schäden im Ausland aufkäme, schließlich seien wir in Mitteleuropa und nicht in Nordkorea.

Hüstel, Hüstel. 50 Euro oder zurück.

Ich weigerte mich.

Ich bekam einen Ehrenplatz im Niemandsland zugewiesen.

Ich zahlte und bekam einen bunten Wisch ausgehändigt.

Ich fuhr weiter.

Hinter einem unbeschrankten Bahnübergang traten plötzlich zwei Ordnungshüter aus dem Gebüsch und winkten mich raus. Einer hatte eine Laubsägearbeit in der Tatze, die entfernt wie ein Messgerät einer fernen Galaxie (Anfangsphase Raumschiff Enterprise) aussah.

Bulle Vierschrot und Bulle: der, der nimmer lacht.

Der, der nimmer lacht, sagte: 100 Euro. Und guckte aus traurigen Kulleraugen den Wolken beim Wandern zu. Dann sagte er, er sei vor fünf Tagen von schwarzweißen Außerirdischen entführt worden, die ihn zwangen, sich mit der serbischen Sängerin Ceca zu paaren.

Ich sagte »Ceca ...« und zeigte den Schlawinern mein rotweißes Roter-Stern-Belgrad-Unterhemd. Sie boten mir eine Zigarette an. Ich sagte, an der Grenze stehen zwei deutsche Autos, die bezahlen für mich mit. Sie nickten.

Meine schwarz-weißen Partizan Belgrad-Strümpfe zeigte ich ihnen nicht.

2016, aktualisiert 2023.

OSTDEUTSCHLAND

AUFSTAND DER HABENICHTSE

Am Wochenende stand die 1. Runde im DFB-Pokal an. Das bedeutete für einige unterklassige Teilnehmer, vor großer Kulisse ordentlich Kasse zu machen. Diese Spiele sind für die Klubs das Highlight des Jahres. Dementsprechend motiviert nehmen viele Fanszenen die Spiele an. Im Osten durften Jena, Halle, Lok Leipzig in Heimspielen gegen höherklassige Gegner Fußball spielen.

Als kleiner Thüringer sah ich 1979 einmal den großen Club aus Magdeburg auf dem heimischen Lindenberg im Pokal spielen. Wir lagerten hinter dem Magdeburger Tor und gaben alles (spucken, pöbeln, mit feuchten Papierkügelchen bewerfen), um Dirk Heyne im Magdeburger Tor verrückt zu machen. Heyne nahm unsere Störmanöver stoisch an, er wusste was läuft. Insgeheim hatten wir großen Respekt vor der Magdeburger Mannschaft, die für den einzigen Europapokalsieg eines DDR-Teams verantwortlich war. Trotzdem herrschte eine Atmosphäre abstrakten Zorns. Wir waren die von hier, denen ein Oberligaclub nicht die Wurst aus dem Brötchen klauen durfte. Es ging die Runde, in Magdeburg gäbe es keine Thüringer Bratwürste, die fräßen Katze oder Fischwurst. Schlimm, schlimm.

Der große Magdeburger Jürgen Sparwasser hatte seine Karriere wegen eines Hüftleidens beendet, mit Joachim Streich war ein würdiger Nachfolger anwesend, um Weimar zu versenken. Gesagt getan, er schenkte uns vier Tore ein, ab dem zweiten Tor ließen wir Heyne in Ruhe, um staunend die Streichshow zu rezipieren.

Dieses Wochenende ließen sich Jena (0:5) und LOK Leipzig (0:7) fachgerecht von der Hertha und Eintracht Frankfurt zerlegen. Halle (0:1) machte es gegen Fürth spannender.

Unschöne Begleiterscheinungen setzten allen Spielen ein

Sahnehäubchen des Abfucks auf. In Halle waren es rassistische Beleidigungen eines dunkelhäutigen Fürther Spielers, in Jena gelang es den Auswärtfans ein Fluchttor zum Spielfeld zu öffnen und nach dem Spiel vor Jenaer Zuschauern mit den Flügeln zu flattern.

In Leipzig erlebten 11.000 Zuschauer eine knorke Lokchoreografie unter dem Motto »Der Mythos lebt«. Herrlich umwaberte uns gelber Nebel, es roch nach Schwefel, junge Ultras (auch Frauen) tanzten und sangen sich die Lok-Seele aus dem Leib, währenddessen ihnen gegenüber 1200 Frankfurt- und Chemiefans den Hals bis zum Zäpfchen offenhielten und ungefähr das Gegenteil von dem behaupteten, was aus Lok-Leipzig-Kehlen zwitscherte. So geil es begann, so traurig endete das Spiel, weil ein paar Feinde des fairen Sports es besonders in Halbzeit zwei nicht lassen konnten, Raketen in den Frankfurter Block zu schießen. Diese erreichten ihr Ziel nicht und krepierten auf halber Strecke, bzw. unweit der aufgezogenen Polizeikette. Ein paar sehr heftig mit dem Windbeutel gepuderte Mitmenschen aus dem Lokblock warfen Böller aufs Spielfeld, die im Bereich der blaugelben Rollstuhlfahrer zündeten und mindestens einen gehandicapten Menschen verletzten. Ungefähr in der 70. Minute schickte der Schiedsrichter alle Kicker plus Staff in die Kabine. 15 Minuten später ging es weiter, die Lokspieler taumelten wie Schattenkrieger übers Feld. Abpfiff, Abmarsch.

Auf dem Weg zu einem Ausflugslokal in Nahe Völkerschlachtdenkmal wurden wir von Polizei eskortiert, Drohnen und Hubschrauber kreisten, Wasserwerfer sorgten für eine Unterbrechung des Straßenbahnverkehrs, an einzelnen Punkten regte sich der Volkszorn, die braven Bürger gingen in Deckung, bei Gelegenheit lüfteten die Ninjas und Fußballhotten ihre Kopfbedeckungen und ließen die Sonne auf ihre ausrasierten Stiernacken scheinen.

2023.

WIR MACHTEN DAS TOR AUF – WELCOME UNITED NULLDREI

Los, wagt mal einen flinken Blick auf die aktuellen Kriegsgebiete unserer lieben Mutter Erde. Es gibt massenhaft Gegenden, wo man als Erdenbewohner sehr schnell sein Leben verliert, wegen Kleinkram viele Jahre in den Knast kommt und nicht mal Zeit hat, seinen Kindern, die man wahrscheinlich nie wieder sehen wird, Lebewohl zu sagen. Täglich färbt sich unser blauer Planet blutrot und all unsere guten Vorsätze, Mensch zu sein, sind plötzlich gefragt. Auch wenn die schweigende Mehrheit sich in solchen Momenten gern elegant verdünnisiert und sich ein nicht kleiner Prozentsatz Mitbürger wie ein riesiger Scheißehaufen verhält. Wie viele Menschen sind im Februar auf dem Weg in die Freiheit ertrunken, erfroren, an Erschöpfung verreckt? Fünfhundert, tausend, viertausend? Ich bin 1984 aus der DDR abgehauen. Weil es eine kleingeistige Diktatur von Dachdeckern und moskautreuen Wichten war. Und mich Land und Leute in meinem Freiheitsdrang zu erdrücken drohten. Ich hatte Glück, da ich zufällig Deutscher war und die Bundesrepublik mich mit offenen Armen empfing. Mir Obdach gewährte, mich finanziell unterstützte und mir Bildung und Beruf offen standen. Gelegentlich wurde mir erklärt, ich sei ein Wirtschaftsflüchtling und räudiger Ossi, der dem deutschen Volk auf der Tasche läge. Daran gewöhnte ich mich schnell, ich lag in meinem Bildungshunger dem deutschen Volk gern auf der Tasche. Außerdem gab es genug neugierige und offenen Leute, die wissen wollten, was im Arbeiter- und Bauernparadies wirklich abging.

Auch heute flüchten Menschen, bekommen Asyl gewährt und befruchten, im glücklichsten Fall, die neue Heimat mit ihren Talenten. Manja Thieme, ehrenamtliche Helferin bei der Ausländerseelsorge Babelsberg, lernte letztes Jahr im Rahmen ihrer Tätigkeit einen jungen Nigerianer kennen. Er erzählte ihr, wie gern er in Deutschland wieder aktiv Fußball spielen würde. Schnell bekam die Babelsberg-Anhängerin mit, dass der Mann mit seinem Wunsch nicht allein stand. Manja überlegte ein bisschen. Warum nicht ein Team von Flüchtlingen bilden? So etwas gab es bis dahin in Deutschland nicht. Sie fragte bei ihrem Lieblingsclub nach, ob es dort Verständnis für ein solches Projekt gibt. Sogleich griffen SV Babelsberg 03 Geschäftsstellenleiter Björn Lars und Marketingleiter Thoralf Höntze ein. Im Juli 2014 war Welcome United Nulldrei geboren. Drei coole Socken machten das Refugee-Team zu einem offiziellen Team des Klubs. In der nächsten Saison wird die Mannschaft am Brandenburger Spielbetrieb teilnehmen. Und was sagten die Fans von Babelsberg dazu? Sie sind Sponsor der Mannschaft. Das Angenehme mit dem Nützlichen verbinden. Fußball ist schon richtig geil. Manchmal. Die Kicker kommen überwiegend aus Afrika und Asien. Viele flüchteten über das Mittelmeer, einer sah hunderte auf einem Schiff sterben, ehe er neben einer Handvoll Überlebender von der italienischen Küstenwache gerettet wurde. Ein stiller Mann, der mit seiner Geschichte nicht hausieren geht. Alle haben eine bittere Fluchtgeschichte hinter sich. Jochen Schmidt, einer meiner Mitspieler in unserer Schriftstellermannschaft, hatte die Idee, gegen Welcome United Nulldrei zu kicken. Und ein paar dringend benötigte Dinge mitzubringen. Letzten Sonntag machten wir das Tor auf und ließen es sechsmal in unserem Gehäuse klingeln. 6:3 gewann Babelsberg, aber das Ergebnis wurde nicht ganz so eng gesehen.

Neben Babelsberg zeigt in unseren Breiten auch der 1. FC Union Berlin Flagge. Seit Dezember 2014 wohnen in einer neu errichteten Flüchtlingsunterkunft in der Alfred-Randt-Straße im Köpenicker Allende-Gebiet II Menschen, die aus ihren Heimatländern nach Deutschland geflohen sind. Schon länger wohnen Flüchtlinge in einem Heim im Allende-Gebiet I. Am 25.2. lud die Union-Familie Flüchtlinge, Unioner und Anwohner zum Anstoß zur Begegnung in die Haupttribüne des Stadions An der Alten Försterei. Gemeinsames Essen, Musik, Stadionführungen, Kinderprogramm. Ditte is meen Berlin.

Auch in Magdeburg, Dresden, Leipzig, Jena, Rostock, Erfurt usw. geht Fußballfans das Thema nicht am Arsch vorbei. Sie spenden, nehmen die Menschen mit zum Fußball, integrieren sie in Trainingsgruppen und Vereine. Das ist mein Schland.

Aufstellung Welcome United 03: Ejike Johnson, Orhan Ibrahimi, Asad Jama Mohamed, Abdihafid Ahmed, Vallery Witang, Michel Deuton Georges, William Murlolt Mugre, Ousseini Mouhamadou, Benjamin Anyanwu Obinwanne, Dan Mody, Ismail Njouom Nchintouo, Issa Mahamud Kulmiye, Kemal Bero, Aslan Israpilov, Sebastian Krämer, David Duala, Stanley S.; Coach: Zahirat Juseinov / »Hassan«

Aufstellung Autorennationalmannschaft: Andreas Merkel, Falko Hennig, Bernd Oeljeschläger, Matthias Schönsee, Uli Hannemann, Michael Kröchert, Simon Roloff, Jochen Schmidt, Bleu Broode, Philipp Reinartz, Moritz Rinke; eingewechselt Florian Werner, Martin Scharfe, Klaus C. Zehrer, Marcel Neudeck; Coach: Frank Willmann

2014, aktualisiert 2023.

BESTIARIUM DER STEHRÄNGE

Wie sehen eigentlich die Menschen aus, die jedes Wochenende ihres Lebens dem Fußball widmen?

Für viele von ihnen ist das Stadion die letzte Zuflucht vor dem wirklichen Leben.

Der aufmerksame Beobachter kann sehr schnell vier Grundtypen erkennen, die sich nicht durch ihre Herkunft oder ihre Vergangenheit unterscheiden, sondern einzig durch ihre im Fankosmos verlebten Jahre.

Da sind erstens die jungen Leute zwischen sechzehn und zweiundzwanzig. Sie üben ihr Fansein erst kurze Zeit aus und haben noch nicht das Aussehen und die strangen Gewohnheiten des Fans for Live angenommen.

Sie haben noch nicht mit der normalen Welt gebrochen, ihre Gesichter sind frisch und heiter. Sie putzen sich zweimal am Tag ihre Zähne und halten ihren Rumpf sauber.

Zum Fußball erscheinen sie in besserer Fankleidung (hippe Windbreaker, smarte Caps, feine Seidenschärpe) als ihre älteren Kollegen. Sie haben neben ihrem Verein noch andere Interessen: Karriere, Politik, Sex, Theater aller Art, Clubs. Sie haben Freundinnen und denken viel nach.

Der zweite Typus steht im Alter zwischen dreiundzwanzig und neununddreißig. Kategorie: Fan lebenslang. Sie bilden die Mehrheit im Stadion, sind schon sehr lange Fans und halten das traurige Schicksal ihres Vereins, es ist ihr Schicksal, meist für endgültig entschieden. Sie haben ernste, strenge Gesichter. Ihre Fanutensilien sind abgetragen, aber in gutem Zustand.

Gesprächigkeit gehört nicht zu ihren Eigentümlichkeiten. Wenn es fußballbedingt zu Streit kommt, zeigen sie sofort ihre kräftigen Fäuste. Etwa die Hälfte von ihnen lebt in einer halbwegs normalen Beziehung, meist zum anderen Geschlecht. Sex ca. einmal die Woche. Sie putzen Zähne und Rumpf flüchtig.

Dann kommen die Vierzig- bis Sechzigjährigen. Ihre tiefen Bassstimmen sind heiser vom vielen Geschrei und den unzähligen schweren Erkältungen, die sie sich im Stadion geholt haben. Manche von ihnen sitzen verbittert im Stadion und blicken ins Nichts. Den Kopf zurückgeworfen und den Bauch hervorgeschoben, sehen sie aus wie Räuberhauptmänner. Einige von ihnen können sich an Sex noch erinnern.

Sie sind argwöhnisch, gucken gern böse, neigen zu Schimpfkanonaden und zum Dreinschlagen. Leider funktioniert das Dreinschlagen nicht mehr. Man sieht sie häufig mit Bier in den schrundigen Fäusten und Zigaretten im Mund. Wenn sich ein Fremder zufällig neben sie stellt, werden die gichtigen Ellenbogen ausgefahren und ein gezischeltes: »Ich steh hier schon immer!«, verlässt ihre löchrigen Kauleisten. Man hat sie ab und zu Zähne und Rumpf putzen sehen.

Im Vergleich zur Hauptmasse ist ihre Zahl ist gering, weil Ehen, sowie der frühe Tod durch Alkohol und Herzinfarkt, unerbittlich zugeschlagen haben.

Der vierte Typus sind die lebenden Leichname, die sechzig bis neunzigjährigen. Zähne Fehlanzeige. Rumpf auch. Meist stehen sie im Weg herum und warten. Seit zwanzig Jahren auf den Aufstieg, seit dreißig Jahren auf die Wurst, seit vierzig Jahren auf ein Lächeln der Toilettenfrau. Darauf, dass der Schiedsrichter endlich abpfeift.

Sobald ihre zitternden Finger die Eintrittskarte nicht mehr halten können, ist ihr Schicksal entschieden. Ein hartes Fan-Dasein voll Entbehrungen, Ärger, Verbitterung und Abstiegen findet seinen folgerechten Abschluss.

2019, aktualisiert 2023.

DREISSIG METER IM QUADRAT, MINENFELD UND STACHELDRAHT. IHR WISST DOCH, WO ICH WOHNE – ICH WOHNE IN DER ZONE – ZUR FANKULTUR IN DER DDR

»Ich fühle mich in Grenzen wohl!«, textete in den achtziger Jahren der Schriftsteller Sascha Anderson und beschrieb damit auch die grundsätzliche Haltung in den Kurven der DDR-Fußballstadien. Ironie war ihre Waffe gegen die nicht vorhandene Reisefreiheit (fast) aller DDR-Bürger. Denn nach den Solidarnosc-Unruhen in Polen durften DDR-Bürger mit ihrem Personalausweis ab 1981 einzig die CSSR bereisen. Für Fahrten in alle anderen sozialistischen Staaten benötigten sie ein Visum. Gab es über den Antragsteller allerdings eine Polizeiakte oder war er politisch auffällig, durfte er nicht mal ins sozialistische Ausland reisen.

Um die Welt außerhalb des Sozialismus zu besuchen, etwa die BRD, musste man ein »Hundertzehnprozentiger« sein, ein überzeugter Parteigenosse der SED mit blütenweißer Weste. Außerdem ein charakterfester Familienvater und gesellschaftlich anerkannter Bürger mit Anstand. Viele jugendliche Fußballfans pfiffen aber auf jede Norm, ließen sich die Haare zu lang oder zu kurz wachsen und pflegten ihren schwarzen Hals samt gelben Zähnen.

»Wir waren rechts, links, Punk, Hippie, Skinhead. Wir waren direkt und provozierend, lieb und böse, verliebt oder besoffen« (Uschi, BFC-Dynamo-Fan)

Trotzdem schafften es selbst die schlimmsten Rüpel manchmal, durch die engmaschigsten Netze zu schlüpfen und ihre Lieblingsvereine wenigstens ins sozialistische Ausland zu begleiten. Klug und listig musste man allerdings sein, wollte man Jena, Magdeburg, Dresden, den BFC oder Lok Leipzig im Europapokal im Ausland anfeuern. Es gab drei goldene Regeln:

1. Reise niemals am Spieltag!

2. Kämm dir vorm Grenzübertritt die Haare, lies ein Buch (richtig herum halten!) und trinke keinen Alkohol!

3. Reise einzeln oder in Kleingruppen, schar dich um mitreisende Familien, bleib unauffällig!

Nur so konnte man den wachsamen Augen der DDR-Grenzer entgehen, die noch auf den letzten Metern versuchten, die »negativ-dekadente DDR-Jugend« auf ihren Feldzügen ins sozialistische Bruderland zu selektieren.

War der Grenzübertritt geschafft, musste man sich vor der Bruderpolizei in Acht nehmen. Denn in anderen Ländern galten andere Regeln, in einigen sozialistischen Ländern waren etwa Fanutensilien verboten, ebenso Fangesänge und unkontrollierbare Massenansammlungen. Der Schlagstock war ein beliebtes Spielzeug zur Bändigung der Fans. Und wenn der nicht reichte, kamen Hundestaffeln zum Einsatz, um die Treffen zu zerstreuen. So blieben die Fans aus der DDR im Stadion meist ruhig und versteckten Schals und Fahnen unter ihren Jacken. Wenn sie doch einmal erkannt wurden, waren die Reaktionen der Einheimischen sehr unterschiedlich, mal endeten Reisen in geselligen Abenden (»Bier, Autobahn, Hitler kaputt, bzw. Hitler gut«), mal setzte es flinke Schläge auf die Lippe.

»Fußball war Abenteuer, Ausbruch aus der Langeweile »des verordneten Lebenslaufs von der Wiege bis zur Bahre.« (Itzek, FCC-Jena-Fan)

Aus internen Papieren kann man heute erfahren, dass die Behörden stets bemüht waren, »abweichendes Verhalten« von Jugendlichen zu erfassen und diese zu einer »allseitig gebildeten sozialistischen Persönlichkeit« auszubilden. In Wahrheit schafften sie es jedoch nie, den Informationstransfer westlicher Jugendkultur einzudämmen. Was gestern in Liverpool und

Hamburg stattfand, wusste man spätestens eine Woche später im Osten.

Es gab zwar keine Fanzines oder eine Groundhopperkultur wie heute, aber per Mundpropaganda verbreiteten sich Nachrichten oft in Windeseile. Die Szenen waren untereinander vernetzt, die Häuptlinge kannten sich, teils über den Knast, wo man in der DDR sehr schnell landen konnte. Schon das Ruppen (Wegnehmen) eines Schals, verbunden mit einer Maulschelle, wurde als räuberische Körperverletzung interpretiert und konnte für den unbedachten Schläger beachtliche Konsequenzen nach sich ziehen. Ein Jahr Gefängnis war die häufige Ausbeute. Für Mehrfachtäter konnte eine Aufenthaltsbeschränkung für den Wohnort die Folge sein. Außerdem hatte der ABV (Abschnittsbevollmächtigte der Volkspolizei) Schlüsselgewalt für die Wohnung dieser Fans und konnte dort jederzeit »nach dem Rechten sehen«. In internen Strategiepapieren liest man heute, wie die DDR-Behörden immer wieder versuchten, bestimmte Fangruppierungen zu zersetzen und die Fangruppen zu dezimieren. Die drei gängigsten Bestrafungen: Knast, das Einziehen zur Nationalen Volksarmee oder die Ausreise in den Westen. Doch: »So schnell wie die eine Gruppe verschwand, wuchs schon wieder die nächste nach«, stellten die Sicherheitsorgane frustriert fest.

Ab Mitte der achtziger Jahre tauchte ein neues Phänomen in den Szenen auf. Über die Mauer schwappte die Skinheadmode in die DDR. Plötzlich marschierten hundert BFC-Glatzen mit Bomberjacke durch Dresden und brachten die armen »Kaffeesachsen« (damals ein gängiges Schimpfwort der Berliner für die Dresdener) aus der Fassung.

Aber auch andere Mobs in den DDR-Stadien schmetterten nun rechtsextreme Gesänge. In einem Schreiben an den Generalstaatsanwalt der DDR ist zu lesen, dass Halle-Fans am 12. August 1989 vor einem Spiel gegen Dynamo Dresden brüllten: »Judensäue im Sachsenland, heut' werdet ihr abgebrannt«.

Andere pöbelten etwa »Juden raus«, wenn Berliner Mannschaften in der Provinz auftauchten, schließlich witterte mancher Zonenzausel in Berlin eine bestimmte Bevorteilung der Bevölkerung bei der Rationierung von Bananen und anderen Südfrüchten. Die Berliner Jungs konterten mit »Wer soll unser Führer sein? Erich Mielke!« und bewarfen die gegnerischen Fans mit Orangen, bis selbst altgediente Parteigenossen vor Wut tobten.

Provokation oder rechte Gesinnung? Es stimmt beides. In einem Land, wo der Antifaschismus Staatsdoktrin war, gab es keine schlimmere Provokation. Also donnerten viele Fans rechte Parolen, doch eine große Anzahl meinte das durchaus ernst. Selbst in Kurven, in denen heute eine eher linke Fanszene das Bild bestimmt, waren solche Gesänge zu hören. Union-Anhänger sangen »Dreißig Meter im Quadrat, Minenfeld und Stacheldraht. Ihr wisst doch wo ich wohne – ich wohne in der Zone« oder »Der Tag wird einmal kommen, da sperren wir die Bullen ein, dann wird Großdeutschland wieder eine freie Heimat sein.« Und die Chemie-Leipzig-Fans waren der Meinung: »Nur ein Leutzscher ist ein Deutscher!«.

Aber es gab durchaus Fanfreundschaften. So zwischen den Anhängern der kleinen Leipziger und Berliner Klubs Chemie Leipzig und Union Berlin, die unter der Monstranz der ewig Benachteiligten und politisch Diskreditierten kuschelten. Der Hallesche FC Chemie hingegen liebte Lok Leipzig und ein wenig Rot-Weiß Erfurt. Jena und Magdeburg waren sich zwischenzeitlich einigermaßen grün, Riesa und Rostock auch. Das lag häufig an privaten Begegnungen, Knastkontakten oder dem gemeinschaftlichen Erdulden der NVA-Zeit (Nationale Volksarmee).

Zu Auswärtsspielen der DDR-Oberliga reisten die Fans mit der Deutschen Reichsbahn (DR). Ein beliebtes Spiel war das Austricksen des Ölers (Schaffners), um ohne Fahrkarte reisen zu können. In den Zügen fuhr häufig die Trapo (Transportpolizei) mit. Wenn ein Trapo auftauchte, sangen die Fans gern »Knüppel,

Knüppel, bumm bumm!« und spürten nicht selten ebendiesen kurze Zeit später auf ihren Rücken tanzen.

Der Fußball war in der DDR unangefochten Volkssport Nummer eins, die Stadien gut besucht. Erst gegen Ende der DDR, als die Langeweile überhandnahm, der BFC Dynamo zehnmal Meister in Serie wurde und Fußballrandale anstiegen, gingen die Zuschauerzahlen zurück.

Der Stadionbesuch kostete selten mehr als eine Mark. Alkohol war in den Stadien verboten, dafür floss rote Brause in Strömen und die schlabberige BoWu (Bockwurst) war das Hauptnahrungsmittel der reisenden Fans.

Fanprojekte gab es keine. Als aber die Auseinandersetzungen zwischen Fans und Staatsmacht in den achtziger Jahren zunahmen, musste die Staatsmacht reagieren. »In der Spielzeit 1986/87 wurden insgesamt 960 ›Störungen der öffentlichen Ordnung‹ registriert, davon 407 in den Stadien selbst, 282 in den Stadtgebieten der jeweiligen Spielorte und 250 auf dem Gelände der Deutschen Reichsbahn«, heißt es in einem internen Papier des Ministeriums des Inneren. Besonders auswärts tobte der Mob: Sachbeschädigung, Trunkenheit, Urinieren und öffentliche Herabwürdigung von Sicherheitsorganen waren an der Tagesordnung. Immer öfter wurden Passanten Opfer von Gewalttaten. Als zentrales Motiv erkannten die Sicherheitsorgane die »Freude am Angstauslösen bei Angehörigen der Volkspolizei, Reisenden oder Eisenbahnern«. So vermerkte es 1985 ein Beamter in einer Polizeiakte über einen Union-Fan. Ein Drittel aller Jugendlichen der DDR galt plötzlich als gefährdet und die staatlichen Organe trafen sich 1987 zu einer Sicherheitsberatung, um sich intensiv um »uneinsichtige Störer« zu kümmern und die »erzieherische Arbeit in den Klubs« zu verbessern. Dazu führte man unter anderem von den Vereinen bestellte Fanbetreuer ein, die meist aus der FDJ kamen und sich um Vereinsabende oder die Organisation von Auswärtsfahren bemühten. Keine klassische

Sozialarbeit, eher eine Deckeldrauf-Politik, besonders weil diese Funktionäre auch angehalten waren, FDJ-Fanklubs zu gründen und Namenslisten der Fanklubs zu führen. Diese Listen landeten regelmäßig beim Ministerium für Staatssicherheit.

Dort wurden die »feindlichen Vorkommnisse« des »meist männlichen Volksvergnügens« ausgewertet, abgeheftet und für die Ewigkeit katalogisiert.

2016, aktualisiert 2023.

RADIKALISIERUNG – DER STAAT SCHLÄGT ZURÜCK

Zu einem ersten Ausbruch kam es Ende 1977, als während einer Feier zum Republik-Geburtstag am 7. Oktober auf dem Alexanderplatz eine Massenpanik entstand, an der Anhänger des 1. FC Union Berlin maßgeblich beteiligt waren. An diesem Abend erlebten über tausend Besucher ein Rockkonzert, als ein Dutzend Jugendlicher ein Abdeckgitter eines Belüftungsschachtes erkletterten, das unter dem Druck der Körper einbrach. Zehn Jugendliche stürzten einige Meter tief in den Schacht. Die Menge brüllte. Zahlreich anwesende Union-Fans machten sich spontan mit einem neuen Schlachtruf bemerkbar: »United!« Dieser Ruf meinte Manchester United, aber etliche Anhänger des 1. FC Union empfanden sich in ihrer Freundschaft zum Westberliner Verein Hertha BSC als »Freunde hinter Stacheldraht« und konnten den Wunsch nach der Wiedervereinigung beider deutscher Staaten hier herausbrüllen.

Die Sicherheitskräfte reagierten prompt und hart, die ganze Nacht über wurden mindestens 50 Personen im Tunnel unter dem Alexanderplatz festgehalten. Auch wenn es offensichtlich keine Toten gab, das Ereignis erweckte die Sicherheitsorgane des Landes aus ihrem Dornröschenschlaf. Von nun an überwachten die Stasi und Kripo genauestens Volksfeste, Weihnachtsmärkte und öffentliche Konzerte. Für den Fußball ergaben sich unmittelbare Konsequenzen. Ab 1978 ergingen Befehle des Präsidenten der Volkspolizei zu künftigen »Maßnahmen zur Gewährleistung einer hohen Ordnung und Sicherheit anlässlich …« der Derbys. Zur besseren Beobachtung und Zersetzung des »rowdyhaften« Fangeschehens beim 1. FC Union wurde eine zweiköpfige Arbeitsgruppe des MfS gebildet, beim BFC sollte wenige

Jahre später nachgezogen werden. Im ganzen Land verhaftete zunächst die Kripo nach Hinweisen durch die Stasi unliebsame Fans, die sie für Rädelsführer hielten. Straftaten waren schnell gefunden, jeder konnte wegen »Öffentlicher Herabwürdigung« (§ 220) verhaftet werden. Für eine Herabwürdigung war bereits das äußere Erscheinungsbild ausschlaggebend, öffentliches Urinieren oder gar Verweigerung der Ausweiskontrolle summierten die Strafe. Dafür drohten Bewährung, eine Geldstrafe oder bis zu zwei Jahre Haft! Durch die große Staats-und Justizreform von 1968 hatten zahlreiche neue Paragraphen Eingang in die Vollzugshandhabe der DDR-Organe gefunden. Mögliche Staatsfeinde konnten somit wegen Rowdytum, Spionage, Staatsfeindlichen Verbindungen, Zusammenrottung usw. bestraft werden, mit Haftstrafen von bis zu fünf Jahren. Die Jugendlichen hatten nach Verbüßung der Haftzeit harte Auflagen zu erfüllen, durften die Spiele ihres Vereins nicht besuchen oder mussten für einige Jahre in anderen Städten der DDR leben. Trotzdem nahmen die gewalttätigen Auseinandersetzungen rund um den Fußball zu.

ANARCHIE IN OSTBERLIN

In der Saison 1990/91 starb die DDR-Oberliga den Fußballtod. Doch im kollektiven Gedächtnis Fußballdeutschlands blieb sie nicht durch ihre Sammers, Thoms und Kirstens. Ausufernde Hooliganrandale, ein von der Polizei erschossener Fußballfan, geplünderte Läden und verwüstete Einkaufspassagen schafften es auf die Titelseiten. Auch der DFB ergab sich hilflos seinem Schicksal und sagte das für Mitte November 1990 geplante Vereinigungsländerspiel in Leipzig »aus Sicherheitsgründen« einfach ab. Die gewaltbereite Fraktion des FC Berlin / BFC Dynamo prägte eine ganze Saison. »Anarchie in Ostberlin« konstatierten BILD und Heribert Faßbender und schickten die Bilder der Randale direkt in die Wohnzimmer der verschreckten Westdeutschen. »Wenigstens in der Randalestatistik waren wir Ostdeutschen lange Zeit deutschlandweit die Nummer 1«, trösteten sich die Hooligans in den ostdeutschen Gefilden, die für den durchschnittlichen Westdeutschen nur den hässlichen Wurmfortsatz der BRD bildeten. Die schlecht organisierte und unterbesetzte Polizei, zu DDR-Zeiten Vollstreckungsgehilfe der SED-Diktatur, blieb im Kampf mit den Hooligans häufig zweiter Sieger.

Tom* war ein aktiver Teilnehmer der Fußballkrawalle. Er besucht noch immer gelegentlich die Spiele seines BFC Dynamo, der sich am 19. Februar 1990 in FC Berlin umbenannt hatte (erst 1999 erfolgte die Rückbenennung in BFC Dynamo). Heute lebt er am Rand von Berlin und arbeitet in einer Führungsposition in einem Unternehmen In der freien Wirtschaft:

»Zum BFC ging ich seit meinem fünften Lebensjahr, mein Vater hatte mich früh mitgenommen. Mit acht gründeten meine Schulfreunde und ich einen eigenen Fanclub. Mein erstes Auswärtsspiel mit dem BFC war 1983 in Magdeburg.

1990 war ich zwanzig, und uns war dank der vielen Abgänge in den Westen relativ schnell klar, dass mit der aktuellen Mannschaft kein Blumentopf zu gewinnen war. Wir haben dann unser Augenmerk auf andere Dinge gerichtet. Kurz vor der Wende waren viele BFCer nach Westberlin ausgereist. Als die Mauer fiel, kamen die zurück und brachten einen gewissen Kleidungsstil mit, den wir alle klasse fanden und übernommen haben. Markenklamotten. Das war casualmäßig ein bisschen von England abgeguckt. Ein komplettes Outfit für einen Spieltag waren schon mal 500–1000 Mark. Wir trugen Best Company, Iceberg, Adidas Torsion, Jacken von Chevignon oder Diesel, teilweise Stone-Island. Es gab Leute, die haben Taschen gefunden, die vom LKW gefallen waren. Aus diesen Taschen haben wir uns dann für ein Drittel des Preises versorgt. Außerdem gab es das eine oder andere Auswärtsspiel, wo man seinen Kleiderschrank aufhübschen konnte. Ich erinnere mich gern an die Prager Straße in Dresden. Da hat man in einer größeren Gruppe reingeschaut und das Bezahlen immer wieder vergessen. In Elektroläden sind hundert Mann rein, abchecken. Kurz darauf sind die hundert Mann wieder raus, jeder hatte was in der Hand. Das lief ganz gewaltlos ab. Oft hatte man dabei ein Tuch vorm Mund und 'ne Ray Ban auf der Nase. Ich kenne Leute, die haben sich ganze Wohnungseinrichtungen bei Auswärtsspielen mitgenommen. Die haben ihren Zettel abgearbeitet, sind mit Transportern vor den Läden aufgetaucht und auch nur deshalb mitgefahren. Bei vielen Fahrten sind wir in die Tankstellen rein, man stand dann im Laden, es war alles umsonst, man wusste gar nicht, was man mitnehmen sollte, da ham wir irgendeinen Scheiß mitgenommen. Der Kollege hatte seine Kasse geschnappt und sich irgendwo versteckt und seine Tankstelle aufgegeben. Es hat keinen interessiert, das sind alles Sachen, wo es nie zu einer Anzeige kam.

Wir sind auswärts meist mit dem Zug gefahren, nur wenige hatten bereits ein schönes Westauto. Es war kein Problem, in die

Städte zu gelangen und dort das zu tun, was man wollte. Die Bullen waren in der Saison nicht immer ernsthafte Gegner. Der Respekt gegenüber der Polizei war gleich Null. Vielen der älteren Fans war die Gängelung durch die DDR-Vopos noch bewusst, die drehten regelmäßig frei und lebten die neu gewonnene Freiheit mächtig aus. Ich war behütet aufgewachsen und hatte zu DDR-Zeiten keine Probleme mit der Ordnungsmacht. Am Alex hab' ich 1990 einmal erlebt, wie zwei Transportpolizisten zwei minderjährige BFCer verprügelt haben. Ich hab' die zwei umgebügelt, mir die Trapomütze aufgesetzt und bin zu meinen Jungs zurück spaziert. Die organisierten Schlägereien gingen erst 1992/93 los. Die erste abgemachte Sache lief in Schlachtensee. BFC gegen Hamburg/Hannover. Ostberlin hat gewonnen, das ging dann fast die nächsten zwanzig Jahre so weiter.

1990 hatten wir im Osten keine ernsthaften Gegner. Wir sind öfter mal in Skinhead-Clubs, um dort große Trupps von Skins vorzufinden, mit denen wir uns kloppen konnten. Auch die 1.-Mai-Demo in Kreuzberg wurde regelmäßig von uns besucht, wir standen immer in der ersten Reihe, wenn eine nette Schlägerei lockte. Wir haben uns alle fit gehalten, aber nicht so wie heute, wo jeder einen Boxsack hängen hat. Wir waren Kämpfer der Marke Straßenköter. 85 Prozent unserer Leute waren aber echte Fans des BFC. Wir haben zu Ostzeiten als Fans des verhassten Stasivereins ordentlich Kloppe bezogen. Doch irgendwann sind wir stehengeblieben, haben uns gerade gemacht und das Blatt wendete sich. Unser Auftreten zog dann unheimlich viele Jungs an, die dieses Bad-Boy-Image lockte, es kam das ganze orientierungslose Jungvolk dazu, die auswärts aus 100 Leuten plötzlich 1000 machten. So kam es zu dieser ordentlichen Truppe von Dritte-Halbzeit-Jungs. Wir sind mit 1000 Verrückten, von denen nicht einer einen Fanschal umhatte, irgendwo in Sachsen aufgetaucht und haben alles zerkloppt.

Wir hatten eine Fanfreundschaft mit Bochum, die waren ab

und zu mit, zwei, drei Herthanern auch, das war aber unbedeutend. Einmal waren wir mit achtzig Mann in Braunschweig, da hab' ich zum ersten Mal gesehen, wie sich jemand Heroin gespritzt hat. In meiner Truppe waren Drogen und Alkohol verpönt. Bei uns gab's die Regel: Wenn wir wussten, es knallt, gab es auf der Hinfahrt keinen Alkohol. Den ersten Joint haben wir 1991 probiert, dann ging es relativ schnell, dass fast alle von uns Speed und Ectasy nahmen, das später von Koks abgelöst worden sind. Das lag auch am Techno, wo es jedes Wochenende irgendeinen Rave im Keller gab. Natürlich haben wir bei den Spielen auch die Mannschaft angefeuert. ›Alle sind sie da, alle sind sie da, außer Erich Honecker‹ oder ›Wer soll unser Führer sein? Erich Mielke!‹ waren die Hits. Das hat die Provinzler völlig verstört, wenn diese Lieder aus eintausend Kehlen erklangen. Das war ein Heidenspaß.

Der harte Kern, die 150 bis 200 Leute, von denen ist keiner rechtsradikal gewesen. Die Republikaner, die NPD, die Nationale Alternative, haben damals versucht, uns zu rekrutieren. Wir sind auch zwei, dreimal in den besetzten Häusern der NA in der Lichtenberger Weitlingstrasse gewesen, weil sich zehntausend Linke angekündigt hatten und wir Bock auf Randale hatten. Genauso haben aber viele von uns am 1. Mai Steine auf Bullen geworfen. Krawalle mitmachen, scheißegal, ob mit Autonomen oder gegen sie. Nach den BFC-Spielen haben wir regelmäßig ein besetztes Haus der Linken Nähe Senefelder Platz mit Steinen beworfen. Das war ein lieb gewordenes Ritual und gehörte zum Spieltag. Die Hausbesetzer haben immer auf uns gewartet. Die wussten sich zu wehren, es gab einige üble Verletzungen auf unserer Seite. Für mich hatte das nichts mit einer politischen Einstellung zu tun. Für mich war das Krawall und das war geil. Die Linken unter den BFC-Fans kannst du an einer Hand abzählen. Die politische Einstellung unserer Leute war und ist eher Mitte-rechts, mit einer Portion Misstrauen gegenüber Fremden, das sich aber auf bestimmte ethnische Gruppen festlegt. Wir hatten in den 90ern immer wieder Auseinandersetzungen mit türkischen und arabischen Banden. Als die plötzlich in riesigen Gruppen am Fernsehturm abhingen und deutsche Mädchen belästigten, sind wir ein paarmal nach Spielen vorbeigekommen und haben die bis nach Kreuzberg zurückgeprügelt. Das setzte sich dann an den Türen der Discos im Kleinen noch sehr lange fort. Wir hatten ein gut funktionierendes Kommunikationsnetz. Der BFC hatte die Macht in der Türsteherszene, da gab es permanent Action und Revierkämpfe um die Türen der Stadt. Irgendwann haben sie dann gemerkt, Ostberlin gehört den Ostberlinern.

Am 3. November 1990 wurde Mike Polley in Leipzig von einem Polizisten erschossen. Eine 9-Milimeter-Kugel drang in den Oberkörper und zerstörte seine Aorta, er war sofort tot. Es gab noch einen Schwerverletzten, der mit Kopfschuss um sein Leben kämpfte. Außerdem wurde einer Person der Hoden weggeschossen, es gab einen Beindurchschuss und weitere Schussverletzungen.

Dem Polizeikugelhagel vorangegangen waren schwere Auseinandersetzungen in Leipzig-Leutzsch anlässlich des Spiels Sachsen Leipzig gegen FC Berlin. Für uns war das immer der BFC, die Umbenennung haben wir nie akzeptiert. Ein paar hundert Berliner waren schon im Stadion, als der Sicherheitsverantwortliche von Sachsen Leipzig beschloss, wegen zu erwartender Randale allen weiteren Berlinern, egal ob mit oder ohne Eintrittskarte, den Einlass zu verweigern. Das führte zur Eskalation der Gewalt. Die Berliner im Stadion drängten nach draußen, um ihren Freunden beizustehen, die knapp fünfhundert Berliner vorm Stadion drängten ins Stadion. Dazwischen ein paar Dutzend planlose Polizisten, die mit Tränengas um sich schossen und den Knüppel kreiseln ließen. Wir wollten uns eigentlich nur gepflegt mit den sächsischen Fans kloppen. Als Nähe S-Bahnhof Leipzig-Leutzsch ein Trupp Polizisten sich von Hooligans eingekesselt wähnte, befahl ihr Vorgesetzter den Einsatz der Schusswaffe. Viele Augenzeugen meinten danach, der Schießbefehl sei komplett überzogen gewesen, da sich die Lage beruhigt hätte.

Nach dem Spiel entlud sich unser Hass. Wir sahen alle rot, gingen von zwei Toten aus, alle Sicherungen brannten durch. Eine Straßenbahn wurde gestoppt, der Fahrer rausgeschmissen, einer von uns hat die Straßenbahn bis ins Zentrum manövriert, diverse Polizeiwagen wurden in Brand gesteckt, unzählige Schaufenster am Brühl demoliert, Läden geplündert, Leipzig versank im Chaos. Als die Bullen uns am Bahnhof dann wieder zusammengetrieben hatten, wurde seitens der Polizei in die Luft geschossen.

Der Kopfschussverletzte hatte Riesenglück, dem war das Projektil unter dem linken Auge in den Kopf gedrungen und im Hals stecken geblieben. Er wäre fast verblutet, weil die Bullen erst keine Sanitäter auf das Schlachtfeld durchließen. Er hat es wie durch ein Wunder in die Uniklinik geschafft. Ein Kopfschuss wurde dort selten bis gar nicht behandelt, er war zu 99 Prozent tot. Als wir Leipzig klar machten, gingen wir von zwei Toten aus. Letztlich rettete ihm eine erfahrene Chirurgin das Leben. Die Polizei plädierte dreist auf Notwehr und meinte, alle Beamten hätten nur auf die Füße gezielt. Der Todesschütze und die anderen Polizisten kamen nie vor Gericht, alle Verfahren wurden eingestellt. Der Mann mit dem Kopfschuss durfte sich nach seiner Genesung ein Jahr lang zweimal am Tag bei der Polizei melden, weil er angeblich einer der Rädelsführer gewesen sein sollte. Dann wurde auch sein Verfahren eingestellt. Als es später zum Trauermarsch für Mike Polley kam, der selbstverständlich wieder am besetzten Haus am Senefelder vorbeiführte, hatten dort sogar unsere linken Lieblingsfeinde ein Soliplakat für Mike Polley hängen. Wenn es gegen Polizeigewalt ging, waren wir uns einig. Die Woche drauf standen wir dann wieder mit Steinen bei ihnen vor der Tür.

Auch in Jena wurde unser Block von der Polizei gestürmt. Wir hatten vorm Spiel zwei Raststätten überfallen, vorm Gästeblock gab es Riesenausschreitungen. Da hat es denen irgendwann gereicht, die sind mit ein paar Hundertschaften in unseren Block und haben alles niedergeknüppelt. Einige von den Bullen lagen aber am Ende auch am Boden.

Ein weiterer Höhepunkt war unser Spiel bei Hansa Rostock. Sonderzug, über sechshundert BFCer. Vorm Spiel wollte die Polizei uns ins Stadion geleiten, wie es heute üblich ist. Wir ham aber nee gesagt, habt ihr 'ne Scheibe, wir wollen erst mal 'ne kleine Runde durch die Stadt machen. Das sah die Polizei anders. Also gab es richtig Dresche für sie, besonders eine Hundestaffel bekam ihr Fett ab, bis etliche herrenlose Hunde verzweifelt ihr Herrchen suchten. In der Stadt war dann der eine oder andere Ladenbesuch angesagt, nach dem Spiel gab es abermals Straßenschlachten mit der Polizei am Bahnhof. Auf der Heimreise wurde der Zug in Lichtenberg von Westbullen angehalten, die stundenlang alle Abteile durchkämmten und Diebesgut einsammelten und einen Haufen Leute wegen diverser Gewaltdelikte festnahmen. Das war die erste strukturierte Polizeiaktion gegen uns.

Nach der Saison gab's noch die Relegationsrunde um den Einzug in die 2. Bundesliga. Da trafen wir nach langer Zeit mal wieder auf unseren alten Feind Union Berlin. Die hatten damals viel weniger Zuschauer als wir. Waren aber mit Hertha BSC noch ganz dicke. Jedenfalls sind wir mit ein paar hundert Leuten durch den Haupteingang ins Stadion An der Alten Försterei zum Heimblock einfach durchgerannt. Dort standen Unioner und Herthafrösche, die wir durch das ganze Stadion geprügelt haben. Im Anschluss haben wir uns noch deren neue Anzeigetafel vorgenommen, wenn ich mich recht erinnere.

Getoppt wurde das noch ein wenig durch die WM 1990. Der ganze BFC hatte das WM-Finale im Lustgarten (Grünanlage auf der Museumsinsel) in Mitte geschaut, danach sind wir brandschatzend durch Ostberlin gezogen. Während des Spiels haben wir noch einen Trupp von siebzig Skinheads verkloppt. Dann wieder zum Senefelder Platz zu unseren Freunden, zwischendurch bei einem Juwelier die Scheiben eingeschlagen und alles ausgeräumt, später aber weggeworfen, weil es die Taschen so schwer machte, ich wollte ja weiter Krawall machen.

Wenn ich dann an der Uni oder später bei meinem Job im Büro am Montag all die braven Leute getroffen habe und die von ihrer Datsche oder dem Geburtstag bei Oma berichtet haben, dachte ich manchmal, wenn ihr wüsstet, wem ich am Wochenende alles die Fresse poliert habe, und wenn's selbst aufs Maul gab, dann war es eben so. Ich bin in der Woche nicht aufgefallen, hatte meinen guten Job und lebte viele Jahre am Wochenende mein Leben B. Ich hatte keine Familie, jeder hat zwar gern gevögelt, doch Frauen waren austauschbar. Falls Homosexuelle unter uns waren, haben sie sich nicht getraut, das auszuleben. Unter uns gibt's auch mal 'nen Kuss auf die Glatze, wir haben so oft Rücken an Rücken gestanden, zusammen gekämpft, gemeinsam auf die Fresse bekommen oder ausgeteilt, da ergibt sich auch eine körperliche Nähe. Heute lebe ich in einer glücklichen Familie. Trotzdem vermisse ich die Zeit manchmal. Ich weiß, in meinem Handy habe ich die Nummern von mindestens zwanzig Leuten. Wenn ich deren Hilfe brauche, stehen die zehn Minuten später geschlossen mit der Keule vor meiner Tür und fragen, wo müssen wir hin?«

** Name geändert.*
2018, aktualisiert 2023.

UND FREITAGS IN DIE GRÜNE HÖLLE

Während der Oberligasaison 1987/1988 begleitet ein Dokumentarfilmteam der DEFA einen Fanclub des 1. FC Union Berlin, den BSV Prenzlauer Berg. Es war eine für Union dramatische Saison, an deren Ende der Klassenerhalt stand, der erst mit einem Auswärtssieg am letzten Spieltag in Karl-Marx-Stadt gesichert werden konnte. Der Film zeigt Siege, Niederlagen, sowie gewalttätige Auseinandersetzungen zwischen den gegnerischen Fanlagern und den Sicherheitsorganen in der im Umbruch befindlichen DDR. Die Kamera ist immer sehr nah an den Protagonisten und lässt Fans wie Funktionäre zu Wort kommen. Das Basislager des Fanclubs ist das Hinterzimmer der Eckkneipe »Grüne Hölle«. Der Film konnte erst nach der politischen Wende in der DDR öffentlich aufgeführt werden und geriet schnell in Vergessenheit. Heute ist er ein wichtiges Zeitdokument und eine der wenigen frühen Dokumentationen, die sich der Fußballkultur widmen.

Die Wende ist für den DDR-Fußball als Kahlschlag zu begreifen. Die Clubs sahen sich plötzlich mit einer neuen und unbekannten ökonomischen Situation konfrontiert. Die Gründe für das klägliche Scheitern des DDR-Fußballs sind vielfältig. Unverbesserliche DDR-Fußballfunktionäre waren es nicht gewohnt, selbstständig zu denken. In der DDR wirkte immer alles »von Oben«. Keiner der Funktionäre ist Ende 1989 freiwillig zurückgetreten. Anfang 1990 erlag DFV-Präsident Erbach dem Geldsegen und trat als Erster ab, die Restfunktionäre folgten erst im April. Anfang der 1990er übernahmen bei ostdeutschen Traditionsclubs vielerorts Bauunternehmer aus dem Westen den Präsidentenposten, ihre Einstellung war, über den Fußball Kontakte zu knüpfen (Geld zu machen). Bei einigen Vereinen hinterließen die Rolf-Jürgen Ottos (Dynamo Dresden) dieser Welt nichts als verbrannte Erde. Fast alle Vereine erlebten die zweifelhaften Freuden einer Insolvenz. Die DDR Fußball-Oberliga endete 1991 als Oberliga des Nordostdeutschen Fußballverbandes (NOFV-Oberliga).

Kleiner Exkurs zum Abgesang: Eine grundlegende Reform leitete der VIII. DFV-Verbandstag am 31.3.1990 in Strausberg bei Berlin ein. Eine neue Satzung, eine Lizenzspielerordnung, die den schrittweisen Übergang zum Lizenzfußball im DFV regelte, sowie die Grundlinie für das zukünftige Wettspielsystem wurden beschlossen. Zum neuen Präsidenten wurde der frühere Torhüter des 1. FC Magdeburg und Auswahlspieler der DDR, Hans-Georg Moldenhauer, gewählt. Im Hinblick auf den bevorstehenden Einigungsprozess des deutschen Fußballs wurden alle Auswahlteams des DFV aus den internationalen Wettbewerben abgemeldet. Im Brüsseler Anderlecht-Stadion trat die DDR-Auswahl am 12.9.1990 zu ihrem 293. und letzten Länderspiel an und gewann 2:0 gegen Belgien. Im Sommer 1990 wurden die sechs neuen Landesverbände gegründet: Thüringer Fußball-Verband, Sächsischer Fußball-Verband, Fußballverband Sachsen-Anhalt, Fußball-Landesverband Brandenburg, Landesfußballverband Mecklenburg-Vorpommern, Berliner Fußball-Verband (Vereinigung mit Ost-Berlin). Auf einem Außerordentlichen Verbandstag am 20.11.1990 in Leipzig beschloss der DFV seine Auflösung. Damit fand die über 40-jährige Geschichte des DFV ihren Abschluss. Zum Zeitpunkt seiner Auflösung waren in 4.412 Vereinen mit 17.000 Mannschaften 390.000 Mitglieder organisiert.

Die Opariege des DFB reichte dem kleinen Bruder DFV 1990 nur ganz wenig brüderlich die Hand, echte Solidarität, eine Brücke zum Profifußball? Fehlanzeige. Die Manager der westdeutschen Clubs hatten nur die Optimierung ihrer Kader im Auge und kauften billig im Osten ein. Allein der BFC Dynamo verlor im Jahr eins nach der Wende zwei komplette Mannschaften.

2014, aktualisiert 2023.

ALS GOTT IM CHEMIESCHLAFANZUG ERWACHTE

Leipzig-Leutzsch ist für jeden rechtschaffenen Fußballfan eine Reise wert. Zum einem wegen der Besonderheit des engen Stadions, zum anderen ob der Anwesenheit vieler heißsporniger Chemiker und der sich hin und wieder daraus ergebenden Händel. Als Jungfan ließ ich 1979 dort meinen ersten Schal.

Kein Volkspolizist traute sich gern in die finstern Ecken rund ums Stadion, wo eifrige Sachsen mit fetten Zaunlatten auf Beute lauerten. Gefühlt hatten sich bei Chemie alle Gestörten Leipzigs versammelt, um schlechtgelaunt gegen die ewige Benachteiligung durch die DDR-Fußballbonzen anzurennen. Bis zur Wende war es kein ungefährliches Unterfangen, als Auswärtsfan ins Revier der Grünweißen einzudringen. Gäste waren Fremdlinge und auf Punkteklau aus, sie mussten streng behandelt werden – es war laut, voll, proletarisch. Auch die nonkonforme Subkultur der Blueser und langhaarigen Kunden hatte es sich bei Chemie gemütlich gemacht.

Die Legende sagt, als Gott einst im Chemieschlafanzug erwachte, zog er eine böse Fratze und biss dem Nächstbesten die Nase ab.

In den Siebzigern und frühen Achtzigern waren Auswärtsfahrten in der DDR echte Abenteuer. Es gab null Blocktrennung, die Heimfans im Osten kannten keine Gastfreundschaft. Auswärtsfans waren Freiwild, die anonyme Meute wartete nur darauf, die Sage von ihrer Unbezwingbarkeit zu besingen. »Schlagt den Thüringern/Preußen/Sachsen/Fischköppen die Schädeldecke ein«, war ein liebgewonnenes Sangesmotiv, das vielkehlig landauf, landab verkündet wurde. Die Stehränge der Stadien waren bevölkert von rauen, rotnasigen Arbeitern, die am

Wochenende im Stadion ihren derben Spaß haben wollten. Bier, Raufereien und dreckige Witze, im Suff auch gern mal gegen die Obrigkeit.

Um die Wendezeit sanken überall in der DDR die Zuschauerzahlen, bei Chemie sah man nun nicht mehr nur langhaarige Kunden, sondern auch Glatzen mit entsprechendem Auftreten. »Nur ein Leutzscher ist ein Deutscher« war Programm, schwarzrotgolden an jeder Nasenspitze.

Die Neunziger waren keine schöne Zeit auf den Sportplätzen des Ostens, Rassismus und Homophobie an der Tagesordnung, erst durch die aufkommende Ultrabewegung wendete sich in die Nullerjahre hinein langsam das Blatt. Ultra war schnell in Leutzsch angekommen (böse Zungen behaupten, angeblich hieß der Verein zwischendurch mal Sachsen Leipzig und spielte hin und wieder im Zentralstadion), nannte sich Diablos Leutzsch, großartige Choreos, Fahnenschwenkerei und Dauergesang wurden Standard.

Plötzlich tauchten immer mehr Frauen und Brillenträger im Stadion auf. Der einstige Proletenclub legte eine sympathische Wandlung hin.

Die Leidenschaftlichkeit liegt in der DNA des Clubs. Der Mob tobt wie eh und je, Grünweiß dominierte wieder im Stadion und die deutschen Leutzscher halten die Klappe. Auch wenn ich heute ein entspanntes Verhältnis zu Chemie Leipzig habe, ist es naturgemäß eine feine Sache, wenn es von Anbeginn auf den Rängen heiß her geht.

Der zänkische Chemieanhang geht gern auf die Barrikaden, wenn er seine Mannschaft benachteiligt wähnt. Gefühlt alle zwei Minuten greifen die grausamen Hände Mordors nach dem Stolz der misstrauischen Chemiker, ob es nun eine Mücke ist, die sich auf den Bizeps eines Chemikers verirrt hat, oder eine schwerwiegende Schiedsrichterentscheidung – die Haare sind in Leutzsch immer auf Krawall gebürstet.

Besonders der originäre Kurvenhit »Chemie Leipzig, Chemie Leipzig, ich träume jede Nacht von Chemie Leipzig« hat es mir angetan. Einmal hätte ich fast mitgesungen, freilich ziemt sich das für einen Jenafan gesetzmäßig nicht.

2021, aktualisiert 2023.

FUSSBALLENTZUG IST SCHLIMMER ALS DER TOD – DIE CORONALAGE IM OSTEN

Konservativen Anarchisten wie mir stellte sich am Wochenende mal wieder die Frage: geh ich Bomben werfen, vergifte ich Tauben im Park oder gucke ich Fußball?

Das gute alte Bombenwerfen auf marktliberale Idioten verschiebe ich Jahr um Jahr und konzentrierte meine Sehkraft auf das Betrachten meiner Lieblingsmannschaft.

Ursprünglich wollte ich Sonntag das beschauliche Städtchen Rathenow anpeilen, unterwegs der Landbevölkerung Steinpilze stibitzen und im Stadion Vogelsang mieses Bier und billige Wurstwaren delektieren.

Aber nein, aber nein! Die gestrenge Tante Corona mag keinen Fußball und verbannte in Rathenow Auswärtsfans aus Stadt und Stadion. So saß ich nun mit Art- und Leidesgenossen in einer Berliner Kneipe und spielte die Rolle eines besonders edlen Möbelstücks. Trank dazu Bier mit Brause, entfaltete eine gemütliche Wirkung und lauschte dem dürren Geschnatter eines Menschen, dessen Brotberuf die Fernsehfußballberichterstattung ist.

Es geht die Sage, Fernsehfußballmoderatoren seien moderne Abdeckergehilfen, die durch grobschlächtige Behandlung unserer Lieblingsfreizeitangelegenheit jeden Zauber nehmen wollen. Das wussten wir selbstverständlich. Und hatten aus diesem Grund einen Dichter bestellt, um das Entbeinen unseres Sports mittels unsterblicher Verse zu verhindern: »Der Fußball fällt herab/ er sinkt und sinkt/ Wer singt ihm ein Lied?/ Wer zieht den Säbel blank, wenn der Funktionär den Fußball verkauft?/ Wir! Wir! Wir! «

Leider, leider scheiterte der Verseschmied beim Verlassen seines Elfenbeinturms bereits an der Türklinke. Der Gedanke, ob er sie nun energisch drücken, oder mit einem galanten Stups antippen sollte, überforderte ihn, sodass nur der Sprung rückwärts ins Bett blieb.

In der Halbzeitpause wagte ich den Gang nach draußen. Irgendwo unten am Alexanderplatz trafen sich Besorgte Bürger und Verwirrte aller Lager zum Corona-Ringelpiez. Sie glühten angstfrei beim lustigen Demokratiehaschen, vereint im hehren Glauben an die Große Coronalüge.

Wir Fußballmenschen haben auch Spaß. Noch am Vortag sahen mehrere tausend Unionfans im Stadion ihrer Mannschaft zu. In Rostock ebenso. Friedhofsruhe hingegen in Stadien in München, Stuttgart, Mainz, Bremen ...

Mir blieb am Sonntag, wo die Arbeit ruht, nach fünfzehn Minuten Pause nur der Herr im Fernsehen mit seinen immergleichen Mätzchen und rundgestrickten Sätzchen.

Vor zwei Wochen bewiesen einige tausend tschechische Fußballfans an zentraler Stell in Prag bemerkenswerten Irrglauben, als sie im Fußballliebeswahn gegen Corona randalierten. Getrennt in den Farben, vereint im Coronaleugnen, schmissen sie mutig die Schaufenster einiger bei Touristen beliebten Prager Bierkneipen ein. Ein Bier in diesen Kneipen zu trinken, können sie sich schon lange nicht mehr leisten. Womöglich bereitete es ihnen Freude, durch diesen Akt der Gewalt die Knoten (kein Fußball, letztes Spiel verloren, die Frau will mehr Haushaltsgeld, der Kanarienvogel bekommt Junge) tief im Inneren zu lösen? In Bratislava geschah am Folgetag ähnliches. Fußballentzug ist schlimmer als der Tod ...

Nach dem Genuss des Spiels spazierte ich ein wenig durch Berlin. Kastanien protzten, Eichhörnchen rannten um ihr Leben. Sogar ein wenig Sonne zeigte sich und verscheuchte meine dunklen Gedanken fürs erste vom Prenzlauer Berg in Richtung Charlottenburg.

2019, aktualisiert 2023.

ALS BUSCHNERS BUBEN MONTREAL ENTERTEN – DER OLYMPIASIEG DER DDR-FUSSBALLNATIONALMANNSCHAFT AM 31.7.1976

Fast vergessen schlummert der Olympiasieg der DDR-Fußballer im Jahr 1976 in Montreal in den Tiefen der Sportgeschichte. Es ist gleichzeitig die beste Platzierung, die jemals eine DDR-Fußballnationalmannschaft bei einem internationalen Turnier erzielte. 1974 gab es zwar den 1:0 Sieg der DDR in der Gruppenphase gegen die BRD anlässlich der Fußball-WM in der BRD zu bejubeln. Doch dieser Triumph beim Spiel »Wir gegen Uns« war schon nach ein paar Wochen ohne Wert, weil die DDR in der Zwischenrunde der WM ausschied und die BRD unter ihrem exilsächsischem Trainer Helmut Schön Weltmeister wurde.

Nach der WM 1974 formulierte der DFV sechs Forderungen, um den Fußball in der DDR voranzubringen. Doch der übergeordnete DTSB (Deutscher Turn und Sportbund), unter seinem Chef Manfred Ewald, war kein Freund des Fußballs, der in der DDR Zuschauermagnet Nummer eins war. Ewald sah bei allen Mannschaftssportarten eine Verschwendung wertvollen Menschenmaterials. Aufwand und Nutzen standen für ihn in keinem Verhältnis. Ein Sprinter, eine Schwimmerin, ein Ruderer etc. konnte eine Goldmedaille gewinnen. Um im Fußball an Gold zu gelangen, brauchte es aber mindestens elf Spieler. Also bügelten Ewald & Co die Fußballfunktionäre mit ihren an westlichen Standards ausgerichteten Forderungen ab und verlangten, die Fußballer sollten die aus Individualsportarten abgeleiteten Erfahrungen »in jedem Fall« berücksichtigen. Technik und individuelle Stärken durften nur temporär trainiert werden, das Hauptaugenmerk wurde auf Kraft und Ausdauer gelegt. Es gab tatsächlich einheitliche und regelmäßig überprüfte Trainingspläne für alle Fußballmannschaften, nach denen sich jeder Trainer richten musste. Viele DDR-Fußballer waren athletisch enorm stark, wahre Rennmäuse mit dem Ballgefühl grimmiger Grätscher. Elf sozialistische Holzfäller sollt ihr sein!

Natürlich waren die Spieler dank dieser kraftraubenden Maßnahmen häufig verletzt. Das war in der 1974/75 anstehenden EM-Qualifikation eine der Schwachstellen des DDR-Teams. Dazu kamen einige taktische Umstellungen in der Mannschaft durch Trainer Georg Buschner, der auf Kraft und taktische Disziplin setzte und meinte: »Wir spielen doch aber gegen Island und nicht gegen Italien«. Schon das erste Qualifikationsspiel ging in die Hose, 1:1 daddelte die DDR daheim gegen Island, und die FuWo titelte in großen Lettern »ENTTÄUSCHEND!« Enttäuschend bleiben die Leistungen der DDR und sie vergeigte in der Folge die EM-Qualifikation. Doch zum Glück blieb ja noch die Olympiade.

Für viele westliche Nationen war der olympische Fußball uninteressant. Sie schickten Amateurmannschaften ins Rennen, die meist in der Vorrunde ausschieden, so auch das DFB-Team. Nicht die DDR! Immer den Medaillenspiegel der Olympiade im Blick, meinten die Funktionäre, wenn man schon eine gute Auswahlmannschaft habe, könne man sie ruhig spielen lassen. Herausragende Sportler wurden in der DDR als »Diplomaten im Trainingsanzug« bezeichnet. Internationale Erfolge im Sport galten als Aushängeschild des Sozialismus, errungene Medaillen demonstrierten die Überlegenheit des politischen Systems.

So ließen die Zonenfußballer Griechenland, Österreich und die CSSR auf der Strecke und schafften die Qualifikation zum olympischen Fußballturnier. Prompt wurde der DDR-Fußball aus dem DTSB herausgelöst und durfte ein eigener »Leistungsbereich« sein.

Enorm wichtig war im Leben jedes DDR-Reisekaders die Rotlichtbestrahlung. So nannte der Volksmund die periodisch zu absolvierenden politischen Schulungen, in denen alle Spitzensportler über die Machenschaften des Kapitalismus aufgeklärt wurden. Alle Fußballer bestanden diese Prüfung mit Bravour. Es blieb ihnen auch nicht viel übrig, wollten sie ihren Sport weiter ausüben. Wer opponierte, flog aus dem Kader, verlor seinen Platz in einer Spitzenmannschaft und »durfte sich in der sozialistischen Produktion oder der Landwirtschaft bewähren«.

»In Anerkennung der gezeigten Leistungen« wurden schließlich siebzehn DDR-Kicker ins Auswahlteam berufen. Alle waren Mitglieder der SED (Sozialistische Einheitspartei Deutschlands). Betreut wurde es vom bereits erwähnten Nationaltrainer Georg Buschner, einem Mann mit großem Selbstbewusstsein und großer Intelligenz, der schon 1974 in Hamburg beim 1:0 Sieg auf der Bank saß. Siebzehn Kicker im Einheitsgrau des DDR-Olympiaanzugs mit dem Emblem der DDR auf der linken Seite schoben sich in die sowjetische IL-62. Neun Stunden Flug, ein Zwischenstopp. Erschöpft kamen sie in Montreal an und fielen in ihre Betten im pyramidenförmigen Hochhausblock. Die Wettkampfroutine begann schnell. Frühstück, Trainieren, Massieren, Essen, Trainieren, Massieren, Essen, Schlafen. Es gab ein »Frauendorf« und ein »Männerdorf«, der Übergang wurde von Polizisten streng überwacht.

Nach einem Unentschieden gegen Brasilien und einem Sieg gegen Spanien stand die DDR im Viertelfinale. Dort wurde Frankreich mit 4:0 vom Platz gefegt. Im Halbfinale war der große Bruder, die UDSSR, das nächste Opfer. Im Endspiel warteten die spielstarken Polen. Die DDR-Kicker erhoben sich im Finale zu ungeahnter Höhe und besiegten die Polen mit 3:1. Torwart Jürgen Croy und Libero Dixi Dörner waren die Sieggaranten gegen technisch brillante Polen, denen Trainerguru Buschner mit Turbofußball und internationaler Härte den Schneid abkaufte. Die DDR schoss zwei schnelle Tore, erst in der 59. Minute gelang Lato das Anschlusstor. In der 85. Minute schickte der Dresdner

Hartmut Schade den Dresdner Reinhard Häfner auf die Reise, der zum 3:1 einlochte. Danach rannte Dribbeltier Häfner zur Eckfahne, hob die Arme zum Himmel und sank darnieder.

Zur späteren Siegerehrung schickte UDSSR-Trainer Walerij Lobanowskyj nur zwei Funktionäre. Er war ungehalten über Platz drei und versagte der Mannschaft den Platz auf dem Podest. Indes DDR-Spieler und Polen feierten, pfiffen 70.000 Zuschauer zwei sowjetische Funktionäre aus, die Lobanowsky zur Entgegennahme der Medaillen geschickt hatte. Die DDR-Spieler feierten weiter, am Ende wurden die Dresdner Häfner und Schade von zwei kanadischen Damen in deren Amischlitten eingesammelt. Häfner setzte sich der Legende nach hinters Steuer der heißen Bräute und scheiterte erst an der Automatikschaltung.

Zurück in der DDR waren die Fußballer ein paar Olympiasieger unter vielen. Erich Honecker sandte herzliche Glückwünsche, am Flughafen warteten die Familien und ein Bonzenspalier auf sie. Am erfolgreichsten hatten bei Olympia die Schwimmerinnen abgeschnitten. Auffällig damals ihre breiten Schultern und ihre tiefen Stimmen. »Die sind zum Schwimmen hier und nicht zum Singen!«, watschte Schwimmtrainer Gläser aufkommende Dopinggerüchte ab. Eine Schwimmerin darf später beim Olympiaball der DDR auch zu Honeckers Rechten sitzen. Die Fußballer landeten hingegen, außer Torwart Croy, nicht einmal auf dem Erinnerungsfoto fürs Protokoll. Für die Kicker blieb der Olympiasieg trotzdem das genialste Erlebnis ihrer Karriere. Einmal Olympiasieger – immer Olympiasieger. Außerdem wartete der Urlaub, die meisten fuhren an die Ostsee. Für die Dresdner Weber und Schade hatte ihr Club Dynamo Dresden hingegen Plätze im Erholungsheim des MfS (Ministerium für Staatssicherheit) gebucht. Darauf einen Broiler!

Nicht ausnehmend ideologisch gefestigt zeigen sich die DDR-Fußballer in Montreal. Uwe Karte durfte in den privaten Fotoalben der vergessenen Olympiahelden stöbern und hat einige schräge Fotos zu Tage gefördert. Schon auf Seite 12 erfahren wir, wieso der DDR-Sozialismus im Weltmaßstab keine Chance hatte. Selbstzufrieden gucken uns zwei DDR-Kicker aus ihrem flauschigen Doppelbett an. Auf dem Bettkasten haben sie ihre Beute aufgereiht. Sie präsentieren dem Betrachter aber nicht die aufgespießten Köpfe der Imperialisten, sondern westliche Konsumgüter wie Softlan-Weichspüler, Nescafé oder eine Rolle Küchentücher. Klassenstandpunkt? Fehlanzeige!

Finale DDR–Polen am 31. Juli 1976 in Montreal, 71617 Zuschauer, Schiedsrichter Ramon Barreto (Uruguay), Tore: 1:0 Schade (7.), 2:0 Hoffmann (14.), 2:1 Lato (59.), 3:1 Häfner (84.), Gelbe Karten: Schade (DDR) Aufstellung DDR: Jürgen Croy – Hans-Jürgen Dörner – Gerd Kische, Konrad Weise, Lothar Kurbjuweit – Reinhard Häfner, Reinhard Lauck, Hartmut Schade – Wolfram Löwe (68. Wilfried Gröbner), Hans-Jürgen Riediger (86. Bernd Bransch), Martin Hoffmann, Trainer: Georg Buschner, Aufstellung Polen: Jan Tomaszewski (19. Piotr Mowlik) – Henryk Wieczorek – Antoni Szymanowski, Władysław Żmuda, Henryk Wawrowski – Zygmunt Maszczyk, Kazimierz Deyna, Henryk Kasperczak – Grzegorz Lato, Andrzej Szarmach, Kazimierz Kmiecik, Trainer: Kazimierz Górski

2017, aktualisiert 2023.

SGLADSCHDGLEI – DERBYABENTEUER IN LEIPZIG

Bereits im samstäglichen Zug nach Leipzig warf das Derby der zwei einzig möglichen Leipziger Vereine seinen Schatten. Unzählige sympathische junge Menschen bevölkerten den Zug. Gewandet in Grünweiß, erweckten sie den Eindruck fleißiger Lehramtsstudenten, die offensichtlich in Berlin ihre Studien betrieben. Ja, es war eine Lust, der künftigen Bildungselite sächsischer Lehrerschaften ins leicht angehipsterte Antlitz zu schauen. Die vorfreudige Jugend mischte sich auf dem Weg ins Stadion später mit soliden Bierpöblern und Schreihälsen. Chemie vs. Lok elektrisiert die Massen und holt den letzten Saxen aus seinem Einmannbunker. Manch Polizistenherz glühte in vergnüglicher Anspannung, vorm Stadion posierten manierlich Polizeireiterinnen. Ein Derby muss das Treiben verrückt machen, keine Frage.

Indes die 500 glücklichen blaugelben Auswärtsticketbesitzer via Fanmarsch ins Stadion spazierten, fuhr ich mit meinem Gastvati Ecki via Rad zum Leutzscher Alfred-Kunze-Sportpark. Feingeist Ecki ist Chemiker und Tribünensitzer. Seine Gewandung ist dezent, sein Benehmen wohlerzogen, er tränke vermutlich am liebsten einen guten Weißwein im Stadion.

Auf dem Norddamm und dem Dammsitz drängten sich die Chemiefans. Im Gästeblock brodelten die Lokisten. In diversen Ecken des Stadions putzen die Polizisten ihre Schlagstöcke.

Chemie wie gewohnt sangesfreudig: »He BSG, du hast unserem Leben einen Sinn gegeben«, tönte es tausendstimmig durch das herrlich runtergerockte Rund. Auf der Holztribüne hatte ich es mir mit Ecki bequem gemacht, um ungestört von lästigen Sonnenstrahlen einen feinen Rundumblick aufs Schlachtfeld zu genießen. Die Ultras vom Norddamm zeigten eine schöne Pestchoreo und feuerten ein Repertoire an bunten Beleidigungssongs in Richtung der Lokisten. Lok gesanglich überraschend stabil. Lag es an der angestauten Wut auf die bösen Chemiker, die ihnen den pissrinnesken Weg unter der S-Bahn zugemauert hatten? Ebenso lieferte Lok vorzügliche Beleidigungen des Gegners. Die Folklore kannte keine Grenzen, gegebenenfalls galt es, Traditionen zu wahren! So schrie es wild: Chemieschwein, Clubschwein, Bullenschwein, Nazischwein, Zeckenschwein. Was für eine schweinische Sauerei, ich bekam Mitleid mit dem deutschesten aller Tiere.

Nun gut, auch die Polizei durfte kurz vor der Halbzeit zulangen, als vorwitzige Chemiker einen Leipziger Spieler mit Bierbechern eindeckten. Die Polizistenschar wurde von den freiheitsliebenden Chemiefans naturgemäß als pure Aggression gedeutet. Die Menge wogte und empörte sich salopp. So richtig zur Sache ging es zehn Minuten nach dem Anpfiff der zweiten Halbzeit, als die Lokfans das den Block umhüllende Banner »Bekämpft den Feind« hissten. Merke: hisst die Kurve ein mordmäßiges Verhüllbanner, rappelt es sogleich in der Kiste. Die Polizei behelmte sich und schüttete Adrenalin aus. Die Lokis zündeten Pyro, verbrannten ein paar grünweiße Lappen und schossen dreimal Leuchtspur Richtung Chemie. SGLADSCHGLEI, freuten sich alte Herren auf der Tribüne und spuckten in die Hände. Der MDR empörte sich professionell, drei Chemiker wollten den Platz stürmen, die Polizei rückte ein, der Schiri schickte die Spieler in die Kabinen, die Polizei rückte wieder aus. Fünfzehn Minuten später ging es weiter. Freunden der Statistik sei gesagt: Chemie gewann mit etwas Glück 2:1 gegen Lok vor 4999 Zuschauern, was im AKS ausverkauft bedeutete.

Mit mannhaft gefasster Verzweiflung stapften die Lokfans aus dem Stadion. Bis vor wenigen Spieltagen war Lok noch ein Meisterschaftsaspirant, ließ aber in den letzten Spielen zu viele

Bigpoints liegen. Während Chemiker und befreundete Frankfurter ums grünweisse Kalb tanzten, radelten Ecki und icke zu unserem zweiten Champagnerfrühstück durch Saxen, wo bekanntlich die schönen Menschen auf den Bäumen wachsen.

2022, aktualisiert 2023.

OSTEUROPA

FUSSBALL IM BUNKERLAND

Tirana hat sich in den letzten Jahren fein herausgeputzt. Der kontinuierliche Geldfluss aus dem Ausland lässt die Stadt knospen. Viele hunderttausend Albaner arbeiten im Ausland und schicken regelmäßig Devisen nach Hause. Zudem pumpen EU und albanische Mafia Geld ins Land. EU und albanische Mafia – diese beiden traditionsreichen Institutionen werden von Albanern gern in einem Atemzug genannt. Seit 2014 ist Albanien EU-Beitrittskandidat. Für die Mafia ist es seit dem Sturz der Steinzeitkommunisten Rückzugsort und Investitionsgoldgrube.

Jeder Albanienbesucher wird von einem merkwürdigen Bunkersystem aus der Zeit der kommunistischen Diktatur begrüßt. 200.00 Bunker ließ der einstige Diktator Enver Hoxha errichten, um sich vor einer Invasion aus dem Ausland zu schützen. Sie sind heute beliebte Fotomotive und bestimmen noch immer die Landschaft.

Der Fußball spielt seit der erstmaligen Qualifikation der albanischen Nationalmannschaft für eine WM oder EM eine enorme Rolle im Land. Die Albaner sind stolz auf ihr Team und lassen zu den gegebenen Anlässen die rotschwarzen Fahnen mit dem albanischen Doppeladler wehen. Dominiert werden Albaniens Werbeflächen aber fußballerisch von Bayern München. Es gibt kaum eine Bushaltestelle, von welcher dem geneigten Flaneur nicht einer der Bayernmolche entgegengrinst. Telekom, Allianz, Audi – Bayern sitzt mit vielen globalen Spielern im Bett.

In der einheimischen Liga spielt bis auf den Ersatztorwart kein Nationalspieler. Die Gehälter der Erstligaclubs sind schmalbrüstig. Wer kann, verdingt sich im Ausland. Die Spiele werden selten von vierstelligen Zuschauermassen beglückt, viele Jahre hieß der Meister KF Skënderbeu Korçë, ein vermeintlich gut geführter Provinzclub aus dem Süden, der plötzlich und erwartbar über einen Bestechungsskandal stolperte. Bis 2028 ist der Club von der UEFA für internationale Spiel gesperrt.

Seit wenigen Jahren wächst und gedeiht die Fußballkultur. Unter den Farben der beiden Hauptstadtclubs KF Tirana (blauweiß) und FK Partizani Tirana (gelbrot) haben sich junge Fanszenen versammelt. Wenn es zum Derby kommt, strömen gigantische 8.531 – 11.111 Fans ins Stadion.

Vorm Spiel zogen beide Fanszenen mit jeweils tausend Anhängern aus verschiedenen Richtungen durch die Stadt zum Stadion. Ich schaute mir die jungen Hengste von KF Tirana etwas genauer an. Ein Leithengst mit Klaus-Schlappner-Gedächtnishut ging voran. Bengalos, Rauch, kehlige Gesänge. Nur ein paar Polizisten sperrten den Verkehr ab und ließen die Marschierenden gewähren. Die Passanten schienen belustigt, einige überrascht, insgesamt überwog die Freude über die fröhlich singende Masse junger Männer. Ein paar Frauen und sehr viele Jugendliche bildeten das Ende des Zuges, der traditionell von den Kampfschweinen angeführt wird. Man weiß ja nie. Ach, die romantischen Marotten der jungen Leute! Mein hartes Herz öffnete sich gleich ein bisschen für sie. Einheimische Gesänge wurden angestimmt, »Partizani, wir ficken eure Schwestern und eure Mütter!«

Der KF-Fan Eby erzählt, wie bis zum Ende der Diktatur mit aufsässigen Fans umgegangen wurde. Der albanische Kommunist, also die gesamte albanische Bevölkerung, hatte kultiviert und rechtschaffen zu sein. Gesänge, selbstgebastelte Schals und Fahnen wurden im total von der Außenwelt abgeschotteten Albanien als gefährliche feindliche Propaganda gewertet. Für Bekenntnisse des Fanseins im Stadion gab es sieben Jahre Knast. War man im Gefängnis einmal wegen einer Kleinigkeit aufgefallen, erhielt man schnell sieben Jahre Nachschlag. Prophylaktisch wurden häufig einfach so noch mal sieben drauf gepackt. Eine schreckliche Zeit. Das albanische Nationalmuseum im Zentrum hat tausende bitterer Biografien parat.

FK Partizani Tirana war zu bunkerkommunistischen Zeiten der Club des Militärs, gegründet als Referenz an die jugoslawischen Partisanenbrüder. In den späten Vierzigern schnäbelte Albanien noch dicke mit dem jugoslawischen Diktator Tito. KF Tirana war der Verein der Arbeiter und der Stadtverwaltung. 1944 wurde er nach einem kommunistischen Feiertag in 17. November Tirana umbenannt. Als der damalige Vereinschef vorschlug, doch statt seines Clubs die Nationalmannschaft 17.11. zu nennen, wurde er seines Postens enthoben und bekam lebenslanges Stadionverbot. Er zerbrach darüber und ist heute ein gefeierter Held der Clubgeschichte. KF wird hauptsächlich von Jungs aus den innerstädtischen Bezirken Tiranas supportet. Sie beziehen sich gern auf die einstige bürgerliche Tradition des Clubs, der 1920 gegründet wurde, und damit der älteste Verein Tiranas ist. Ihr Hauptquartier befindet sich unweit des größten Platzes in Tirana, welcher nach dem Nationalhelden Skanderbeg benannt ist. Eine der wichtigsten Unterscheidungsmerkmale ist das Aussprechen des Wortes Tirana. Die Jungs von KF sagen Tirona, um sich von den Partizani zu unterschieden, die ihre Fans in den Außenbezirken der Stadt und landesweit rekrutieren. Partizan ist der beliebteste Club Albaniens. Im Stadion stellen sie die knappe Mehrheit des Publikums.

Nach der Diktatur entwickelte sich sehr langsam eine Fanszene, die Bilder aus Italien strömten irgendwann nach Albanien. Seit Jahren ist das Derby ein mittelgroßer Zuschauermagnet. Beide Clubs gehören Geschäftsleuten. Beim Wort Mitbestimmung lachen die Jungs von KF. »Bei uns entscheidet der Pate des Vereins noch über sämtliche Belange allein!« Über das Budget oder andere Nebensächlichkeiten des Clubs weiß keiner etwas, »Wir kennen nicht mal das Haushaltsbudget unseres Landes!«, greint es. Etwa 150 KF-Fans reisen seit ein paar Jahren ihrem Club hinterher, neben den Partizani hassen sie ganz besonders die Schweizer Albaner: »Sie haben ihre Heimat verraten!«. Gekloppt wird sich selten, ein paar Backpfeifen vielleicht, doch keine großen koordinierten Auseinandersetzungen. Auch deshalb kommt die Polizei recht entspannt rüber. Eine charmante albanische Besonderheit: Vieles läuft bei Begegnungen von Fans verschiedener Clubs über Augenkontakt. Wer zuerst zu Boden schaut, hat verloren. Demutgeste reicht. Klingt nach guter Idee, auch für deutsche Hitzköpfe. Für Politik interessieren sich die Jungs nicht sonderlich, obgleich im Fanblock von Partizan eine Che-Fahne weht. »Wir wollen keinen Hitler, keinen Hoxha, keinen Stalin. Alle albanischen Politiker sind Mafiosi und gehen den Leuten nur an den Geldbeutel«, ist die gebräuchliche Meinung. Die Fanszenen sind bunt, die Hierarchien flach, es gibt keinen Capo, sie nennen sich nicht Ultras, Entscheidungen trifft die Gruppe demokratisch. Im mehrheitlich von Muslimen bewohnten Albanien, sagt Eby, ist es ihm völlig gleich, wer an welchen Gott glaubt, »Hauptsache, er feuert die richtige Mannschaft an. Zuerst kommt der Club, dann der Nationalstolz, seine Religion kann hier jeder leben wie er will«. Im Zentrum der Stadt stehen friedlich neu gebaute Moscheen neben orthodoxen und katholischen Kirchen. Zu Zeiten der Diktatur wurden alle Gotteshäuser abgerissen, die Würdenträger kamen ins Arbeitslager. Albanien sollte das erste religionsfreie Land der Welt sein.

Gaben aus dem Ausland nimmt man gern. »Als Bush Junior seinerzeit Albanien besuchte«, erzählt Eby, »traf er eine große Meute freudig erregter Menschen, die alle dem großen amerikanischen Führer die Hand schütteln und von ihm ein Autogramm wollten. Als er fertig war, stellte Bush den Verlust seiner luxuriösen Armbanduhr fest.«

Partizan posiert vorm Derby gern mal mit kommunistischen Parolen, KF preist die Vorzüge des Kapitalismus und wünscht alle Kommunisten in Umerziehungslager. »Das muss man folkloristisch sehen«, so Eby.

»Du bist meine Liebe, mein Traum, meine Hoffnung – FK, du bist alles, was ich brauche« singen die blauweißen im Stadion. Angeblich soll es das letzte Derby vor dem Abriss des ziemlich in die Jahre gekommenen Partizanstadions sein. Weil aber ein gewisses Maß an Unberechenbarkeit alles in Albanien bestimmt, nimmt das keiner ernst. Eby flachst, »wenn wir heute verlieren, beantragen wir alle Asyl bei eurer Angela Merkel.«

In der Liga spielen nur wenige Ausländer. Der Fußball hat gehobene deutsche Regionalligaqualität, bei Partizan Tirana kicken zwei Brasilianer, die irgendwie auf dem Weg nach Italien von der Rampe gefallen sein müssen. Bei KF knödelt ein erblondeter japanischer Mittelstürmer, der super auffällig ist, auch, weil er kaum einen Ball annehmen kann.

Vor und während des Spiels wird reichlich Pyro abgebrannt, die Kurven singen sich die Seele aus dem Leib, beide Clubs bieten hübsche Choreos. Der Oberfan Partizans ist ein bekannter Politiker, dem die KF-Leute per Singsang »Pippiduschi« androhen. Partizan führt schnell mit 2:0, die hohe Kunst des Fußballs beherrscht kaum einer der tapfer über den Platz stolpernden Fußballgötter, aber egal!

Ich lausche begeistert den Gesängen und tröste nach dem Spiel die Blauweißen. In Tiranas Ausgehviertel, der Block genannt, horchen wir beim Verliererbier den bezaubernden Klängen einer Rammsteincoverband. Asyl bei Angela hat dann keiner beantragt. Es gibt wichtigeres zu tun. In Albaniens Zehnerliga trifft man viermal aufeinander. In wenigen Wochen steht das nächste Tiranaderby an.

2014, aktualisiert 2023.

GROSS, GRÖSSER: STEAUA BUKAREST

Dieses Jahr ging der Sommer für mich in Bukarest zu Ende. Anfang Oktober war es dort noch sehr warm, am Tage reichte uns ein T-Shirt bei der Pirsch durch Stadien, Friedhöfe und verwunschene Orte Bukarests.

Rumäniens Hauptstadt ist eine Tour wert, auch wenn es vielleicht nichts für Komfortreisende ist. Die Menschen sind nett und gastfreundlich, obzwar viele von ihnen zu kämpfen haben, um jeden Monat halbwegs über die Runden zu kommen.

Fußball wird auch gespielt, ganz besonders in Bukarest, die Stadt hat aktuell drei Erstligisten und zwei Zweitligisten. Die fußballerische Qualität der Liga ist schwach, bis auf einen spielen alle Nationalspieler im Ausland, die Zuschauerzahlen sind dürftig, nur bei den großen Bukarester Derbys strömen die Massen.

1986 holte Steaua Bukarest als erster osteuropäischer Verein den Pokal der Landesmeister (Vorläufer der Champions League) und kickte dabei u.a. den FC Bayern München in den Sumpf des Vergessens. Lang ist es her, inzwischen hat der Kapitalismus gesiegt und den osteuropäischen Fußball dreimal ausgesaugt und fünfmal ausgespuckt.

Seit 2014 darf Steaua nach einem Gerichtsurteil nicht mehr den Namen Steaua und die alten Farben benutzen, seit März 2014 heißt der Club FCSB und die neu gegründete Fußballabteilung begann unter dem Namen CSA Steaua Bukarest in der 5. Liga von vorn. Unterstützt durch die ruhmreiche rumänische Armee (die im Besitz der Marke Steaua ist) und die allermeisten Ultras. Der neue Club ist ein mitgliedergeführter Verein.

Es bleibt abzuwarten, ob das neue Steaua dem FCSB das Wasser abgraben kann. Als vor kurzem der FCSB gegen den alten

Feind Dinamo Bukarest spielte, waren über 30.000 Menschen im Stadion, das ist auch eine Hausmarke.

Seit vier Jahren kommt der rumänische Meister aus Cluj, obwohl der SC Fotbal Club FCSB SA aus Bukarest permanent die stärkste und teuerste Mannschaft stellt. Warum? Die Antwort ist einfach: wegen Gigi Becali.

Das wesentliche Markenzeichen dieses Herrn ist seine gelebte Vulgarität in der Öffentlichkeit. Geboren als Bauernbub, gelangte er zur Wendezeit (Steinzeitkapitalismus pur) in Rumänien zu gigantischem Reichtum. Der Eigentümer des FCSB ist mehrfach vorbestraft, leugnet den Holocaust, hetzt gegen Homosexuelle und ist selbstverständlich ein guter orthodoxer Christ. Er ist der beste Trainer der Welt, der beste Funktionär, der schönste und potenteste Mann Rumäniens, der allerbeste Alleskönner ... Weil dieser unerträgliche Kerl bezahlt, kann er heuern und feuern, wie es ihm beliebt.

Weil die ruhmreiche rumänische Armee es Becali verboten hat, darf FCSB (Steaua alt) nicht mehr im nagelneuen Steaua-Stadion spielen. Dort kickt nun das neue Steaua. Becali und seine Jünger halten das alte Steaua naturgemäß immer für das einzig wahre Steaua ...

Seit dieser Saison spielt CSA Steaua Bukarest (Steaua neu) in der 2. Liga und darf aktuell aus fadenscheinigen Gründen nicht in die 1. Liga aufsteigen. Wohl auf Druck von Big Brother Becali geht es nur mühsam voran, er möchte natürlich keinen direkten Fressfeind in der Liga.

Bei unserem Besuch Anfang Oktober blieben die Steaua-Ultras dem Spiel leider fern, da sie die coronabedingten Maßnahmen (hierzulande 3G genannt) des Fußballverbandes ablehnen. Das war schade, wir hätten sie gern flirtend erlebt, zumal Steaua vor ungefähr 500 Zuschauern 3:0 gewann und in der 2. Liga oben mitspielt. Rumäniens Fußballlandschaft ist bestückt von Neu- und Zweitgründungen, wie bei Steaua buhlen auch in Craiova, Cluj und Timisoara zwei (fast identische) Vereine um die Gunst der Massen. Einer wird meist von einem lokalen Oligarchen angeführt ... es ist kompliziert und fabelhaft chaotisch ... crazy shit, es ist der wilde Balkan, wie ich ihn liebe.

2020, aktualisiert 2023.

ALS WIR LAUCH WAREN

Der Fußballmai schenkt uns die finalen Partien in den europäischen Meisterschaften. Während tausend Dresdner Kaffeesachsen sich nach dem Wiederaufstieg Dynamos in die zweite Liga ein rauschendes Freudenfest mit der Knüppelgarde lieferten, duschten mir Balkanliebchen brandheiße und superberauschende News die Zirbeldrüse!

Sapperlot!! Tusch, Tusch, Tusch! Dinamo Tirana ist nach neun Jahren wieder in der ersten albanischen Liga gelandet. Einige gut im Netz versteckte Seiten präsentierten dutzende abgerissene, hellblauweiße Gestalten, die in zweifelhafter Gegend Flagge zeigten. War der Hintergrund ein fetzig abgeranztes Stadion, oder eine fesche Müllkippe? Egal! Wenn im Herbst der Gott des Reisens lockt, wird Dinamo Tirana meine erste Adresse. Pippidusche vom Feinsten! Die hellblauen Dinamoliebchen gegen die tiefblauen einzig wahren Bewohner Tiranas von KF Tirana. Oder hellblau gegen die rotgelben von FK Partizani Tirana, was für Feste stehen uns bevor!

Kommt mir nun nicht mit steinzeitkommunistischen Securitateverein! Oder soll ich euch die Nazigeschichten von beispielsweise Schalke 04 unter die Augenlieder projizieren? Wenn sich in Tirana zwanzig Leute hellblau gewanden und »Dinamo!« skandieren, ist das so herrlich wie die schönste Rose des Universums! Denkt an die weisen Worte des Barden Frank Schöbel: »Die Fans sind eine Macht, wer keine hat gut Nacht. Und sind es auch nur sieben oder acht, es sind Fans und Fans sind eine Macht!«

In der Fußballwelt des Balkans (und möglicherweise auch in der Restwelt) ist es nun mal so, dass der Mensch jederzeit bemüht ist, »immer trocken aus dem Wasser zu kommen«. Waren wir gestern auf Krawall gebürstet, sind wir heute fröhlich aufgekratzt. Als wir Lauch waren, schworen wir, 1 plus 1 sind 3. Nun ist eins plus eins eben wieder zwei. Was interessiert das Geschwätz von gestern?

Ist man in Tirana, Bukarest, Sofia oder Belgrad gegen den modernen Fußball? Diese Frage stellt sich nicht, weil kaum eine Mannschaft aus dem Osten überhaupt europäische Beachtung findet und das Solidarprinzip längst von geldgierigen Fußballkonzernen und lokalen Bösewichten aufgefressen wurde.

Die Meisterdeppen vom Dienst sind die Fans. Notwehr heißt das Gebot der Stunde – wir besinnen uns auf die Neugründung des CSA Steaua im Angesicht der Würdeberaubung durch Becali. Die gleiche Situation findet ihr in Sofia, wo dereinst große ZSKA Sofia im Wachkoma torkelt, gedengelt von undurchsichtiger Umtopferei. Und was machen die Fans in Sofia? Sie suchen nach einfachen Lösungen und gründen ihren Verein neu. ZSKA (Zentraler Sportklub der Armee Sofia) 1948 Sofia gibt es seit 2016. Letztes Jahr stiegen sie in die höchste bulgarische Spielklasse auf. Neben dem PFK (professioneller Fußballklub) ZSKA Sofia (Zentraler Sportklub der Armee Sofia, der vor ein paar Jahren in die Insolvenz ging, und sich dank bizarrer Fusionen nach kurzer Zeit wieder aus der Asche erhob). Ist es nicht herrlich? Beide Clubs werden derzeit von ehemaligen Legionären der Bundesliga trainiert. Balakov ist bei ZSKA 1948 unterwegs, Akrapovic bei PFK ZSKA. Ich empfehle eine Reise nach Sofia über Tirana, Finale in Bukarest. Es gibt so viel Epochales zu entdecken, ich verstehe gar nicht, warum man in der BRD zum zehnten Mal Bayern München hinterherdackelt? Bayernfans, setzt euch in den Zug und dann ab nach Bukarest!

2021, aktualisiert 2023.

SOMMERPOLKA IM BLITZEBLANKEN WARSCHAU

»Jeder Atemzug ein Sieg!«, forderten die Fans von Legia Warschau beim Champions League-Qualifikationsrückspiel gegen Dinamo Zagreb im heimischen Stadion, das mit 28.500 Zuschauern ausverkauft war. Legia hat lange international nichts mehr gerissen. Zagreb hingegen ist Dauergast in CL und EL, obgleich die Trauben international auch für Zagreb hoch hängen. Die jeweilige heimische Liga wird von beiden Vereinen dominiert, im Konzert der Großen reicht es nur für die fünfte Fidel.

In Sachen Krawall und Remmidemmi sind die aktiven Zagreber Fans, bekannt als BBB (Bad Blue Boys) eine europäische Hausmarke. Ultras Legia sind ebenfalls für krasse Choreos und Gerangel abseits des Stadions berühmt und berüchtigt. Beide Gruppen betonen zudem eine nationalistische Note, was dem weltgewandten Europäer durchaus die Nackenhaare sträubt.

Um es vorwegzunehmen: Es war weniger neandertalesk als erwartet. Vielleicht hatten sich die Gemüter beider Lager bei diversen Scharmützeln ums Heimspiel in Zagreb und die Partie in Warschau beruhigt? Womöglich hatten die überall präsenten polnischen Polypen die bösen Buben in Ketten geschmiedet? Warschau ist sauber und geleckt. Obdachlose oder Trinker, die früher Polens Metropole bevölkerten, sind komplett aus dem beängstigend cleanen Straßenbild verschwunden. Alle hundert Meter sieht man vierschrötige, doch überaus freundliche Polizisten Streife gehen, die rechtskonservative PiS regiert das Land mit harter Hand. Trotzdem gelang es Warschaus wütender Jugend, viele kroatische Autos über Nacht zu entglasen und einige kroatische Touristen beim Sonnetanken an der Weichsel zu tollschocken.

Die Choreo der Ultras zu Spielbeginn war den Freiheitskämpfern des Aufstandsbeginns gegen die deutschen Faschisten am 1. August 1944 gewidmet. 5.000 Namen wurden auf Schals präsentiert, ergreifend, krass, groß! Pyro zu Spielbeginn und ein Stadion in weiß ließen meine innere Friedenstaube tirilieren.

Kroaten sah man nicht im Stadion, als die Ultras das Symbol der polnischen Heimatarmee hissten. Wahrscheinlich war das nicht falsch, auch mir juckte der deutsche Pelz mächtig und die Blicke der polnischen Fans waren nicht brav.

Dinamo gewann ein ereignisarmes Spiel 1:0, das von der mächtigen Stimmung der Polen lebte, derentwegen ich diese Ochsentour naturgemäß auf mich genommen hatte. Einmal Legia krakeelen sehn!

In den sozialen Medien durften die Freunde der dritten Halbzeit in der Aftershow diverse Wackelvideos bewundern, die jugendliche Helden beim nächtlichen Haschespiel und dem Stuhlweitwurf zeigten. Die polnischen Olympioniken verbuchten den Sieg für sich. Genauso brüsteten sich ihre kroatischen Glaubensbrüder (Franziskus ist ihr gemeinsame Hirt) eine Woche vorher. Die jeweiligen Gegner wurden der Feigheit, Arglist und Kurzpimmeligkeit bezichtigt. Die menschlichen Genitalien sind bei Katholiken als Mittel der Beschimpfung besonders beliebt, das ist bestimmt eine päpstliche Bulle. Die Bullen (umgangssprachlich für die Freunde der staatlichen Ordnungshüterei) sah man in manchem Wackel-Video vor Bussen und Automobilen posieren. Mit Blaulicht und gezücktem Knüppel. Fußball kann schön sein.

2021, aktualisiert 2023.

KRIEG UND FUSSBALL IN ŁÓDŹ

Während in der ostukrainischen Stadt Charkiw bei einem Angriff der russischen Armee mindestens sechzehn Menschen getötet wurden, fand am Mittwoch (17.08.) in Łódź im Władysław Król Municipal Stadium das Champions League Qualifikationsspiel Dynamo Kiew gegen Benfica Lissabon statt.

16500 Zuschauer sahen einen 2:0 Sieg von Benfica, mindestens die Hälfte von ihnen waren vor dem Krieg geflüchtete Menschen aus der Ukraine. Im Stadion dominierten blaugelbe Fahnen. In der Innenstadt waren ukrainische Farben nicht auffällig, einzeln warben ein paar Plakate für das Spiel, ansonsten dominieren auf den Graffitis die beiden konkurrierenden Fußballklubs LKS und Widzew Łódź, die sich oft und gern bis aufs Blut bekriegen und die Stadt unter sich aufgeteilt haben.

Unter den Einwohnern Łódźs ist der Aufenthalt von Dynamo Kiew nicht unumstritten. Das Stadion ist die Heimat des polnischen Zweitligisten LKS Łódź. Dessen Fans hatten die Ukrainer vor dem Spiel dazu aufgerufen, auf alle Symbole der Ukrainischen Aufständischen Armee (UPA, der militärische Arm der Organisation Ukrainischen Nationalisten) im Stadion zu reagieren, weil diese sich am Völkermord gegen Polen im 2. Weltkrieg beteiligt hat. Polen betrachtet die UPA als verbrecherische Organisation, in der Ukraine wird die UPA durchaus unterschiedlich bewertet. Wo die einen sie als Unterstützer der deutschen Nazis verachten, bauen ihnen andere Denkmäler als gescheiterte Befreier der Ukraine des Sowjetregimes.

Die LKS-Fans formulierten auf ihrer Website eine klare Meinung: »Wir erinnern daran, dass die Nationalflagge, für die die Ukrainer ihr Blut vergießen, blau und gelb ist. Alle anderen Symbole, insbesondere die schwarz-rote Flagge der Bandera-Leute, werden von uns im und um das Stadion nicht toleriert. Wir können nicht zustimmen, dass in unserem Stadion oder in unserem Land Verbrechern gehuldigt wird, die Polen ermordet haben und für das Massaker von Wolhynien verantwortlich sind.«

Bereits vor und später auch im Stadion, sah man Gruppen junger Männer, die genau beobachteten, wer welche Fahnen mitbrachte und was für Lieder angestimmt wurden. Weil keine rot-schwarzen Fahnen gezeigt wurden, konzentrierten sich die polnische Seite darauf, einen kleinen Trupp Ukrainer streng zu mustern, die in »ihrer« Fankurve Dynamo antrieben. Ein paarmal gab es kleine Schlägereien auf den Rängen, die schnell wieder abflauten. Vorm Stadion standen die Mannschaftsbusse von Dynamo Kiew und Benfica Lissabon friedlich nebeneinander, wobei Benfica mit einem Leihbus aus Poznań unterwegs war, in dessen Frontbereich ein Pappschild mit Benficas Vereinsemblem Position bezog.

Kurz vor Spielbeginn wärmten sich die Spieler auf dem Rasen auf. Fußball zu spielen, während an der Front die Leiber ihrer Freunde und Verwandten zerfetzt werden, ist bestimmt keine leichte Sache. Fußball zu spielen ist aber auch eine Möglichkeit, um europaweit auf das Schicksal der Ukraine hinzuweisen. Seht her, wir leben und kämpfen noch, wir zeigen Flagge, feuern unser Land an und treten Putin in den Hintern.

Nur noch zwei Spiele gegen Benfica trennten Dynamo vom Einzug in die Gruppenphase der Champions League. Noch zweimal volle Konzentration und Dynamos Fahnen wehten in Europa. Aus den Stadionlautsprechern kein Wort zum Krieg, die Menge wurde wie gewohnt mit fröhlichen Werbebotschaften in unerträglicher Lautstärke bombardiert. Schließlich wurde Fußball gespielt und irgendwer muss den unendlichen Fußball-Spaß bezahlen. Ein Spaß, der heute vielen Menschen in der Ukraine Ablenkung vom mörderischen Geschehen in ihrem Land brachte.

Die Spieler tobten wie junge Welpen über den Rasen. Felix Zwayer hieß der Schiedsrichter und Benfica wird von Roger Schmidt trainiert, die Deutschen hatten eine Aktie am Geschehen. Das reine Sitzplatzstadion füllte sich zusehends und bot Dynamo etwas wie Heimspielatmosphäre. Neun Euro kostete eine Karte, zum offiziellen Mannschaftsfoto kleideten sich die ukrainischen Spieler in blaugelbe Flaggen. Das ganze Stadion skandierte »Ukraine«, auch die ca. dreihundert Benfica-Fans, es war ein ergreifender Moment. Die UEFA ließ als schwaches Zeichen von Solidarität ab und zu auf den Werbebanden das Aufblitzen der Worte »Peace – mup« zu. Ansonsten schwieg der Bonzenmob.

Im ganzen Stadion wehten trotzig Ukrainefahnen. Dynamo Kiew war leider chancenlos gegen ein souverän aufspielendes Benficateam. Bei der Schlagerrevue European Song Contest durfte die Ukraine gewinnen, in Łódź ging es um sehr viel Geld. Und beim Geld hört der Spaß bekanntlich auf. Kurz vorm Spielende standen alle Zuschauer auf und sangen sehr inbrünstig die ukrainische Nationalhymne, viele weinten.

Die Polen haben die größte Flüchtlingsherausforderung des 21. Jahrhunderts angenommen. Die Art und Weise, wie Polen hilft, verdient größten Respekt. Viele Polen haben Angst, als nächste Nation auf der Speisekarte von Putin zu stehen. Das mag eine Motivation sein, doch zuerst sahen die Polen die Not der Menschen und reagierten.

Dynamo bereitete sich seit Mitte Juli in Łódź auf die Europapokalspiele vor. Die Spieler und der Staff leben in Uniejów unweit von Łódź, dort wurden sie sehr herzlich aufgenommen. Vom ersten Tag an hatten die Dynamo-Spieler hervorragende Arbeitsbedingungen. Der Bürgermeister von Uniejów, Jozef Kaczmarek, ist ein großer Fußballfan und inzwischen Dynamo-Fan. Nach dem Erstrunden-Sieg über Sturm Graz, lud Kaczmarek die Mannschaft zum Abendessen in das örtliche Schloss aus dem 14. Jahrhundert ein. Bei der Ankunft wurde Dynamo mit Standing Ovations und visuellen Spezialeffekten zum Song »We are the Champions« begrüßt.

Er besuchte auch das darauffolgende Quali-Spiel für die Champions-League gegen Fenerbahce Istanbul in Lodz und fuhr mit drei Busladungen ukrainischer Fans zum Stadion, denen er auf eigene Kosten Tickets für das Spiel kaufte.

Etliche Fenerbahce-Fans zeigten sich von einer ekligen Seite, sie lieferten in Łódź und auch beim Rückspiel in Istanbul als besonderes Schmankerl »Putin, Putin« Sprechchöre. Das motivierte Dynamo ganz besonders und sie kickten Fener aus der CL-Qualifikation.

Die Spieler von Dynamo vermissen ihre Familien, von denen einige nach Europa flohen. Weil Dynamo drei Phasen durchlaufen muss, um in die Champions League-Gruppe aufgenommen zu werden, begannen die Spieler Mitte Juni mit dem Training in der Schweiz und zogen dann nach Łódź. Gleichzeitig versteht jeder von ihnen, dass in der Ukraine Krieg herrscht und es sich nicht lohnt, sich über das »schwierige Schicksal« zu beschweren.

Es gab die Idee, einen Teil der ukrainischen Meisterschaft in Polen und der Türkei stattfinden zu lassen. Der Plan ist inzwischen vom Tisch, weil er seitens der ukrainischen Politik abgelehnt wurde. Es ist gegenwärtig offen, wie es mit der ukrainischen Meisterschaft weitergeht. Aktuell trainiert der Meister Shakhtar Donetsk in Slowenien, wird aber seine Champions-League-Spiele in Warschau bestreiten, Shakhtar hat vor wenigen Tagen die polnische Version seiner offiziellen Website gestartet.

Der SK-Dnipro trainiert in der Slowakei und unterschrieb einen Vertrag für die Europapokalspiel im grenznahen Kosice.

Seit Ende Juni trainiert Zorya Luhansk in der Nähe von Warschau, in Lublin fand ihr Qualifikationsspiel der Conference League statt.

Alle Spieler der ukrainischen Vereine sind vom Wehrdienst befreit.

Die internationalen Fußballverbände hielten sich bisher in Sachen Solidaritätsbekundungen vornehm zurück, die ukrainischen Klubs organisieren eigenständig ihre Spiele und das Training im Ausland.

Die ukrainischen Menschen, egal ob sie einem Fußball hinterherrennen oder vor russischen Bomben fliehen, wünschen sich, dass wir in Europa weiterhin Flüchtlinge aufnehmen und gegenüber Russland eine härtere Linie anschlagen. Wir müssen den deutschen Populisten und Putinfans die Stirn bieten und der Ukraine den Rücken stärken. Die Aggression Russlands ist die Ursache der gegenwärtigen Probleme in der Welt.

2022, aktualisiert 2023.

DER MANN MIT DEN RADARAUGEN

Jeden Morgen nach dem Aufstehen schaut der arme Sünder Uli Hoeneß mit einer Tasse Brennnesseltee nach oben. Ganz weit über ihm schwebt Herr Panenka aus Prag mit einem Glas Bier durch die Unendlichkeit.

Die tschechische Hauptstadt Prag ist zu jeder Zeit eine Reise wert. Ich empfehle immer den Herbst. Kommt im Herbst nach Prag, wenn golden das Bier vom Hahn tropft usw. Bis dahin heißt es, auf dem Sofa sitzen und die geschenkten Stunden mit dem Studium des tschechischen Fußballs verbringen.

Gegenwärtig tummeln sich gleich drei Prager Vereine in der höchsten Liga. Neben Slavia und Sparta sind es die göttlichen Bohemians Prag 05. Sie waren mir wegen des Kängurus im Wappen und der Trikotfarbe Grün, die im Fußballosten nicht so häufig vorkam, sofort sympathisch. Daneben spielte der göttliche Anton Panenka bis 1981 für die Klokani (= Kängurus, Kosename), der 1976 in der Nacht von Belgrad im EM-Finale gegen die BRD dank seiner Elfmeterfinte in den Fußballolymp aufrückte.

Nachdem Uli Hoeneß den Elfer in den Nachthimmel geknödelt hatte, lupfte Anton Panenka seinen Elfer lässig in die Tormitte, derweil Maiers Sepp schon in der linken Torecke döste. Unvergessliche Szenen, ich vergoss Tränen der Freude für meinen Klokani, indes Heinz Florian Oertel boshaft im DDR-Fernsehen den Namen des künftigen Steuerbetrügers Hoeneß mit falscher Betonung versah.

Es war das erste Finale einer Europameisterschaft, das im Elfmeterschießen entschieden wurde. Nach einem Remis hätte es auch ein Wiederholungsspiel geben können. Der siegessichere DFB hatte kurz vorm Finale das Elfmeterschießen beantragt, um den deutschen Spielern einen längeren Urlaub zu ermöglichen. Die Spieler erfuhren erst beim Aufwärmen von dieser ausgezeichneten Idee.

Ein Jahr nach dem Triumph stand ich staunend vorm Bohemians-Stadion Ďolíček und erfuhr, es würde übersetzt Mulde bedeuten, oder besser: geliebtes Muldchen.

Der Weg für Panenka führte vom Muldchen 1981 in den Westen. Tschechische Kicker durften zu jener Zeit erst im Alter von 32 Jahren ins Ausland wechseln. Panenka blieb grün und wechselte für vier Jahre zu Rapid Wien. Unter anderem, weil es in Wien eine tschechische Schule für seine Kinder gab. Dafür schlug er ein höher dotiertes spanisches Angebot aus. Einmal grün, immer grün.

Wegen seiner genialen Freistöße nennt man ihn auch »der Mann mit den Radaraugen«, da er in jeder gegnerischen Mauer das entscheidende Loch fand.

Der Sympaticus beendete mit 45 Jahren seine Spielerkarriere in Österreich und kehrte in die Mulde zurück. Anfangs als Cotrainer, später als Präsident von Bohemians. Inzwischen ist er Ehrenpräsident.

Frecherweise hatte ihn im Spätsommer 2020 die böse Tante Corona am Wickel. Mit einem geschickten Tackling befreite er sich aus ihrer Umklammerung und wird im Herbst 2021 mit uns und im Ďolíček sein. Wir werden vor dem Spiel eine knusprige Klobasa futtern und sie mit Prager Bier herunterspülen. In der Halbzeit werden wir ein zweites Bier trinken. Und nach dem Sieg noch viel mehr, wenn uns die letzten Sonnenstrahlen im improvisierten Biergarten den letzten Rest Verstand rauben.

2019, aktualisiert 2023.

RUMBURAK IM ĎOLÍČEK

Der Zauberrabe Rumburak war mit uns, als wir verwichnen Sonntag rechtschaffen an unseren Prager Bieren im Bohemiansground nuckelten.

Erst Samstagfrüh eingetroffen, hatten wir längst drei Spiele im Rucksack, die uns zu Slavia, FK Viktoria Žižkov und Sparta geführt hatten.

Slavia und Sparta ringen um den Titel, Bohemians schnüffeln an der Euroleague, Žižkov steht vorm Aufstieg in die 2. Liga. Dementsprechend voll waren alle Prager Stadien und betörten uns mit Bier, Wurst und frühlingshafter Fröhlichkeit. Wir träumten in den Stadien wie Zauberraben auf ihren Akazien und spähten in die Fußballwelt. Slavia kickte im heimischen Eden gediegen, die große Fanbase schwenkte rotweißes Zeug und feuerte unaufgeregt ihre Mannschaft an. Gewohnt, im Kampf um die Meisterschaft ganz oben zu stehen, fehlte die letzte Leidenschaft bei Mannschaft und Fans, die dennoch souverän den Gegner geschlagen zurück in die Provinz beorderten.

Sonntag, 10 Uhr 15 findet sich im Allgemeinen die wirre deutsche Jugend in Žižkov ein, um bei ersten Sonnenstrahlen Bier und Fettbemmen mit reichlich Zwiebelringen zu verputzen. Die Nacht war kurz und Bier ohne Zwiebeln ist keine Lösung. Skinheads, Punks, Langhaarige und sonstige Verwirrte jeden Alters tummelten sich an den Zapfanlagen. Ein paar Dutzend hochkarätige Fans geigten uns den Regen fort und machten sich über das generische Team in politisch unkorrekten Gesängen lustig. Während ihre Viktoria den Gegner zünftig vermöbelte, lutschten wir Zwiebelchen, lobten das Prager Bier und pupten den nahenden Mittag ein. Nun schnell zum alten Rathaus, um dem Tod dabei zuzusehen, wie er zu jeder vollen Stunde die zwölf

Apostel, aka die 11 Spieler und den Trainer, mit seiner Sense zum Lauftraining ermuntert. Kurz ist ein Fußballspiel und hinter jeder Biegung des Lebens lauert der Tod. Meisterschaft und Magerquark oder Fettleber und Aschenbrödel? Unser halbstabiler Aschenbrödelhaufen knödelte weiter Richtung Sparta Prag. Nicht alle schafften den Anschluss und sahen derbe Spartaner siegen. Spartafans kommen gern aus den Plattenbauten, beherrschen den bösen Blick und ziehen sich den Jogger tief in die Arschfalte. Wären sie Apachen, würden sie ohne Sattel reiten, Texanerblut zum Frühstück trinken und die Kunst, im vollen Tempo einer feindlichen Marketenderin den Kopf abzuschneiden, perfekt beherrschen. In der öden Wirklichkeit sind sie Team Unfrieden, drängeln sich gern an der Kloschlange vorbei und reagieren devot, wenn man sie am Schlafittchen zurück zum Ende der Pullermannschlange beordert.

Indes die Sonne sank, huschten wir schemenhaft und wesenlos zum Ďolíček, dem Endgegnerhain unserer Fußballreise. Wie eine Patrouille im Niemandsland zerklüfteter Berge, verdammt, einen uralten Fluch zu erfüllen. Heiser sprachen wir uns Ermunterungen zu und schnitten eine letzte Wurst in Streifen, die wir brüderlich teilten. Blitze flackerten und unser Schatten wuchsen zu schauriger Größe, als wir zuletzt den finalen Ort des geheiligten Geschreis erreichten. Grüne Göttinnen und Götter der Nacht empfingen uns. Die Orgie nahm ihren Lauf. Unter dem buckligen Mond wurden wir eins mit unserem Auftrag. Unsichtbar miteinander verbunden, heulten wir den Mond an und trotzten allen Ungeheuern. Bohemians Prag 05 stürmte voran und zermürbte für und mit uns den hinterlistigen Gegner.

An einer Quelle frischen Bieres tranken wir danach Wange an Wange mit unseren tschechischen Gefährten goldenes Urquell, unterdessen mittelgroße Präriewölfe aus dem nahen Zoo kläfften.

2022, aktualisiert 2023.

GEBOREN AUF STAHLWERKSCHLACKE UND KOHLENSTAUB

Eine kleine Reise auf den Spuren der Sommergewitterkönigin führte uns vom schlesischen Teil Polens ins tschechische Ostrava.

Zum gesitteten Stadionbesuch gehören eine Wurst und ein gradliniges Bier. Beides findet man im – ebenfalls schlesischen – Ostrava in bester Qualität. Manche Menschen meinen sogar, in Ostrava befände sich schlechthin das schlesische Wurst- und Bierparadies. Diese elementare Frage zu beantworten, überlasse ich fähigeren Wurstologen als mich.

Einst schmückte ein stolzes und riesiges Hüttenwerk samt riesigem Metallverarbeitungsbetrieben die Stadt und gab den Leuten Arbeit. Fährt man heute mit der Straßenbahnlinie Vier, gleitet sie kilometerlang durch brachliegende Industrieanlagen. Rostende Riesentürme, dunkle Fabrikanlagen, Flächen mit Schutt. Hört die Endzeitlandschaft auf, erfreut eine betagte Kneipe im Look der späten 60er Jahre mit dem schönen Namen Rosveda den durstigen Fußballreisenden. Genau dort platzierte uns Dreizahnbaba, so nannte sich unser lokaler Fußballanhänger, den ich an der Straßenbahnhaltestelle eingesammelt hatte, bzw. er uns.

Zu unseligen Sozialismuszeiten war das Hüttenkombinat Ostravsko-Karvinské Doly, kurz OKD, der Sponsor des Clubs, der in seiner Europapokalhistorie gegen die Lieblingsmannschaften unserer Reisegruppe antrat und die Fetzen fliegen ließ: FC Carl Zeiss Jena, Hansa Rostock, BFC Dynamo.

Dreizahnbaba meinte, auf Deutsche würde man in Schlesien nicht so stehen, aber er würde ein Auge auf uns werfen. Und siehe, uns erschien ein Licht in Form der Biersorte Ostrava 12, mit der wir uns fleißig zuprosteten im Roseveda. In der Kneipe guckten ein paar Riesenoschies durch uns durch, deren Arme mit fetten schlesischen Adlern tätowiert waren. Bei manchen thronte er gar auf der Stirn, ahhhh, was für satte Quadratschädel, geboren aus Stahlwerkschlacke und Kohlenstaub. Die Fans aus Ostrava sind befreundet mit denen aus Katowice, beide Clubs verbinden die schlesische Landschaft, der Bergbau und die verwehte, einstige Größe ihrer Clubs. Wahrscheinlich deshalb sind gefühlt die Hälfte der Stadionbesucher gut im Bierkampf geschult. Weil der Schlesier aber ein grundgütiger Mensch ist, bleibt er selbst in der Niederlage zumeist friedlich.

Stahlwerk, Hüttenwerk & Co. sind pleite, die ehemaligen Arbeiter tot, haben umgesattelt auf Shoppingmalknecht oder bevölkern als lebende Schnapsleichen Parks und öde Orte.

Young and Beautiful hingegen die lokale Damenschar, die uns im Stadion erwartete und in der Folge mit Nachtigallenstimmen ihren Verein nach vorn peitschte. Leider hatten sie nicht mit uns gerechnet, die wir auf unsere Reise den Fluch der Heimteams hinter uns herzogen. Folgerichtig verlor Ostrava gegen Teplice mit 1:2. Aber das machte nichts, weil die im Stadion zu futternde Klobasa, eine Wurst aus Hackfleisch und allerhand geheimen und schrecklichen Zutaten, unsere Gaumen verwöhnte.

Das coole Stadion war zu einem Drittel gefüllt, knapp 5.000 Menschen, darunter sieben Gästefans aus Teplice, lauschten den Ultras beim Dauergesang, die immer wieder von ihrer Liebe zu Schlesien und den Männern aus Katowice sangen. Vier sehr schöne Flutlichtmasten spendeten währenddessen Licht und führten uns nach dem Spiel ins Roseveda, wo die gute Tresenmutti, wie bereits erwähnt, tagaus tagein mit Ostrava 12 die geschundenen Menschenherzen tröstet.

2022, aktualisiert 2023.

WO DIE KÜHE MIT DEN ÄRSCHEN BELLEN – BATUMI, 26. JUNI 2023

Ein paar hundert Meter vom Schwarzen Meer entfernt schmiegt sich die supermoderne Adjarabet Arena wie eine leuchtende Artischocke in ein rasant in die Höhe schießendes Wolkenkratzergebiet. Batumi, die Perle am Meer, ist DIE georgische Boom-City, an jeder Ecke wird gebaut, die Stadt ist voller Russen: Kriegsdienstverweigerer, geflüchtete Oppositionelle und Russen mit viel Geld, die am Bauboom der Stadt mitverdienen wollen, bzw. sich längst eine Eigentumswohnung zugelegt haben.

In der Adjarabet Arena findet das Endspiel der U21 EM statt, daneben spielen die Deutschen dort zwei ihrer Gruppenspiele. Gestern ging es gegen Tschechien für die Jungkicker bereits um fast alles, weil das erste Gruppenspiel gegen Israel dank zweier nicht verwandelter Elfmeter nur 1:1 ausging.

Im georgischen Ligabetrieb spielt Dinamo Batumi in der Arena. Deren blauweiß ist die vorherrschende Farbkombination, die geschwungene Tribünenkonstruktion wirkt wie eine aufbrausende Schwarzmeerwelle. Das Ganze mal vier. 20.000 Menschen passen rein. Beim Spiel der Deutschen gegen die Tschechen ist die Arena nur zu einem Viertel gefüllt, trotz günstiger Eintrittspreise. 400 Tschechen, 600 Deutsche, der Rest Einheimische. Viele bezaubernde Kinder stromern im Stadion herum und geben dem Spiel mit ihrem Freudengeschrei eine schrille Aura. Beide Fangruppen sind im weiten Rund verteilt, ab und an erklingen Fangesänge wie »Super-Deutschland«, »Olé Deutschland« – was der gemeine Deutschlandfan so tiriliert. Insgesamt ein fantechnischer Totentanz, das muss ich leider verkünden. Was auffällt: allein vier Hansa-Rostock-, eine FC-Magdeburg-

und drei BFC-Dynamo-Fahnen schmücken die Arena, überhaupt entsteht der Eindruck, als wären zumeist Ostdeutsche nach Batumi gereist. In der ersten Halbzeit taumeln die Deutschen übers Feld, spielen sie in Knobelbechern und Bleiwesten? Die jungen Tschechen haben den Fußball auch nicht erfunden, aber Fortuna auf ihrer Seite. Das Match wird von den Tschechen 2:1 gewonnen, etwas glücklich, doch das Glück spielt im Fußball eine nicht unerhebliche Rolle. Der achtzehnjährige Dortmunder Stürmer Youssoufa Moukoko, der nach dem Spiel gegen Israel massiv in den Sozialen Medien beleidigt wurde, spielt leider nicht mit. Grund: muskuläre Probleme. Gewiss sind die rassistischen Beleidigungen nicht ohne Folgen für die Psyche des jungen Menschen geblieben. Jessic Ngankam, der ebenfalls rassistisch beleidigt wurde, war gegen Tschechien nur ein Schatten seiner selbst und wurde in der Halbzeit ausgewechselt. Unfassbar traurig für beide Jungspieler.

Trainer Antoni Di Salvo herzte seine Spieler nach der Niederlage und verkündete: »Das kleine Fünkchen Hoffnung wollen wir nutzen mit einem Sieg – und dann schauen wir mal, was auf dem Nebenplatz passiert.« Was soll er auch anderes sagen, ein Spiel steht noch aus, ausgerechnet gegen England, das seine beiden Gruppenspiele souverän gewonnen hat.

Die mehr als dreistündige Taxifahrt vom Flughafen Kutaissi nach Batumi ist das eigentliche Highlight. Obgleich die Entfernung nur 140 Kilometer beträgt, sorgt der allgemeine Straßenzustand für einen smarten Ausdauerritt. Selbst auf kurzen, autobahnähnlichen Teilstücken kann man höchstens 70 km/h fahren, weil die Strecke unter den Autos fröhlich vor sich hin bröselt. Hin und wieder ragen romantische Hochstraßen (Betonbauteile) für ein paar Meter ins grüne Land. Umrahmt von schicken Bergen schlängelt sich die Piste durch Georgien. Alle paar Meter bieten Händler Nahrung und Getränke feil, es ist eine Lust, diese kleinen Büdchen zu besuchen und mit dem Volk über das Leben zu palavern. Aber halt, meine Mission heißt U 21 Europameisterschaft – und weiter geht's.

Die Georgier sind große Tierfreunde, das kommt besonders hübsch im Fernverkehr zur Geltung. Die Straße befindet sich zumeist auf einer Art Damm. Rechts und links sumpfige Wiesen und waldige Flecken, auf denen sich Pferde und Kühe verlustieren. Nein, es sind ganze Herden, die hin und wieder von Ziegen, Schafen und frei umherschweifenden Schweinen aller Größe garniert werden. Das Besondere an diesem Nutztierfreigehege: es gibt keine Zäune. Somit kommen die PKWs und LKWs in engen Kontakt mit der Tierwelt. Hier mal Mama-, Papa- und Babyschwein, dort drei Kühe auf der Straße. Wie schön – Freunde der Tierbeobachtung wähnen sich auf Safari. Nicht unterschlagen möchte ich die frei marodierenden traurigen Hunderudel, die sich an jeder von Menschen bewohnten Ansiedlung niedergelassen haben und um Nahrung und Zuneigung betteln. Für westliche Augen leicht befremdlich, aber wie sagte schon Meister Nadelöhr – oder war es Pippi Langstrumpf?: andere Länder, andere Sitten. Georgien ist ein fantastisches Land mit gastfreundlichen Menschen, die besonders westeuropäische Reisende sehr herzlich aufnehmen, weil wir für sie die Boten einer gesamteuropäischen Verheißung sind, die EU heißt. Good Morning, Georgien!

2023.

VÖLLER REIN, VÖLLER RAUS, VÖLLEREI! – BATUMI 2

Der zwanzigjährige Sohn unserer Pensionswirtin in Batumi hat große Träume. Er spielt an der Uni Fußball und möchte schon bald in Deutschland kicken und arbeiten, weil er hörte, der Lohn betrage in der BRD 15 Euro die Stunde, was etwa dem Tageslohn eines georgischen Bauarbeiters entspricht. Er hält Bonn für die deutsche Hauptstadt und spricht weder deutsch noch englisch.

Auf dem Weg zum Stadion kommt uns ein Jogger mit einer Ukrainefahne entgegen. Beim Flanieren durch Batumi fallen immer wieder antirussische Tags ins Auge. Weil viele Russen seit Jahren Geld in der Schwarzmeermetropole investieren, ist man verhalten kritisch. Georgien muss sich verbiegen, um nicht vom russischen Bären vertilgt zu werden. Die russische Bedrohung ist täglich präsent, die EU das Ziel. Auch wir geraten in einer Hafenpinte in Kontakt mit einem russischen Scherzbold, der uns für eine Niere pro Person bis zur Krim schippern will. Barbecue, Bier und Frauen inklusive.

Vorm entscheidenden Spiel gegen England nutzt ein Teil der Reisegruppe die Zeit, um den aufregenden Verkehr via Dauerlauf zu erkunden. Die legendäre, acht Kilometer lange Promenade am Schwarzen Meer sucht ihresgleichen. Auffällig sind die vielen Bitcoin-Automaten, in Georgien werden fleißig Bitcoins geschürft und der Bevölkerung feilgeboten. Weil am Vortag ein Mega-Gewitter die Stadt durchgurgelte, zeigt sich das Meer von seiner weniger verlockenden Seite. Der Schmutz Batumis dümpelt auf dem türkisblauen Wasser, Dieselgeruch wabert über die wenigen tolldreisten Schwimmer.

Vorm Spiel bevölkern die deutschen Fans die Restaurants

ums Stadion. Rotgesichtige Engländer »mit ohne Haare« sieht man leider keine, auch während des Spiels lagern wenige englische Fans im Stadionrund. Ein englischer Schlachtenbummler meint: »Die Leute haben keinen Bock mehr auf die Nationalelf. Karten zu teuer, keine Identifikation mit den abgehobenen Rich-Bitch-Kids.« Demzufolge hängen zwar ein paar englische Fahnen im Stadion, doch wenn mal jemand während des Spiels laut wird, ist es der fünfzigköpfige deutsche Minimob, der sich hinter einem der Tore eingefunden hat.

Schon vor dem Spiel gibt es viel zu lachen. »Ihr seid zu blöd, aus dem Bus zu steigen«, ruft ein Fan, als statt des Tores mehrfach der Kopf eines georgischen Ordners getroffen wird. Als Entschädigung bekommt der vom Nietenschützen ein Trikot geschenkt.

Die deutsche Mannschaft kassiert gegen England schnell zwei Gegentreffer und entledigt sich souverän der Sorge, im Viertelfinale gegen Gastgeber Georgien spielen zu müssen. Di Salvos brave Trabertruppe darf nun noch ein paar Tage die Vorzüge Batumis genießen, beispielsweise im botanischen Garten Morgenluft schnuppern. Vielleicht findet sich zwischen zwei Friseurterminen ein Zeitfenster für die geschundenen Großverdiener, um noch ein paar Kindern weitere Trikots zu schenken?

Unter den Fans der deutschen Flagge macht sich ob der quälend peinlichen Nichtleistung der Nationalelf schnell Unmut breit, der in Gesängen finalisiert wird: »Wir sind nur zum Saufen hier, ihr Wichser«. »Völler rein«, »Völler raus«, Völlerei!«, »Rudi, ich will ein Kind von dir«. »Ost-, Ost-, Ostdeutschland«, »Hoch sollt ihr leben, dreimal hoch«. Ich sah einen Hitlergruß von einem deutschen Fan, der kurz »Bomben auf Engelland« anstimmte, aber keine Mitsänger fand.

Di Salvo steht zumeist verloren in seiner Coachingzone und erforscht die große Leere. Das Stadion füllt sich jedoch während des Spiels, vor allem Kinder kommen mit freiem Eintritt ins

Rund und bestaunen die in wahnwitzigem Tempo biertrinkenden deutschen Fans und ihr Gegröle.

Völlers Rudi, der Schindluderschreck, ist tatsächlich anwesend und blaustrumpft: »... Das ist eine Qualitätsfrage, die müssen wir wieder hinbekommen. Das fängt im Jugendbereich an ... Aber das ist nicht nur der DFB, da sind auch die Vereine mit im Boot. Die haben zuletzt nicht so ausgebildet, wie sich das gehört ...«

Auch orakelt Rudi, dass beispielsweise die Franzosen rückwärts schneller laufen können als die meisten Deutschen vorwärts.

Moukoko verletzt, Wirtz, Adeyemi und Musiala vom Bundeshansi weg von der U21 in die Nationalelf gehievt, dem armen Trainer Di Salvo und seiner exorbitanten Cotrainer- und Beraterschar blieben nur die Krümel vom ohnehin nicht sonderlich gut bestückten Jungspielerkuchen. Der Stellenwert der U21 wurde anschaulich ausgeleuchtet, die Olympiaqualifikation vergeigt. Weil irgendwer die Schuld tragen muss, kann es für Trainer Di Salvo eng werden. Seine Entlassung würde gut zur peinlichen DFB-Spitze passen, deren oberster Bonze Neuendorf sich in Batumi nicht blicken ließ, bzw. sich gut versteckte. Die traurige Großkopfetentruppe der DFB-Wagenlenker um Watzke, Rummenigge, Sammer, die uns das Dilemma nebst in Ungnade gefallenem Bierhoff eingebrockt hat, darf weiter den katzengoldigen Suppenlöffel der Pein rühren.

2023.

BERLIN

ALS DER HERTHAFROSCH MÄNNCHEN MACHTE

Im ausgehenden Winter des Jahres 1984 betrat ich das lauschige Westberlin. Dem friedlichen westdeutschen Spießer kam die Stadt eher lausig vor, mir zwanzigjährigem Abenteurer bot sie alles, was ich dringend brauchte. Ich kam aus dem Land, wo Plaste und Elaste blühten und das Volk unter der Knute des Dachdeckers Honecker brav sein Tagwerk verrichtete. Im güldenen Westen ernährte ich mich fortan von Kebab und Becksbier. Die Buchläden waren meine Tempel und alle paar Monate rannte ich mit der Polizei in Kreuzberg um die Wette. Die Bundeswehr hatte keinen Zugriff – Westberlin war eine großartige Erfindung der Alliierten. Die Oase Westberlin hing komplett am Tropf der Bundesrepublik. Eng umgürtet von ostdeutscher Mauer, bot sie ihren arbeitsamen Bewohnern eine extra Berlinzulage, damit sie nicht in den richtigen Westen flohen, der erst ab Helmstedt begann. Der Fußball lag zum Zeitpunkt meines Eintreffens in Westberlin völlig darnieder. Hertha BSC spielte in der zweiten Liga vor wenigen tausend Zuschauern. Tennis Borussia Berlin hatte noch weniger Fanpotential, Blau-Weiß 90 Berlin begann gerade erst seinen Siegeszug in der Oberliga. Fußball in den 80ern war 100 Prozent Prollkultur. Herthas bösartiger Mob nannte sich Frösche. 100 Prozent Manpower, handfester, rechter Pöbel. »Sieg Heil!« wurde mindestens um zu provozieren gebrüllt, etliche meinten es mit dem Nazigejohle bitterernst. Verwegene Schläger, zahnfreie Exknackis, Gelegenheitsarbeiter, Eckensteher. Ein ekliger Assihaufen.

Eine Weile war der Herthadevotionalienhändler Pepe Mager ihr Anführer. Man kannte Pepe in allen Stadien der BRD, selbst bei Union Berlin war er Legende. Sein weißer Mantel Marke

Schafficker, über und über bepflastert mit Fußball-Aufnähern aus aller Welt. Eine putzige Nummer, wenn die Meute ihre Froschschenkel blank zog und die Hertha tanzte. Irgendwann war Pepe dann nur noch Geschäftsmann und zuckelte mit seinem mobilen Fanartikelstand durch Westberlin, als froschiger Pionier des Merchandising. Herthas Großkopfeten waren gern Kneipenbesitzer, seltsame Anwälte und dubiose Westberliner Schlingel. Eine Männerwelt aus Schultheiß, Mampe und Kölnisch Wasser. Die Politik interessierte sich nicht für Fußball, seinerzeit konnte man mit ihm keine Quote machen. Wenn sich Gelsenszene, Borussenfront, Hamburger Löwen und Herthafrösche aufs Maul hauten, lief das unter Folklore, solange keine Bäuche mit Teppichmessern tranchiert wurden. In Westberlin waren der Club und seine Anhänger in den 80er äußerst unbeliebt. Wenig Zuschauer, kaum Westberliner Sponsoren, wer zu Hertha ging, war nicht gesellschaftsfähig. Dieses Image hing dem Club lange als kalter Furz im Gebälk. Der spätere Aufstieg von Blau Weiß 90 in die Bundesliga wurde von vielen Westberlinern 1986 frenetisch bejubelt. Plötzlich entstand bei BW90 sogar eine kleine, alternative Fanszene. Unvorstellbar bis dahin, Linke und Fußball? Endlich ist Schluss mit dem Drecksviech Hertha, frohlockte auch manch Kuhdammgänger. Bei mir machte sich Mitleid breit. Mein albernes Herz für die Armen und Schwachen. Als Hertha 1986 in die Berliner Amateurliga abstieg, besuchte ich sogleich ihr erstes Heimspiel im Poststadion. 1635 Zuschauer sahen einen 5:0 Sieg gegen den SC Gatow. Die Herthafrösche grölten besoffen vorm Stadion »Türken raus!«, bitterböse Bordsteinschwalben wedelten mit Reichskriegsflaggen und zeigten weißes Fleisch. Im Wedding schien die Sonne nie! Insgesamt kam ich mir etwas fehl am Platze vor. In Rudow kickte Hertha paar Tage später gar auf einem Schotterplatz, komischerweise zog Hertha auswärts mehr Zuschauer als im Heimstadion. Selbst gegen den alten Rivalen Tennis Borussia kamen keine 10.000 Berliner. Mich sah Hertha erst im nächsten Jahr gegen Türkiyemspor Berlin wieder.

Nur wenige Kneipen zeigten zu jener Zeit die Sportschau im Fernsehen. In manchen Gegenden Neuköllns schmückten vier Kneipen die Ecken. Alle hatten ihre Stammkundschaft und ihren Sparverein. Es waren meist einfache Eckkneipen, wo grobe Bierzombies hausten, die uns bei unseren rituellen Demos für die Gefangenen der RAF nicht nur mit Wattebäuschchen bewarfen. Eine der berüchtigtsten Fußballkneipen war das Mördereck, Lausitzer Ecke Wiener gelegen. Trotz des fleißigen Zuzugs westdeutscher Tunichtgute waren Kreuzberg und ganz besonders Neukölln in den 80ern arme Stadtbezirke, in denen die Kohleöfen im Winter mit den Friedrichshainern und Treptowern um die Wette Kohlenmonoxid aushusteten. Ich traute mich erstmals 1987 in eine Neuköllner Stampe. Dort ging es zwar herzhaft, aber freundlich zu. »Wer saufen will, muss artig sein!«, begrüßte mich die dicke Wirtin, als ich in ihrem Bierpalast mit meinem BFC-Kumpel Ellis aufschlug. Ich hatte mich ein wenig mit diesem schlitzohrigem Kneipenschläger angefreundet, um von ihm das Verhalten von Straßenkötern zu erlernen. Er führte mich an traumhafte Orte, wo die Faust immer nah am Aschenbecher lagerte. Irgendwann landeten wir im Mördereck. Nach ein paar Bier und nettem Palaver brüllte Ellis: »Türkiyemspor vor!« Er grinste einer Horde Trunkenbolde ins Gesicht. Sie grinsten zurück. Dann hoben sie das Glas und begannen zu bellen. Sie schlugen sich auf die Rücken, lachten und bellten. Waren sie doch nicht so dicke mit Hertha? Hatte Ellis die Sache für mich inszeniert? Waren es bezahlte Kleindarsteller? Oder am Ende Kreuzberger, die einfach nur ihr Bier trinken wollten?

2017, aktualisiert 2023.

WIDER DEM HEILIGEN FUSSBALL – DER 1. FC UNION BERLIN UND DER BFC DYNAMO FEIERN IHREN FUFFZICHSTEN

Meine Cojones waren aktiviert und schrien: Sind wir nicht alle für den Weltfrieden? Mit vollem Ernst und im Vollbesitz meiner geistigen Kräfte besuchte ich mit der Narrenkappe nacheinander die Feiern *50 Jahre BFC Dynamo* und *50 Jahre 1. FC Union Berlin*. Parteitagsfeeling, die großen Vorsitzenden Ulkig und Züngla lassen grüßen. Daneben Bierschwemme, Fleisch, Humtata.

Der Fußball ist eine Auster, die wir mit dem Schwert öffnen müssen. Aus diesem Grunde müssen Schlachten geschlagen, Einzelkämpfer zu Helden gestaltet und die Vergangenheit des Clubs zu einem einzigen Pamps der Glückseligkeit zerkocht werden. So unterschiedlich beide Berliner Fußballclubs ihre Jubiläen gestalteten, ging es letztlich darum, ihre Anhänger vollgestopft mit Hoffnung und Zuversicht mehr als nur glücksstrahlend in den Berliner Nachthimmel zu entlassen.

Entflammt sind sie alle. In echter, in einzig wahrer Liebe. Zu ihrem Verein, ihren Farben. Hier Rotweiß, dort Weinrotweiß. Wo der normale Zeitgenosse keinen großen Unterschied sieht, erkennt der Experte Gräben, gegen die der Mariannengraben eine popelige Ritze ist.

Der BFC feierte im Moabiter Loewesaal mit eintausend Menschen. Klang ein wenig gruselig. War es bestimmt für einige Hohenschönhausener, die zum ersten Mal nach Westberlin kamen. Vorwärts immer! Zurück gucken ist aber auch schön. Weiße Tischdecke, weiße Stühle, weiße Wände: Andie Thom. Ja, der leibhaftige AT, eben jener, der noch gestern mit dem BFC nienienie wieder etwas zu tun haben wollte. Die wichtigste Frage: Wer springt Null Uhr im weinroten Trainingsanzug aus der Torte?

Nein, es war nicht der Unionpräsident. Die Sause wurde von zwei bekannten Fans moderiert, die ihre gemütlichen Bäuche und die geschundenen Fanseelen streichelten. Erich Mielke hat in seinem Leben viel falsch gemacht, mit der Gründung des BFC im Januar 1966 hat er einmal was richtig gemacht, sagte Peter Meyer, der wichtigste Mann beim BFC. Daneben war naturgemäß der BFC immer schon anders, eben der ganz besondere Verein, mit einzigartigen Fans und Schunkelblues. Plötzlich läuft der ewige Berliner Verbandspräsident (2023 immer noch aktiv) Bernd Schulz an mir vorbei, der mir in seiner Steifheit wie der Ausbund eines Volkspolizisten erscheint, dabei ist er doch demokratischer Polizist, sagte man mir kürzlich. Vierzehn Jahre BFC. Wichtigster Berliner Protagonist des Schandelfmeters von Leipzig 1986. Neben Schiri Stumpf, der nach dem Spiel, das viele Nicht-BFCer für verpfiffen hielten, nie wieder Schiedsrichter sein durfte. Klarer und wahrer Spaß am Rande: Herr Schulz stand 1990 für ein halbes Jahr bei Union unter Vertrag.

Dynamo 2016 heißt, goldene Momente vergangener Zeiten zu liebkosen. Wir kommen aus der Hauptstadt, Bananen satt! Kinskische Grandezza. Stasi, Neid, Erfolg. Auch Jürgen Bogs. Andreas Thom. Thomas Doll. Frank Rohde. 17 Millionen Mark. Einige tanzen, um sich zu erinnern, andere tanzen, um zu vergessen. Man muss tiefer glauben. Dann wird ein zugiger Schlackeplatz zum Wembleystadion. Hier spricht ein großes Herz die deutsche Sprache. Gefühlsschaschlik, blubbernder Pudding, monchichihaft dreinblickende Fans suchen bisschen Balsam für die Seele. Null Uhr ein Ständchen, ’ne Art Punkband. Immerhin nicht Frank Schöbel oder die schrecklichen Puhdys. Die Punker sangen Schweinigeleien, ich verstand Strapse am Mütterchen, Ährenkranz in der Mitte, oben drüber das Logo des BFC.

1966 bis 1989 schien dem BFC die Sonne angenehm aufs Haupt. Seit 2014 spielt der BFC endlich in der Regionalliga, dazwischen lagen fünfundzwanzig Jahre Leid.

Bei Union in etwa alles umgekehrt. Union im Velodrom mit viertausend Erdenbürgern. Karl-May-Festspiele meets die go(a)ldenen Kehlen aus Bulgarien. Ziemlich clever, die Hauptversammlung mit der Feier zu verbinden. Berlins 2016er Oberindianer Herr Müller blies 1800 Sekunden die Wundertüte und schlüpfte zum Schluss in ein rotweißes Gewand. Eingangs mit Pfiffen begrüßt, brachte er das Volk mit knorken Ansagen (»immer schon anders«, »der ganz besondere Verein«, »einzigartige Fans« und ähnlicher Schunkelblues) zum Rasen. Bravo, Wahlkampftrainingsnote eins. Ein Unioner neben mir moserte trotzdem: Warum ist nicht die Merkel hier oder wenigstens ihr Pfaffe Gauck? Der Oberunioner Herr Zingler mag Stehplätze und Mitbestimmung, will ansonsten weiter nach oben und bemühte sich ums Volk. So mancher Volker durfte (leider), weil irgendwie Mitgliederversammlung, auch mal ans Mikro und stellte deplatzierte und griesgrämige Fragen.

Danach wurde sich aber richtig auf die Schenkel geklopft. Der Schlagzeilenautomat glühte bis zum Anschlag. Agitation und Propaganda vom Feinsten. Goldene Himbeere Ulli Potofski (RTL, Big Brother, Unionfreund trotz Schalke) ab 22 Uhr als ersehnter Kulturbeauftragter. Ein Imagefilm, Imagemuzak. Luftballons, Fanfaren, eindringliche Botschaften vom Chor der Schmeichler, ich wartete auf den Moment, wo Achim Mentzel (»auf einer grünen Wiese zwei Tore aufgestellt«) wieder von den Toten auferstand. Die endlose Mär eines Funktionärs, der DDR- und Jetztzeit (ohne Widerstand) überlebt hat. Zum FDGB sage ich nichts, Achtung Mauerbau! Auch nix zu hören über Union hinterm Stacheldraht während der Diktatur der Dachdecker und Bauern (von 1949–1989). Seele wärmen, Mütze drüber. Andere Vereine haben Fans, bei Union haben Fans einen Verein! Die wichtigste Frage: wer springt Null Uhr im rotweißen Trainingsanzug aus der Torte? Nein, es war nicht der BFC-Präsident.

Meisendottores und Geisterseher nennen es gern Seelenstörung, wenn Gruppen von Menschen unter willentlich nicht kontrollierbaren Schwankungen oder einseitigen Auslenkungen ihrer Stimmungen leiden und die Fähigkeit zur angemessenen Prüfung der Realität eingeschränkt ist. Es war bei beiden Vereinen grauenhaft schön, voll geil, ich bin doch nicht blöd!

Der einstige BFC-Torwart Werner Lihsa gewann die Funkelnde Schöpfkelle, er schaffte es, bei beiden Feiern zu brillieren. Beseelt und bedeutungsvoll jubelten alle gegen die Wirklichkeit an, das ist wahrscheinlich die beste Entscheidung, um unsere Menschenwelt zu ertragen.

Bei Union sakral, beim BFC Volkstanz. Der Fußballfreund vertraut gern seinem Unterbauchgefühl. Die Sexismusdebatte ist bei beiden Vereinen nicht angekommen. Knorke, Hostessen müssen wenigstens mit Pfiffen und Gejohle begrüßt werden, wenn man sich schon nicht traut »Ausziehen, Ausziehen!« zu brüllen.

Kommen wir zum Contest of the Champignons. Wer lag wo vorn?

Glamour & Diskurs: Null. Beide.

Die schrecklichste Prophezeiung: Union, Wir werden ewig leben.

Promifaktor: Bei Union nicht so, außer Herrn Müller, der BFC ist für Politiker eher konterproduktiv.

Sieger Biertemperatur: BFC.

Nahrungsangebot: bei Union war die Wurst am Brötchen das Gemüse, beim BFC kraulten Möhrchen in der Fleischsuppe.

Das schönste Ballkleid: Schnauzbart-Wolle mit 80er-Jahre-Kutte beim BFC.

Der angenehmste Tor: ich.

Der bizarrste Grund des Fernbleibens: HJ Riediger beim BFC wegen des Menschenauflaufs.

Die schönste Frisur: polierte Glatzen, beide.

Der traurigste Blick: beide, Foto von Thorsten »Dackel« Boer, spielte bei Union & BFC.

Der zotigste Zoni: Alle.

Was gibt es sonst noch zu sagen? Versäumt nicht zu leben!

2016, aktualisiert 2023.

DIE ACHTERBAHN DES NICO »PATSCHE« PATSCHINSKI

Gestatten, Patsche. Markenzeichen ruhelos, Sternzeichen Achterbahn. Heute auf dem Gipfel des Glücks, morgen auf dem Höhepunkt der Verzweiflung. Als Fußballer ein Paradiesvogel mit eigener Meinung. »Ich renn halt nicht 90 Minuten von rechts nach links, sondern gehe mit meiner Kraft ökonomisch um. Ich bin Stürmer. Ich glaub, ich bin schon relativ viel gelaufen, aber vielleicht bin ich ja falsch gelaufen«. Patsche ist bunter Hund, Zocker, Widerborst, schlampiges Genie, Wandervogel und in seinen großen Sekunden der George Best Ostberlins.

Patsche als Bundesligaprofi, Kreisklassespieler, Weltpokalsiegerbesieger und Lebemann. Warum soll man das Leben nicht in vollen Zügen genießen? Die Hauslatschen können ihn mal. In Patsches Alltag ist nicht viel Platz für Rationalität. Patsche sucht das Glück. Gestern, heute, morgen. Er wird angetrieben von Erinnerungen an große Spiele und Träume, die sich nicht alle erfüllt haben. Von aufrichtigem Pathos und klammer Selbstironie. Von Erlebnissen mit Freunden und Treffen mit Feinden. Von großen Worten wie Liebe oder Hass, weil es das eine nicht ohne das andere geben kann. Patsche hat einiges hinter sich. Im Fußballerleben wie im normalen Leben.

Ich treffe Patsche in seiner Wahlheimat Hamburg. Er ist freundlich und aufmerksam und nie um einen Spruch verlegen. Er sieht fit aus, lacht viel: »Ich bin froh, dass ich noch halbwegs gesund bin, ich hab' drei tolle Kinder, meine Eltern leben noch.«

2015 arbeitet er als Bestatter in Hamburg: »Ich fühle mich verdammt gut damit. Bin fast traurig, diesen Beruf nicht vorher entdeckt zu haben. Das Leben ist endlich, es macht mir Freude, Menschen mit ein paar Sätzen am Grab zu helfen. Ich hoffe, ihren Verlust etwas leichter machen zu können.« An den Wochenenden schnürt er den Fußballschuh für den SC Empelde bei Hannover: »Der Chef des Vereins war 2015 mein Insolvenzberater. Er hat mir geholfen, nun helfe ich ihm.« Bis zur Winterpause war Patsche als Spielertrainer in Hamburg-Schnelsen unterwegs: »Ich wollte sehn, ob ich als Trainer was tauge, da ich immer mit dem Gedanken spekuliert hatte, Trainer zu werden. Nach einem Jahr hab' ich gemerkt, ich schaff das nicht, ich bin eher der Kumpel, der Zeugwarttyp. Außerdem hat sich die neue Spielergeneration stark verändert. Wer als Profi den Mund aufmacht, bekommt Ärger. Die Jungs haben heute ein' Coach fürs Pullern, die kommen mir alle gleichgeschaltet vor«.

Patsche wird 1976 in Ostberlin geboren. Sein Vater ist ein erfolgreicher Eishockeyspieler und meldet ihn im Alter von vier Jahren beim Eishockey an. Zwei Jahre später wechselt er zum Fußball und kickt bis 1988 beim BFC Dynamo. Mit Westverwandten hätte er in der DDR keine Perspektive als Fußballer gehabt, doch zum Glück kommt 1989 die Wende. Ein Jahr vorher landet er beim 1. FC Union Berlin, der ihm bis 1997 Heimat ist. 1994 feiert er sein Debüt in der ersten Mannschaft. Besonders gern denkt er an seinen einstigen Trainer Hans Meyer. Als der ihn einmal in der 87. Minute gegen Bischofswerda einwechselte, gab er ihm folgende Worte mit auf dem Weg: »Herr Patschinski, ich erwarte von Ihnen einen Hattrick. Ich antwortete: Das geht ja noch, ich dachte, Sie wollen mehr von mir.«

Nachdem Union 1997 in finanzielle Schräglage gerät, wechselt er mit dem damaligen Uniontrainer Karsten Heine nach Babelsberg: »Ich war vom Herzen damals schon Unioner. Dann hieß es aber, wir sind insolvent, morgen reichen wir den Antrag ein.« In Babelsberg kam er nie richtig an. Zum einen, weil die Babelsberger keine Berliner mochten: »Das Dorfpublikum war nichts für mich«. Zum anderen, weil: »der damalige Sponsor sich kurz nach meiner Ankunft im Bett erschoss«. Also wieder

Koffer packen und weiter. Nach Dresden. Dort gefällt es ihm für ein Jahr ganz gut. Beim Spiel gegen Babelsberg zeigt er dem Publikum via Stinkefinger, was er von ihm hält. Als ein Jahr später Fürth anklopft, kommt Patsche mit zweiundzwanzig in der zweiten Bundesliga an: »Erster Spieltag 2. Bundesliga auf St. Pauli, ich sah direkt gelb rot.« Ja, in Fürth läuft es nicht. Ein Jahr später ist er St. Paulianer und erlebte die drei goldenen Jahre seiner Karriere samt Aufstieg in die 1. Bundesliga und Weltpokalbesieger-Tor gegen Oli Kahn. Als St. Pauli 2003 bis in die dritte Liga durchgereicht wird, geht Patsche für ein paar Jährchen nach Trier und später zur LR Ahlen. Als ein gewitzter Journalist seine polnische Oma ausgräbt, wäre er im zarten Alter von dreißig Jahren fast polnischer Nationalspieler geworden. Obwohl Patsche schon alle Papierchen klar gemacht hat, wird es nix mit dem Traum von Nationalspieler, weil es sich Polen anders überlegt. Und zur Strafe in der Vorrunde der WM 2006 ausscheidet.

Patsche war auf St. Pauli, bei Union Berlin und beim BFC Dynamo jeweils eine Weile Publikumsliebling. Auch weil er kein Blatt vor den Mund nahm: »Was ich mit meiner Kohle mache ist mein Ding. Ob ich mir damit den Arsch abwische, es verspiele oder verbrenne. Es ist ja nur Geld.« 2002 schoss er für St. Pauli das legendäre 2:0 gegen Bayern München und avancierte zum Weltpokalbesieger. St. Pauli liebte ihn und er liebte St. Pauli. Fünf Jahre später wurde er zum Weltpokalsiegerbesiegerbesieger. Wieder beim 1. FC Union Berlin unter Vertrag, sicherte er Union den Klassenerhalt mit einem Tor gegen St. Pauli, das zum »Tor der Woche« gewählt wurde. Doch die Abschiede von seinen Vereinen waren selten rosig. Oft blieb massig zerbrochenes Geschirr übrig. Für einige Fans ist er für immer Fußballgott. Für andere ein Zocker, der ihrem Club die lange Nase zeigte. Patsche ist ein Spieler, er hat eine Menge Geld einfach verjubelt. Zurückgelegt hat er keinen Cent, Altersversorgung kann mich mal! Schon auf St. Pauli ließ er sich wegen vermeintlicher Spielsucht untersuchen: »Der Doc meinte, es gäbe keine Anzeichen für schlimme Spielsucht. Ich habe es nicht als Krankheit verstanden, weil es das nicht gewesen ist.« Er polarisierte wie kaum ein Profi. Warum sollte er nicht weiter so leben, wie er es wollte? Nach seinem Empfinden hatte er alles im Griff. »Unions Sportdirektor Christian Beeck meinte 2007, ich sei spielsüchtig und krank, brächte meine Leistung nicht. Ich hatte mich zu diesem Zeitpunkt schon in allen Spielbanken sperren lassen, da ich zu viel verloren hatte, ich war damals nicht spielsüchtig und bin es auch heute nicht. Ich hab' nur ein bisschen Karten gespielt und gewettet«. In der Winterpause 2008 nahm Patsche als Unionsspieler an einem Benefizpokerturnier für die Jugendabteilung des BFC Dynamo teil. Bekanntermaßen der schlimmste Feind aller Unioner. Bei Union reichten die Worte »Pokern« und »BFC Dynamo«: »Hinterher hieß es, ich hätte wilde Party gemacht, einen Unionschal verbrannt, Antiunionparolen gerufen, alles Lügenmärchen. Ich war mit meinem Sohn dort und 19 Uhr wieder daheim.« Dann das erste Training bei Union: »Kam der Präsi Zingler. Mensch, beim BFC zum Pokerturnier, du bekommst 'ne Abmahnung und 5.000 Euro Strafe!« Patsche schaute ihn irritiert an: »Ne, seh' ich nicht ein. Ich hab' nix Schlimmes gemacht, der Jugend nur gespendet, was für'n Scheiß, vom BFC komme ich nun mal her. Es kam zum Prozess, ich hab' ihn gewonnen. Doch das Zockerimage blieb an mir hängen. Der Vertrag bei Union ging noch ein Jahr. Trotzdem folgte die Vertragsauflösung, da Union mich in die 2. Mannschaft stecken wollte. Ab Juli 2009 spielte ich für BFC, Basta! Die Liebe hielt ein Jahr. Finanziell nicht doll. Doch ich brauchte Geld, hatte in Wandlitz eine Hausfinanzierung an der Backe, dort bin ich noch zu Unionzeiten mit meiner Frau eingezogen. Auch mein Auto war noch nicht abbezahlt. Um das Debakel zu verstärken, kam im Winter 2009 die Trennung von meiner Frau, die ich mit einem anderen Kerl erwischt hatte. Bis zum Winter hatte ich beim BFC zehn Tore gemacht, wir standen auf einem Aufstiegsplatz, danach ging bei mir wegen der schmerzlichen Trennung von meiner Frau nichts mehr. Mein Leben war am Ende, ich sah keinen Sinn mehr.«

Nach der Saison startete er einen privaten und sportlichen Neuanfang in Trier, kickte bei verschiedenen Amateurteams und bekam wieder Boden unter die Füße. Das Geld war zwar weg, doch spätestens, als er seine neue Frau kennenlernte, war das Leben wieder schön. Patsche, ein Schlitzohr, ein Spieler, eine universelle Gestalt: »Union, so wie es früher war, hab' ich im Herzen. Unvergesslich, Mitte der Neunziger vor vierhundert Zuschauern gegen Hansa-Amateure, das war noch Fußball, das war geil. Regen, kein Dach überm Kopf, kalt aber geil. Es kamen nur die, die wirklich mussten, weil Union ihr ein und alles war. Jetzt ist Union Event, ein Verein wie jeder andere. Neues Stadion, sie müssen Geld machen, versteh ich ooch. BFC oder Union? Wenn ich in Berlin bin, gehe ich zu gar keinem der beiden Vereine. Mein Vater hat damals uff Union gestanden, weil es ein Arbeiterverein war. Heute gibt's keene Arbeiter mehr.«

2015, aktualisiert 2023.

DAS UNIONALPHABET

A = AF – Stadion An der Alten Försterei
Nichts liebt der Unioner mehr als sein Stadion, sein Wohnzimmer, die Brutstätte des gemeinen Unionertums. Steigt man S-Bahnhof Köpenick aus, geht es über einen romantischen Pfad, der die Fußballfreunde im Herbst durch Matsch und vorbei an Fuchs und Häsin direkt in die heilige Stätte führt. Ca. 22.000 passen rein, verteilt auf 18.395 Steh- und 3.617 Sitzplätze. Besonders auf die Stehplätze ist der Fan stolz. Bei diversen Gelegenheiten packten die Unioner in der Vergangenheit ehrenamtlich beim Stadionumbau an, zur Weihnachtszeit lockt seit 2003 das Weihnachtssingen das Unionervolk zum besinnlichen Singsang mit Pastorenschnack ins Stadion, das liebestoll von allen Unioner als AF bezeichnet wird. In den 30ern und 40ern nannten es manche trinkfreudigen Besucher Blumentopp (wegen einer lauschigen Kneipe gleich daneben). Seit Jahren plant der Verein den Ausbau der AF.

F= Fischer-Ruhnert-Kombinat
Cheftrainer Urs Fischer und Geschäftsführer Sport Oliver Ruhnert sind die Paten des Erfolgs. Ruhnert war lange Leiter der Nachwuchsarbeit auf Schalke. Er wurde 2017 als Chefscout zu Union geholt und lockte ein Jahr drauf Urs Fischer vom FC Zürich zu Union. Ein Jahr später stieg Union erstmals in die Bundesliga auf und die zwei Herren führten Union in den letzten beiden Jahren in den Europapokal, obwohl Union jedes Jahr wichtige Spieler an Großkopfetenclubs abgeben musste. Aktuell steht der Verein auf Platz eins der Bundesliga, weit vorm FC Mordor München. Eine Fußballsensation. Das Fischer-Ruhnert-Kombinat ist es gewohnt zu zaubern. Fischer angelt in seiner

Freizeit gern. Ruhnert ist als Schiedsrichter in der Kreisliga und für die Linkspartei im Stadtrat von Iserlohn aktiv.

S = Staatsfeind
Ein DDR-Satiriker formulierte einst im Satireblatt Eulenspiegel: »Nicht jeder Staatsfeind ist Unioner, aber jeder Unioner ist ein Staatsfeind.« Das gibt ein wenig die Gemengelage zu DDR-Zeiten wieder. Obwohl der 1966 gegründete 1. FC Union Berlin einer der elf besonders geförderten und gepamperten (Union u. a. von KWO, TRO, Bezirksleitung der SED, FDGB) Fußballclubs war, fühlte sich mancher Fan gegenüber dem allmächtigen Ortsrivalen BFC Dynamo mit Stasichef Mielke an der Spitze benachteiligt. Viele Unioner sahen den SC Union Oberschöneweide, der 1923 in blauweiß die deutsche Vizemeisterschaft gewann und dessen Spieler den Spitznamen »Schlosserjungs« trugen, als einen der zahllosen Vorgängervereine des 1. FC Union. Als 1977 bei den Rockkonzert-Unruhen auf dem Alexanderplatz »Eisern Union!« und »United!«-Rufe ertönten, folgerte die Stasi später, dass viele junge Fußballfans an den Unruhen beteiligt waren, in deren Folge ein großes Kaufhaus am Alexanderplatz komplett entglast wurde und es zu Plünderungen im großen Stil kam. Ab 1977 beschäftigte sich die Stasi mit dem »negativ-dekadenten« (Stasisprech) Fußballanhängern in Ostberlin. Die Clubführung des 1. FCU war bis 1989 nie im Widerstand und bestand größtenteils aus angepassten Funktionären mit SED-Mitgliedsbuch. Viele Unionfans wären in der DDR gern Staatsfeind gewesen, eine wenige waren es.

K = Köpenick, Kiez
Der FCU spielt im Berliner Vorort Köpenick, der u. a. den legendären Müggelturm und die NPD-Zentrale beherbergt. Köpenick ist ostdeutsch geprägt, Plattenbauten stehen neben Altbausubstanz, angeblich ist die Spree in Köpenick sauberer als in

Mitte. Weil es kein In-Viertel ist, schlug die Gentrifizierung und Verdrängung der alteingesessenen Ostberlinerinnen und Ostberliner nicht ganz so fett zu. Für Zugezogene aller Colour ist der Bezirk in Teilen gewöhnungsbedürftig. Die Menschen sind stolz auf Union und den Hauptmann von Köpenick, ein Spitzbube, der 1906 als Hauptmann kostümiert das Rathaus besetzte und die Stadtkasse klaute. Damals schrieb sich Köpenick noch mit C und war eine eigenständige Stadt vor den Toren Berlins. Die Fans wollen kein Kiezverein sein, in den Nullerjahren gab es mal zaghafte Versuche, Union zu versanktpaulisieren, das hat (leider oder gottseidank) nicht geklappt, auch weil die proletarisch aufgestellte Fanszene Unions sich nur bedingt mit den linken Sanktpaulianern anfreunden konnte (wollte) und sich selbst am meisten liebhat.

F = Frauen, Fraß, Fassbier

Frauen gingen schon immer zu Union, in den letzten Jahren wurden es zusehends mehr, auch wenn die hiesige Ultrakultur wie fast überall stark maskulin geprägt ist. Im Präsidium entdecken wir mit Nadine Schulz eine Frau, die neben fünf Männern Assistentin des Präsidiums sein darf. Vielleicht wird sie die erste Präsidentin? Zeit für eine Frau an der Spitze wäre es. Sie könnte sich dann gleich um das Stiefkind Frauenfußball bei Union kümmern, die Frauen Unions sind derzeit drittklassig. Die Hauptnahrung des gemeinen Homo Unionensis heißt Wurst, idealerweise heruntergespült mit Bier. Das mag nicht jeder Mensch bei Union, aber Unions Präsi schon. So offenbarte er Anfang des Jahres der semicoolen Sport-Bild: »Ich habe grundsätzlich nichts gegen vegane Würstchen, aber wir werden nicht jeden Wunsch erfüllen. Denn Fußball bedeutet bei uns: Bratwurst, Bier, 90 Minuten Fußball.« Tönt sehr bräsig & Oldschool und spricht den (mittelalten weißen) Männern aus der Seele, die bei Union in der Mehrheit sind.

H = Hohenschönhausen

Der Hauptfeind aller älteren Unionfans ist der BFC Dynamo aus Hohenschönhausen. Erich Mielkes Lieblingstruppe, der Dauermeister der DDR, damals in der DDR ähnlich verhasst wie heute der schreckliche FC Bayern München. Bis 1989 war für viele Ostberliner Fußballfreunde der BFC = Staatssicherheit. Hohenschönhausen gehört zum Berliner Bezirk Lichtenberg, wo sich auch die Zentrale des MfS und der berüchtigte Stasiknast befanden. Auch heute spielt der BFC, obwohl er sportlich unbedeutend ist und drei Ligen tiefer kickt, im Selbstverständnis der älteren Unioner eine große Rolle, zu tief sitzt der Schmerz. Letztlich verlor Union nur einen wichtigen Spieler an den BFC Dynamo. Reinhard »Mäcki« Lauck wechselte 1973 nach dem Abstieg Unions zum verhassten Stadtrivalen. Unioner sollen zu seinen Füßen gebettelt haben, er möge zurück zu Union kommen. Unklar ist bis heute, unter welchen Umständen er zum BFC wechselte. Union profitierte immer wieder von der guten Nachwuchsarbeit des BFC Dynamo. Der 1968 Pokaltorschütze Ralph Quest war nur einer von vielen Exdynamos, die zu heißen Unionidolen wurden.

N = Von Nina Hagen zum Weihnachtssingen

Das wichtigste Unionlied wird von Nina Hagen gesungen. »... Immer wieder Eisern Union ... wer lässt sich nicht vom Westen kaufen ...« usw. Nina Hagen ist vom Osten in den Westen geflüchtet und war dort lange Jahre Deutschlands Punklady Number One. Insofern hohes Geilomatenniveau, wenn man die Einlauf-Hymne z.B. mit Herthas ödem Schlagergedudel »... nur nach Hause gehen wir nicht ...« vergleicht. Musikalisch ist Union weit vorn, Stadionmuckenmensch Wumme schickt seit Jahren knorken Sound ins Rund, das passt und fetzt, nur bei Tennis Borussia Berlin ist die Musik ähnlich gut, aber wer kennt schon TeBe? Neben Nina und anderen lauten Bands mit frohen

Unionbotschaften – die neuste stammt von Schwimuschwarm Iron Henning und geht so: »Wir sind eure Hauptstadt ihr Bauern« – findet man auch das sogenannte Weihnachtssingen. Für mich eine problematische Angelegenheit. Alljährlich versammeln sich zehntausende Unionmenschen, die an den rotweißen Weihnachtsmann glauben und ihn, nebst ihrem Verein, besinnlich besingen. Gruselig!

U = DER Unioner
Die Heimat des wahren Unioners ist ein gallisches UnionDorf, der wahre Unioner ist ein Eigenbrötler und macht gern sein UnionDing. Jeder Fußballfan hält seinen Club für den einzig wahren, der Unionfan ist im Besitz höherer UnionWahrheit. Mit missionarischem Eifer tut er das am liebsten sich und seinesgleichen kund, wenn der Rest der Welt zuhört und das gut findet, ist es dem Unioner ziemlich egal, weil er weiß, dass er weiß, was er weiß. Unioner kämpfen nicht darum, ewig zu leben, sie leben ewig. Sie lassen sich nicht vom Westen kaufen, sie kaufen den Westen. Egal ob du auf der Waldseite stehst oder im VIP-Bereich Wachtelhirn schlürfst, du bist als Unioner automatisch und für immer auf der richtigen Seite. Dir braucht niemand was zu erklären, du hast alles schon gesehen, wer das nicht versteht, gehört zur Sekte der NICHTUNIONER.

E = Eisern Union
Die Eisernen, die feschen Unioner aus Ostdeutschland, kennt mittlerweile fast jeder Journalist und fast jede Leserin zwischen Kiel und Freiburg. »Eisern Union« bedeutet, zu seinen proletarischen Traditionen stehen, es drückt aus, ein Schlosserjunge zu sein und seine ehrliche Manneskraft hinauszuschreien. Schweißerbrille statt Leselampe. IsNunMalSo. Wären wir nicht eisern, wären wir weich wie Käse, und wer will im Fußball weich wie Käse sein? Eisern zu sein bedeutet aber auch, ein kleines

bisschen anachronistisch sein. Der Fußballplatz als Traumort des ewig Guten.

B = Bürgermeister

Berlins letzte drei Bürgermeister waren SPD-Mitglieder. Davor gab es mit Diepgen einen CDU-Bürgermeister. Zu Diepgens Amtszeit machte Union Berlin keine Welle und der Bümei sonnte sich im Glanz von Hertha BSC. Hertha lag meilenweit vor Union, sportlich und mitgliedstechnisch, kein Politiker, der was wollte, schlief in Unionbettwäsche. Wowi Wowereit war der nächste Bümei, der mit Hertha nix am Hut hatte und von Union evtl. mal im RBB gehört hatte. Union geriet dank der sportlichen Leistungen immer mehr in den öffentlichen Fokus, die Zuschauerzahlen schnellten nach oben, der Verein stand plötzlich für ein frisches, neues Berlin. Auf Wowi (wichtigster Satz: »Berlin ist arm, aber sexy«), folgte ein Herr Müller. Besagter Müller trat 2016 als Gastredner beim 50. Union-Geburtstag im Velodrom auf und versprach, was Bürgermeister Menschen so versprechen. Als die Unioner wie irre »Anziehen, anziehen« brüllten, zog er das ihm hingehaltene Trikot mit der Nummer 10 (sic!) über. »Passt ja wie angegossen« schrie die Masse. Seit ein paar Jährchen liegt Union mitgliedermäßig vor Hertha. Letztens geisterte ein Foto unserer aktuellen Bürgermeisterin durch den Blätterwald. Frau Giffey an der AF mit rot weißem Vereinstrikot und Jacke.

Z = Zingler

Dirk Zingler ist seit achtzehn Jahren Union-Präsident und eine der Säulen Unions. Als Kind der Fan-Kurve machte er, gerade volljährig, einen kleinen Schlenker zum Wachregiment des MfS. Dort passte er wahrscheinlich auf, dass der böse Westen über Nacht nicht die DDR kaufte. Nach der politischen Wende wurde er ein sehr erfolgreicher ostdeutscher Unternehmer, der seinen geliebten FCU mit viel Geschick und Schaffenskraft zum Blühen brachte. Heute ist er der unangefochtene Patriarch und eine verdienstvolle Lichtgestalt der Unionhistorie. Gelegentlich kommt er im modernen Fußballkontext leicht altmodisch um die Ecke. Das lieben viele Unioner an ihm. Wünschen wir ihm Kraft bei allen künftigen Entscheidungen.

2023.

RAINER LÜDTKE, BFC DYNAMO

»Die Hooligangeschichten von heute haben nichts mehr mit dem eigentlichen Fußballfan-Sein zu tun. Wenn man sich heute Videos aus Osteuropa ansieht, wo es so abgeht wie bei uns in den 90er Jahren. Das Geboxe hat mit der Liebe zu einem Club nichts zu tun. Zu DDR-Zeiten gehörte Gewalt zum Fußball dazu. Es gab selten ein BFC-Spiel, wo es nicht geknallt hat. Allerdings fand man das nie in den Zeitungen wieder. Gewalt beim Fußball in der DDR wurde totgeschwiegen.

Einmal ist unser Block im Bruno-Plache-Stadion in Leipzig von den Lokis gestürmt wurden. Da hat man unser gutes ›Berliner Fußball Club‹-Transparent geruppt, hat uns weh getan. Allerdings waren zu diesem Zeitpunkt die meisten BFCer nicht im Stadion, die ›Guten‹ machten draußen Jagd auf Sachsen.

Zum nächsten Heimspiel von Lok Leipzig ist ein fünfzigköpfiger Dynamomob gefahren, um das Transparent zurückzuerobern. Wir konnten damals die schuldigen Lokis nicht ausmachen, die haben das Transpi sofort verbrannt. Später hat sogar die Stasi versucht, herauszubekommen, wo das Transpi geblieben ist. Das konnte ich nach der Wende einer Stasiakte eines Leipziger BFC-Fans entnehmen. Wenn man die gekriegt hätte, wäre es böse ausgegangen. Angezeigt hat man die selbstverständlich nicht, das ist anders gelöst worden. Die Lokis waren in Berlin immer sehr stark. Die haben uns auch mal nach einem Pokalendspiel aufgelauert. Da sind wir die Friedrichstraße entlang gerannt, und einige BFCer flogen in die Spree. Man hat aber aufgepasst, dass keiner von denen ersoffen ist. War ja auch viel Polizei da. Wir waren dagegen in Leipzig immer gut. Auswärts waren wir bestens organisiert und auch vorsichtiger. Da standen meist dichte Polizeiketten um unseren Block. Die Bullen war'n schon sehr präsent im Stadion. In Berlin warn die Bullen gut drauf, in Sachsen eher aggressiv, die mochten keine Berliner. Da kam das Lied ›Knüppel, Knüppel, bumm bumm‹ her.

War aber eher ein Trapolied, die Transportpolizei war sehr streitsüchtig. Die ham schon auf den Bahnsteigen gern verhaftet. Die Stasi hat sehr, sehr umsichtig agiert. Man hat nie mitgekriegt, wenn die jemanden rausgefischt haben. Die hatten die Sache im Griff. Aber das war uns gar nicht bewusst. Anfang der 80er muss es einen Befehl gegeben haben, da sind alle wichtigen Leute eingesperrt worden. Peitsche zum Beispiel hatte Berlinverbot. Wobei Berlinverbot nur wenig Leute bekamen, nicht mal zehn Leute, die ich kenne, bekamen den Paragraph 50/51. Aufenthaltsbeschränkung für die Hauptstadt der DDR. Viele mit Berlinverbot kamen nach Sachsen, Altenburg war eine Hochburg. Drakonische Strafen für Leute aus der radikalen Fan-Szene waren zu DDR-Zeiten immer aktuell. Politische Proteste gab's nie unter BFCern. Aber wir haben uns nicht auf Linie gehalten, es gab die vielen Schlägereien mit anderen Fans, doch der Respekt vorm Staat war immer da. Ich habe mich nie als Staatsfeind empfunden. Es gab sicher ein paar Hardliner, die schon immer aus der DDR ausreisen wollten, das war eine Minderheit. Generell war der Mob nicht rechts. Doch als Fußballfan ließ es sich sehr gut rechts leben. Viele Leute dachten, rechtes Gerede gehört zum Fußball. Das war ihre Art zu provozieren und auch eine Modeerscheinung ohne intellektuellen Hintergrund. Bedauerlich, viele Leute hören heute das Wort BFC und denken sofort an Nazis. Ich kenne auch viele rechte Unioner, das ist ein Fußballphänomen.

Mein erstes großes Aufeinandertreffen mit Unionern hatte ich in der S-Bahn. Das war vor 1976. Wir kamen von einem Auswärtsspiel aus Frankfurt, waren fünfzehnjährige Jungs. Aus Furcht vor den noch übermächtigen Unionern hatten wir damals keinen weinrot-weißen Schal, sondern einen rot-weißen, um nicht aufzufallen. Plötzlich stürmten drei Unioner in den Waggon, richtige Klopper. Die haben sich uns einzeln vorgenommen. Jeder wurde geruppt. Ich wollte meinen Schal nicht abgeben, da wurden meine Arme rabiat auf die S-Bahnlehne geknallt, bis mir beide brachen. Seitdem war der Hass auf Unioner richtig doll da. Seitdem habe ich oft und gern die Konfrontation mit Unionfans gesucht. Ich hab' gesagt, hundert Unionnadeln müssen dafür daran glauben. Hab' ich letztlich auch geschafft. Später habe ich nie wieder solche Prügel abbekommen. Ab 1979 wendete sich das Blatt zu unseren Gunsten. Man hat sicher mal was abgekriegt, war aber in Berlin bei den Derbys die Nummer eins.

Es wurde später Mode, Unionern auf diversen S-Bahnsteigen aufzulauern, wenn die von ihren Spielen kamen. Umgekehrt haben die das auch gemacht. Da wurde unglaublich viel geruppt und geprügelt. 1979 tauchten auch die ersten Punks bei uns auf, Clash, Voigt, Spion, Abwärts. Die ersten Glatzen ließen ab 1983 auch nicht lange auf sich warten, die DDR-Subkultur war präsent. Die Mode schwappte immer schnell aus Westberlin rüber. Ich bin auch der Meinung, dass beim BFC die größte Anzahl der Knastjahre DDR-weit versammelt war. Obwohl der BFC ein sogenannter Stasiclub war. Aus meiner Umgebung, der 78/79-Zeit gibt's kaum einen, der nicht in den Knast gegangen ist. Wir sind alle weggegangen.

Ich hatte den Alex unter meiner Hand, eine größere Meute aus dem Heineviertel, die Prenzlauer Berger, wir haben uns immer am Fernsehturm im SB-Café getroffen. Raus aus der Schule und da hin. Wir haben den Alex sauber gehalten, alles was nicht BFC war, hat quasi Alexverbot gehabt. Die Unioner haben sich stark verkniffen, auf den Alex zu kommen. Unsere Hauptwidersacher waren die Unioner vom Momme, unter anderem Schlenne, heute Fanbeauftragter bei Union. Wir beide haben uns damals öfter gehabt. Beide Gruppen haben sich enorm gehasst. Momme war gut, die hatten die Boxerbrüder Aderkast. Wir hatten auch unsere Boxer, ich boxte bei Empor.

Als ich im Knast war, habe ich erfahren, dass die Unioner das SB angegriffen haben. Ich hab' das auch öfters erlebt, meist ham wir die wieder verjagt. Einmal hat Spatze uns mit den richtigen Leuten besucht, da sind wir ordentlich gerannt. Nur einer ist stehengeblieben, ein BFCer aus Köpenick. Der hat von Spatze erbärmlich den Arsch voll gekriegt. Wir konnten nicht helfen, die Unionübermacht war zu groß. Ein anderes Mal kamen wieder etliche Unioner ins SB. Die wunderten sich, dass sie uns nicht antrafen. Wir waren oben auf den Traversen verteilt, nahmen sie von zwei Seiten in die Zange und ham sie richtig vom Alex getrieben. Einmal haben wir sie zu Hunderten vom S-Bahnsteig Alexanderplatz über die Gleise bis zur Janowitzbrücke fortgetrieben, da musste die S-Bahn den Strom abstellen.

Polizei und Stasi haben das sehr wohl mitbekommen und gesammelt. Doch wir ham die Stasi nie für voll genommen. Ein Fehler, im Nachhinein. Im Zug nach Chorzow war damals die Stasi mit im Zug. Die waren so was wie Fanbetreuer für uns. Auswärts ham die uns oft rausgehauen. Sprich, sie haben Verhaftungen nicht zugelassen, um dann selbst in Berlin tätig zu werden. Auch im SB ham wir die gesehen, man kannte sich. Angesprochen wurden viele mal von denen.

Mit siebzehn hab' ich am Alextreff schon als Einlasser gearbeitet. Der Alextreff war BFC-verseucht. Wenn der BFC am Samstag ein Heimspiel hatte, kamen die Auswärtsgäste meistens schon einen Tag früher. Der Alex war für viele Zonis ein Anziehungspunkt. Dann tappten die in den Alextreff, wir ham die abgepasst und zusammengeprügelt. Vorm Spiel haben wir uns 9 Uhr im SB getroffen. Dann kamen diese Fanmassen mit ihren Beuteln aus Sachsen (›Sach' dochmal Cola: Goola‹) und da hat's gerummst. Ansonsten gab's nur beim Spiel Prügel, der Alex war 'ne Ausnahme.

Irgendwann gab's auch mal den Raub von 'ner größeren Gruppe, wo ich mit bei war, Raub bedeutet: Schal ruppen. Das war ein Raubdelikt, eine räuberische Körperverletzung. Bin am nächsten Tag in die Keibelstraße vorgeladen worden, es fand eine Gegenüberstellung statt. Ich wurde erkannt und bin gleich im Knast geblieben. Einzelzelle, ich hab' geheult ohne Ende. Ich war gerade achtzehn Jahre alt. Später bin ich nach Rummelsburg in die Wäscherei gekommen, mit Arbeit war Knast auszuhalten.

Dann die Verhöre. Die Kripo hatte eine Liste, da standen alle möglichen Straftaten drauf, an denen ich beteiligt gewesen sein sollte. Das kam zur Anklage. Obwohl ich vorher nie Kontakt mit Kripo oder Stasi hatte. Ich war bis dahin weder vernommen, noch auch nur einmal beim Fußball festgenommen worden. Trotzdem war meine Anklageschrift achtzehn Seiten lang.

Zur Verhandlung war der ganze Saal voller BFCer. Ich dachte, die befreien mich jetzt. Ich habe als Rädelsführer zwei Jahre und drei Monate ohne Bewährung bekommen, inklusive des 48er Meldeparagraphen. Das bedeutet, wenn du entlassen wirst, bekommst du nicht den Personalausweis der DDR wieder, sondern einen Sonderausweis. Mit dem du zum Beispiel nicht ins sozialistische Ausland reisen konntest. Außerdem hatte der ABV Schlüsselgewalt, er konnte jederzeit in meine Wohnung marschieren. Meine Mittäter bekamen Freisprüche und Bewährungsstrafen. Ich bin 1980 in die Kiste eingefahren, nach langer U-Haft in der Keibelstraße und in Rummelsburg. Hab sehr viele BFCer dort getroffen.

Ich kam nach der Verhandlung in den Vollzug, die ersten Tage waren unglaublich hart für mich. Ich wurde nach Torgau verlegt, einer der schlimmsten DDR-Knäste. Im Knast bekam ich einen guten Job, als Einzelhandelskaufmann ging es. In Torgau war ich insgesamt eineinhalb Jahre.

Zehn Monate wurden mir auf Bewährung erlassen. Aber Auflagen ohne Ende: drei Jahre Bewährung. Ich hätte besser drinbleiben und das absitzen sollen. Ich durfte den Arbeitsplatz nicht wechseln. Ich musste mich jeden Dienstag bei der Polizei melden. Ich musste mich vor jedem BFC-Spiel 14 Uhr bei der VP melden. Ich durfte Berlin nicht verlassen. Ich durfte keinen unangemeldet bei mir übernachten lassen. Die Bullen sind sogar nachts gekommen, um mich zu kontrollieren. Ich hatte BFC-Verbot, SB-Verbot, Alextreffverbot. Ich durfte in keine Kneipe, wo BFCer waren. Natürlich war es unmöglich, diese Auflagen einzuhalten, ich war BFC-Fan.

Obwohl meine Kumpels aufpassten, wurde ich beim BFC-Spiel gegen Halle von der Stasi gesichtet und geschnappt. Die sind wie ein Keil in die Fans rein und weg war ich. Der mich da rausholte, den hab' ich nach der Wende als Geldboten an einer Tankstelle wieder getroffen.

BFC-Spiel: Erster Bruch der Bewährungsauflagen. Dann hab' ich mich mal nicht gemeldet, zweiter Bruch. Dann war ich in Cottbus mit dem BFC, wurde erwischt, dritter Bruch. Da haben sie mich abgeholt, Verstoß gegen Paragraph 48. Bei der nächsten Gerichtsverhandlung hab' ich acht Monate gekriegt, plus die offenen zehn Monate. Dazu kamen fünf Jahre Berlinverbot, Paragraph 48. Ich war total aus dem Verkehr gezogen.

In jedem Knast – ich saß wieder in Torgau – gab es einen Stasi-OKS (Offizier für Kontrolle und Sicherheit). Der hat irgendwann gesagt, ich hätte Besuch aus Berlin. Stasi. Hat sich der Berliner vorgestellt, macht seinen Aktenkoffer auf, stellt mir 'ne Pulle Bier hin. Im Knast. Das Bier hab' ich getrunken und war blau danach. Er zeigt mir Fotos, guck mal, so sehn jetzt die BFC-Fans aus. Das sind jetzt die Leute, die was zu sagen haben. Er hat mir die Fotos gezeigt, um mich glücklich zu machen. Er machte einen auf freundlich und hat versucht, mich zu überreden, für die Stasi zu arbeiten. Ich hätte sogar zurück nach Berlin gedurft, der hat mir erzählt, meine Mutter würde 'ne bessere Behandlung bekommen, sie hatte damals Krebs. Das warn die Sachen, die man mir damals angeboten hat, die ich abgelehnt habe. Meine Kumpels waren mir wichtiger. Als Spitzel wollte ich nicht raus. Die zweite Knastzeit habe ich voll abgesessen.

Meine BFC-Kumpels hatten mich aus dem Knast abgeholt. Eine Fete vom Allerfeinsten. Die ham mir 'nen Ostseezeltplatzschein besorgt und ein Weib angeschleppt, das war richtig geil.

Von der Schmiere hab' ich 1983 meinen Wohnort zugewiesen bekommen, Miltitz bei Leipzig. Arbeit gab's auch. Ich musste anfangs Kartons für eine Möbelbude kneten. Auflagen wieder ohne Ende. In Miltitz musste ich mich auch jeden Dienstag melden, hatte aber keine Samstagmeldeauflage und durfte Berlin nicht betreten. Also war ich immer schwarz in Berlin, auswärts sowieso. Ich hatte kein BFC-Verbot diesmal. In Miltitz hatte ich einen etwas schläfrigen ABV, der sich mit den DDR-Gesetzen nicht so auskannte. Das war recht locker.

Ich war in Miltitz verschrien, die Eltern haben ihren Kindern erzählt, ich sei ein Kindermörder aus Berlin. Wahnsinn, ich weiß nicht, ob das gesteuert war. Ich hab' erlebt, dass Jugendliche Stubenarrest bekommen haben, die mit mir geredet hatten. Ich sah damals ganz normal aus, hatte gute Westklamotten. Jedes Wochenende hatte ich Berliner da, die Weiber da unten sind auf uns geflogen.

Anfangs hatte ich es schwer wegen der ortsansässigen Lokis und Chemiker. Damals gab's noch keine Handys, da hab' ich Telgramme zu Willy geschickt. ›Ich hab' hier Probleme.‹ Sofort kamen ein paar Kumpels aus Berlin und die Probleme waren beendet. Später bin ich dann mit Lokis und Chemikern gut klargekommen. So hat sich dann auch diese Hassliebe zu Lok entwickelt. Manchmal sind wir mit Lok zu Chemie und haben mit rumgeknallt.

Als ich zurück nach Berlin kam, hab' ich mich gewundert, was aus J.V. geworden war. Plötzlich hatte der seine analen Jungs gegründet und war einer der dicksten Fische beim BFC.

Alle anderen waren im Knast, der harte Kern war weg. 83/84 reisten plötzlich die ersten Leute aus. Mich hat der Westen nie gereizt. Ich hab' auch gedacht, dass aus der DDR noch was werden würde.

Ich war nie rechts, ich habe jeden gehasst, der den Arm gehoben hat. Ich seh' mich eher links, also sozial eingestellt.

In Miltitz wurde ich noch mal von der Stasi angesprochen, ob ich nicht nach Berlin zurück möchte, unter Umständen ginge da was. Ich wollte aber nicht. In Berlin hat mich einmal die Stasi geschnappt. Die ham mich in eine Wohnung geschleppt, eine normale Wohnung. Dort hat man auf mich eingeredet, wollte mich gern öfter mal treffen, bisschen über die BFC-Fans mit mir reden. Da bin ich dann nicht mehr nach Berlin gefahren. Die Krawalle ,die Ende der 80er stattfanden, waren schon nicht mehr mein Ding.

Ich war bis zur Wende in Miltitz. Erst mit der Wende bin ich sofort nach Berlin. 1994 bin ich endgültig nach Berlin zurückgezogen. Die FC-Berlin-Zeit habe ich nicht mitgemacht. Das war in der Wendezeit katastrophal, was sich beim BFC plötzlich herumgetrieben hat. Vielleicht hätten wir normalen Fans, die sich zwar mal gekloppt haben, aber nichts mit Nazischeiß am Hut hatten, damals eingreifen müssen. Ich glaube, dort liegt der Ursprung des Images, dass man sich als Nazi oder rechts Orientierter beim BFC heimisch fühlen kann. Wenn man damals mehr Herz gezeigt hätte, wäre der BFC heute anders. Und doch liebe ich diesen BFC mit all seinen Facetten.«

2008, aktualisiert 2023.

WIR STEHEN IMMER AM RAND

Samstagmorgen. Während die Anderen schlafen, läuft in einer Wohnung des Hauses schon Videotext. Es ist unsere Wohnung. Ich bin wach.

7 Uhr 30. In zwanzig Minuten muss ich mit meinem Sohn am Sammelpunkt seiner Mannschaft sein. Auswärtsspiel in Wilhelmsruh. Ich kutschiere neben meinem Sohn drei weitere Jungs zum Auswärtsspiel. Typisches Elternschicksal. Wir kennen alle Fußballplätze Berlins. Und werden von den Maulwürfen persönlich mit der Flosse begrüßt. Wir waren schon in jedem Clubheim zu Gast, wir erfassen die Qualität des Kaffees beim ersten Augenkontakt und erschnüffeln am Bockwurstgeruch, ob die Vereinswirtin zu emotionslos mit unserem Hauptnahrungsmittel umgegangen ist. Wir Eltern von Fußball spielenden Kindern.

Trainiert wird die Jugend von Frank. Einem Urgestein der Trainerzunft, der mit Freundlichkeit und Verständnis wirkt. Ist auch nötig, denn Berolina spielt in der Landesliga gegen den Abstieg, eigentlich eine Liga zu hoch für die Jungs.

7 Uhr 48. Die ersten Eltern treffen ein, mit verschleierten Augen, die Spuren nächtlicher Schlachten sind ihnen ins Antlitz gestanzt. Dann alle ab in die Autos und durchs menschenleere Berlin. Immer schön in Schlachtformation.

Anmutsvoll ist in Wilhelmsruh um uns herum das Geplärr der Vögel zu hören. Umso weiter man nach JWD kommt, umso schöner werden die Fußballplätze. Die Randberliner Vereine brillieren mit preußischem Rasen und Laubenpiepercharme. Wir stellen unsere Autos in eine Reihe und stecken die Hände in die Taschen. Wir tun vor unseren Kindern so, als würde uns das alles überhaupt nicht interessieren. Etwas entfernt stehen die Angehörigen des gastgebenden Vereins. Feindselige Blicke. Unsere Jungs wollen ihnen den Samstag versauen. Ihre Jungs vernichten.

Mit einem exquisiten Rasenplatz kann unser Verein, BW Berolina Mitte Berlin, nicht aufwarten. Unsere Kinder spielen auf Kunstrasen, der schon bessere Tage gesehen hat. Doch immerhin: von der Mittellinie unseres Platzes betrachtet, vergoldet uns ein herrlicher Blick auf den Berliner Telespargel die Augäpfel.

Das Letzte, was einem Fußball beobachtenden Elternteil blüht, ist Entspannung. Am Platz rumstehen ist harte Arbeit und wird von den lieben Kleinen selten belohnt. Ist der kleine Ballfreund bei den Minis aktiv, freut sich der Hosenmatz über Beifall klatschende Mamas die im Chor infantile Fußballsprüche zwitschern. Das ändert sich schnell.

Es ist immer das Gleiche. Die Väter werden grauer, die Kinder größer. Der erste zarte Flaum bedeckt die Oberlippen der von der Pubertät geplagten Jungs. Schuhgröße 47 droht und Beziehungsprobleme geraten ins gerade noch kindliche Blickfeld.

Unsere Jugendleitung findet Kinderfußball richtig klasse. Am liebsten ohne Eltern. Sie ist seit zwanzig Jahren dabei und hat zu viel gesehen.

Denn wir alle haben nur eines im Sinn: unsere Brut zu hegen und zu pflegen und mit Argusaugen darauf zu achten, dass ihr nichts zustößt. Besonders wenn sie noch klein sind. Die armen Kleinen!

Beim Fußballspielen kann es sehr schnell zu Karambolagen und Scharmützeln kommen. Dann schwirren wir schnatternd wie ein Schwarm irrer Drontevögel aus und hacken und zischen, dass es eine Lust ist. Wir bedecken die bös faulende, fremde Brut mit geschmackvollen Bemerkungen aus der Fäkalsprache und schütteln die Fäuste. Ja, es herrscht gelegentlich Remmidemmi auf den Jugendplätzen Deutschlands.

Werden die Jungs größer, stemmen sie sich naturgemäß gegen das Gebrabbel ihrer Eltern und erteilen gern mal ein Platzverbot. Besonders besorgte Mütter sind bei Zwölfjährigen nur noch selten am Spielfeldrand zu beobachten. Die Jungs warnen mit Spielabbruch, nichts ist ihnen peinlicher als eine besorgte Mutter. Dieser Horror wird nur noch getoppt von einer positiv anfeuernden Mutter. Die vom Fußball naturgemäß keine Ahnung hat. Die allergrößte aller Peinlichkeiten.

Ab der D-Jugend trifft man fast nur noch Väter. Die Damenfont bröckelt und weicht.

Ihr erkennt uns Väter sofort. Wir stehen normalerweise einsam, etwas entfernt vom Spielfeld. Jeder für sich. Wir wissen, unsere Jungs legen auf Bemerkungen welcher Art auch immer keinen Wert. Die Jungs wollen kicken. Wir Väter haben unsere Mützen oder Kapuzen übergezogen. Wir murmeln in unsere Bärte Sätze wie:

Müssen rangehen ... Zieh ... Zieh ... Rechts rüber ... Draußen bleiben ...Und zum Tor ... Da bleibt er wieder stundenlang liegen ... Seitenwechsel, Seitenwechsel ... Fuß vor ... Hintermann ... Hau ihn rein ... Neinnnnnn!

Jeder Vater hat Angst, dass sein Kind verliert. Wir pinkeln uns fast in die Hose. Insgeheim empfinden wir Väter aber Genugtuung, dass wir immer noch dabei sind. Dabeisein ist alles. Es ist uns einfach eine Freude am Rand zu stehen. Es macht uns Laune. Wenn gute Spielzüge gelingen, und so.

Gegen Wilhelmsruh begann es in der 2. Halbzeit zu regnen. Die Gegentore fielen wie reife Früchte. Es zerriss uns das Herz. Da bleibt einem nur der Blick in die Ferne.

Doch nächste Woche wird alles besser werden. Wenn wir wieder am Rand stehen.

2009, aktualisiert 2023.

SCHEISS KAPITALISMUS ODER DAS ERSTE BUNDESLIGA-FUSSBALLSPIEL IN MEINER NEUEN ARBEITERFEINDLICHEN HEIMAT

Als ich 1984 die rettenden Ufer Westberlins erklomm, interessierte mich Fußball nur in gedruckter Form. Jede Woche bekam ich aus der DDR von meinen Eltern die FuWo zugesandt. Ich wollte wissen, was in Jena abging, und fand es gut, dem Club aus der Ferne die Treue zu halten. In meinen wechselnden Wohngemeinschaften stieß meine Fußballleidenschaft auf Desinteresse. »Was hast du mit dem Pöbel gemein?«

In Kreuzberg und Neukölln gab es Fußball nur in den damals sehr zahlreichen ehrlichen Arbeiter(Proll-)kneipen, die jede Ecke zierten. Oder waren es Arbeitslosenkneipen? Im deutschen Westberlin (im Gegensatz zum türkischen, wo die großen Istanbuler Vereine dominierten) wurde die schmuddelige Hertha geliebt, ein bisschen Union, Freunde hinter Stacheldraht, verstehest du Ossi? Die berühmteste Herthakneipe hieß Mördereck und befand sich in der Lausitzer Straße. Der Rede nach sollen dort die schlimmsten Berliner ein- und ausgehen. Mörder, Diebe, Faschisten. Longdrink-Dirki, Futschi-Juttchen, Schultheissdidi waren die legendären Namen im Eck. In der herrlich räudigen Kaschemme dudelte Udo Jürgens hinter schmutzigen Gardinen. Männer und Frauen ohne Zähne, doch mit großem Durst und Fettleber.

Wie es war? Ging so, besoffen kullerte alles durcheinander, fieser, mordsmäßiger Gestank und böse Blicke sind mir aus einem einmaligem Besuchsexperiment erinnerlich. Böse Blicke waren normal, schließlich sah ich aus wie einer dieser Wehrdienstflüchtlinge und RAF-Freunde. Und die hasste man in diesem Schuppen und zeigte ihnen bei mancher Gelegenheit die blutige Faust.

In der Saison 1986/1987 stieg Emporkömmling Blau-Weiß 90 Berlin blitzartig in die Bundesliga auf. Sie spielten im Olympiastadion, zum ersten Spiel kamen sagenhafte 37.000 Menschen. Es ging verloren, wie fast alle Spiele von BW 90 in dieser Saison, der Club stieg sofort wieder ab.

Ich war neugierig und wollte endlich dieses sagenhafte Olympiastadion von innen sehen. Ein Schockerlebnis, Mensch, sah das räudig aus! Putz bröckelte, Urin stand in den Ecken, Frittierfett schwängerte die Luft. Ich würgte mir eine Wurst rein und spülte mit lauwarmen Bier nach. Wurst konnten sie nicht stopfen, Bier nicht brauen, Fußball nicht spielen.

Die Berliner unter den Zuschauern lärmten nur kurz, weil Gegner Kaiserslautern schnell die Blau-Weißen dominierte und ein Tor nach dem anderen schoss. Vorm Stadion ein paar Schupos, laute Pfälzer Fans, die sich wie selbstverständlich in den heruntergekommenen Bierbuden ums Stadion breit machten. So sah kein Erfolg aus, scheiß Kapitalismus, nichts läuft! Aber im Jahr 1986 war Fußball auch noch eine Beschäftigung der Unterschicht, wie mir meine WG-Freunde am nächsten Tag versicherten, als ich ihnen von meinem Stadionbesuch berichtete.

»Das sind alles verwirrte Arbeiter, die ihren Klassenstandpunkt vergessen haben!«

»Das sind doch aber genau die Leute, die wir für die Revolution brauchen!«

»Ne lass mal, das sind Faschisten, komm, kiff einen mit, wir wollen nachher noch Plakate gegen den Isolationsknast kleben, alle für die RAF!«

»Nö, keene Lust. Ich will Fußball spielen«

»Dann geh zum SV Solidarität in Kreuzberg, die suchen immer Leute!«

Ich bin dann zum SVS gegangen, einmal. Training auf Hartplatz, Männer und Frauen im gemischten Team.

»Wo kommsten her?«

»Aus der Zone«

»Hä?«

»DDR.«

»Aber das ist doch das Arbeiterparadies! Wie kann man dieses wunderbare Land nicht lieben?«

»Ihr wisst nichts, ihr Idioten!«

Zack, bekam ich einen Arschtritt und spielte fortan Minigolf im Anzug und mit Schampus. Ich hatte es nicht leicht, aber die hatten es schwerer.

2018, aktualisiert 2023.

SPATZE, 1. FC UNION BERLIN

»Ich bin 1959 in Lichtenberg am Nöldnerplatz geboren.

Wir ham auf unserem großen Hof immer Fußball gespielt. Die großen Jungs sind alle für Union gewesen. Da bin ich mit denen zu Union gegangen, als kleener Piepel mit achte, neune. Wenn die für Vorwärts Berlin gewesen wären, hätte das ooch anders kommen können.

Union, das war watt neues, watt anderes, watt aufregendes. Das Stadion An der Alten Försterei war 1973 noch nicht ausgebaut, es war eng, unglaublich voll und immer eine Stimmung, einmalig. Auswärtsfans wurden meist in Ruhe gelassen. Auspfeifen und Ausbuhen, das war Standard. Wenn das Spiel ungünstig für Union ausging, mussten die aber sehr schnell verschwinden. Manchmal ist man auch zum Bahnhof Schönefeld gefahren, um die Gäste speziell zu verabschieden. Die meisten Fans hat Dynamo Dresden mitgebracht, ahnungslose, meist friedliche Sachsen.

Von den Bullen haben wir auswärts öfter mit dem Knüppel gekriegt, obwohl nichts vorgefallen war. Einfach so, Ordnungsgong. Kann mich an Rostock erinnern, die warn böse druff. In Fürstenwalde und in Schkopau sind wir auf hoffnungslos überforderte Bullen getroffen. Das warn Kackstädte. Da kamen dreitausend Unioner zu diesen Nieten. Und die wussten plötzlich nicht mehr, auf welchem Planeten sie lebten. Die hatten eine Schweineangst. Eisern Union! Eisern Union! Unsere Masse brüllte. Klingt ja auch nicht grad nach 'nem Wiegenlied. 1988 in Chemnitz ergab sich mal ein kurzes Gerangel mit den Bullen, war aber eher selten.

Und wenn 'ne Kaufhalle offen war, wurde die gestürmt. Manche ham geklaut, manche auch bezahlt. Klauen war nicht mein

Ding. Wir wollten Spaß haben und was trinken, da ham wir uns manchmal vom Mob entfernt und in der nächstbesten Destille was getrunken, auch brav dafür bezahlt. Es gab ja dieses unsägliche Alkoholverbot in den Stadien. Im Zug warn wir gut versorgt, jeder brachte was mit. Alles, was übrig war, kam nach Ankunft ins Schließfach, für die Heimfahrt.

Die Heimspiele gegen den BFC fanden ab Mitte der 70er nicht mehr An der Alten Försterei statt. Das lag auch am riesigen Zuschauerinteresse, anfangs kamen ja über 40.000 Leute. Auf der Zickenwiese hatte man die Fans besser unter Kontrolle. Man konnte sich nicht frei im Stadion bewegen, jeder Verein hatte seine Blöcke. Überall Bullen, weinrotweiße Ordner und Stasi. Wenn du übermäßig rumgebrüllt hast, warst du schon fast ein Rädelsführer. Einmal wurde ich während des Spiels rausgezogen. Zivile ham mich rausgezerrt, meine Kumpels ham noch versucht, mich zu befreien, vergeblich. Die ham mich zum nächsten Polizeirevier mitgenommen. Dort die üblichen Fragen: Was pöbeln Sie? Wen kennen Sie bei Union? Wo arbeiten Sie? Ich hab' 'ne Ordnungsstrafe bekommen, wegen Pöbelei. Abends ham sie mich wieder laufen lassen. Ich wurde auch mehrmals um sechs Uhr früh vor Spielen von zu Hause abgeholt. Einige Derbys habe ich auf dem Revier erlebt. Da kamen zwei nette Herren wegen Klärung eines Sachverhalts. Biste mit, Keibelstraße, da warst du dann bis 20 Uhr. Erst mal weggesperrt, dann rausgeholt. Und wieder die Fragen: Wer hat was zu sagen bei Union? Wo sollte was stattfinden? Wer ist mit bei, wann gibt's Prügeleien? Meist kam auch 'ne Anfrage, ob ich ihnen nicht generell Informationen zu Unionfans liefern könne. Wir haben nach der Wende rausgekriegt, wer gespitzelt hat. S., zum Beispiel. Auch Dresdner ham uns ausgespitzelt, bei denen wir lange Jahre immer vor den Spielen gegen Dresden gefeiert hatten. Da lagen plötzlich Fotos von den Partys bei den Bullen. Aber wegen Fußball war ich nie im Knast.

Da ich kein Kind von Traurigkeit bin, kamen Rangeleien öfters vor. Ich hab' mich nicht als Anführer gesehn. Hab' mir halt nie was gefallen lassen, das ham andere beobachtet. Mensch kiek mal, der hat keene Angst. Ich und meine Kumpels, wir ham richtig zusammengehalten. Eener für alle, alle für eenen. Später hab' ich dann vor Derbys außerhalb übernachtet. Wollte ja die Spiele sehn.

›Stasi raus!‹, hat man erst am Ende der DDR gebrüllt. Wenn wir die Chausseestraße langmarschierten, wurde ›Eisern Union!‹ gebrüllt. Das hat so schön geschallt, da bekomm ich heute noch Gänsehaut, wenn ich daran denke. ›Deutschland, Deutschland‹, hat in der Umgebung der Ständigen Vertretung keiner gerufen. Da warn auch viel zu viele Bullen aufmarschiert. Ich hab' mir manchmal gedacht, was würde bloß passieren, wenn jetzt fünfhundert Mann auf die Mauer zurennen.

Zickenwiese war neutral, weder unser Stadion, noch das des BFC. Ich fand es nicht unangenehm dort. Anfangs konnte man die BFC-Fans an einer Hand abzählen, das war 'ne kleene Traube, 150 Leute, die ham mit ihren Fähnchen gewedelt, fiel nicht weiter auf. Genossen und Stasi standen auch im BFC-Block, war ja deren Stasi-Verein. Später hat sich das bei denen entwickelt, da waren dann so 5.000 BFC-Fans, 20.000 Unioner, der Rest neutrale Zuschauer. Manchmal ging's hoch her. Zuerst sind wir aus dem Stadion raus, dann kamen die. Mit 50 Meter Abstand sind die zwei Gruppierungen losmarschiert, dann gab's 'nen großen Schrei und man ist aufeinander losgestürmt. Rechts und links standen Bullen, die ham auf uns eingedroschen und die BFCer kamen von hinten. Öfter ist auch mal einer in die Spree gefallen, dicke Lippe, dickes Auge, Backenplatte. Das waren meist kurze Plänkeleien, keine Schlachten. Die BFCer haben immer den Arsch vollgekriegt. Wenn sie in großen Trupps kamen, sind sie auf uns drauf. Wenn unser großer Mob weg war, hat sich der BFC über die Reste hergemacht und hat sich etliche Unioner gegriffen.

Das war bezeichnend für die Freunde aus Hohenschönhausen. Ich bin mit meinen Leuten nie von BFCern vermöbelt worden. Die Hinterlist der BFCer hat uns dann motiviert, denen öfter mal aufzulauern. Einmal ist der Unionmob losmarschiert, die BFCer hinten drauf, dann kamen 300 Unioner aus einer Seitenstraße und ham die uffjemischt. Wir ham uns auch mal vorm SB-Café getroffen, dem Nest von Lüdtke und seinen Leuten. Da ham wir sie richtig kaltgemacht, in ihrer eigenen Räuberhöhle. Das war eine spontane Geschichte, nicht wochenlang geplant. Wir hatten das Derby paar Stunden vorher verloren und warn bräsig. Wir ham paar schmächtige Unioner vorgeschickt und die Biffzen rausgelockt. Sie sind brav in unseren Hinterhalt getappt.

Rainer Lüdtke und ich haben in derselben Straße gewohnt, wir ham uns gegrüßt, ham ooch gequatscht. Wir wohnten inzwischen im Prenzlauer Berg, friedliche Koexistenz. Union war der traditionelle Arbeiter- und Bauernverein. BFC war Stasi. Ich hätte mich nie mit einem BFC-Fan zusammengerottet, um anderen Fans aufzulauern. Hat's aber schon gegeben, war 'ne kleene Minderheit, die sich verbrüdert hat. In meinem Freundeskreis gab es keine BFCer. Ich bin ein Arbeiterkind, ich war nicht unbedingt für die DDR, aber auch nicht öffentlich dagegen. Als ich in Lichtenberg wohnte, waren alle Kinder, die für den BFC waren, Stasikinder.

Wir sind nicht mit dem Vorsatz, uns zu kloppen, zum Fußball gefahren. Die Woche über haste gearbeitet, am Samstag biste zum Fußball, um deinen Spaß zu haben, dein Bier zu trinken. Jubel, Trubel, Heiterkeit. Frauen waren ooch mit bei, die konntest du an eener Hand abzählen. Auswärts war für Männer. Ich hab' meine ooch mal mitgenommen, aber da musste man uffpassen, dass der nüscht passiert. Rangeleien gingen schon am Bahnhof los, dann biste inne S-Bahn. Ham wir da gedrückt, hier geschubst. Dann hat plötzlich einer die Hand im Gesicht gehabt und es ging los.

Rupperei fand statt, man musste irgendwas mit nach Hause bringen, 'ne Fahne, 'nen Schal. War aber meist harmlos, wenn man den Schal hatte, ließ man den anderen gehen. Wir haben aufgepasst, dass nichts Schlimmes passiert ist. Paar Maulschellen vielleicht, das war's meist.

In den Zügen hat man häufig nicht bezahlt. Die Trapos im Zug ham sich dafür nicht interessiert. In den Zügen ging es einigermaßen zivil zu. Ich hab' immer gesagt: Tote Gegenstände können sich nicht wehren. Wer sich nicht dran hielt, bekam von mir eine erzieherische Kopfnuss.

Manchmal haben uns Herthafans besucht, warn auch auswärts mit. Die ham zu Trinken mitgebracht, keine Propaganda, was die Stasi immer so annahm. Ende der 80er hat man bei Union Skins gesehen, es kamen vereinzelt rechte Gesänge auf. Sowat wie Linke, also Punks und Anarchos, liefen auch rum.

Gesungen haben wir Lieder wie: ›Gib Gas, wenn der BFC durch die Gaskammer jagt!‹ Das war 'ne Provokation. Das hat man, als man das gesungen hat, ernst gemeint. Wir haben den Verein gehasst. Ich glaub in solchen Momenten, wenn wir wieder verloren hatten, sang man das Gaskammerlied, ohne zu wissen, was man tut. So grausam wie das ist. Überlegt habe ich erst hinterher. Das ist nichts Schönes, hat aber dazugehört. Es gab kaum eine Provokation, die man ausgelassen hat. Die gegnerischen Fans brüllten ja auch: Kinderficker, Schwule von der Wuhle, Juden Berlin usw. Das war eben Fußball, keen Mädchenpensionat.

Die Unioner hatten häufig den Eindruck, als ob die Bullen die BFCer mit Samthandschuhen anfassten. Als ob die tun könnten, was sie wollten. Kleener Anruf bei Mielke und Genossen und die waren wieder raus. Es gab mehrere Leute, die von solchen Vorfällen berichteten. Unioner wurden eingesperrt, BFCer durften gehen. Ich kenne einige Söhne von Stasileuten, die in deren Augen total missraten waren, weil sie zu Union gingen.

Unionfans haben beim besten Willen keinen Beitrag zum Sturz der DDR geleistet. Auf keinen Fall, wir warn am Fußball interessiert. Es gibt das Klischee vom Club der Staatsfeinde, aber das waren wir nicht.

Zur Wendezeit sind einige Unioner mit dem BFC, der plötzlich FC Berlin hieß, mitgefahren, um Randale zu veranstalten. Die Hooligangeschichte schwappte aussem Westen rüber.«

2008, aktualisiert 2023.

FELDFORSCHUNG BEI TENNIS BORUSSIA BERLIN

Wenn Herbst und Winter sich die Hände reichen und die letzten Einhörner einsam die Lider schließen, beginnt meine Lieblingsfußballzeit. Wie mag ich fiesen Niesel, feuchten Schnee, raue Winde, all diese Widrigkeiten, die unsere leicht adipösen Körper zum Erschauern bringen.

Letztens trieb es mich dreimal hintereinander ins romantische Mommsenstadion, gleich hinter der Messe im Eichkamp. Verlässt man die S-Bahnlinie 3 Richtung Spandau an der Station Messe-Süd und nimmt beschwingt ein paar Treppchen zum Ausgang, erinnern sich Kandidaten wie ich an die schönen 90er Jahre, als eine kleine Bierstampe, gelegen am Ausgang des S-Bahnhofes, den durstigen Reisenden auf seinem Weg zu Tennis Borussia Berlin die letzten Meter mit Engelhardts Charlottenburger Pilsener verwöhnte. Seit vielen Jahrzehnten ist diese Oase Vergangenheit. Heute finden sich nicht mal mehr mobile Händler, so gering ist die Anzahl der Besucher, so unnachgiebig ist der verlängerte Arm des Gesetzes, der von glücklichen Einfamilienhausbesitzern des umliegenden Eichkamps gerufen wird, sobald die Friedhofsruhe dieser Fußballfeinde gestört wird.

Deshalb hält man sich auf den letzten Metern nicht lange auf, um endlich glücklich ins Casino des Mommsenstadions zu fallen. Dort wartet seit jeher der böse Wirt auf seine willigen Opfer.

Wie jeder alte Stadionkneipenwirt, ist auch der Casinowirt ganz alte Schule. Wer ihn nicht gebührend grüßt (dreimal im Kreis drehen, dann auf einem Bein hüpfen und zum Abschluss: »Es leben Wirt, Wirtin und der Wirtskinder vielköpfige Schar!« jubelnd zu intonieren), bekommt die ganze Arglist seiner Zunft zu spüren (also quasi jeder). Wenn man aber endlich im Schutz der wunderschönen Holztribüne ein Bier vor sich stehen hat und sich in der linken Hand womöglich ein Mettbrötchen mit extra viel Zwiebel befindet, ist man Gott von Charlottenburg.

Die Fanszene von TeBe ist klein, fein, diskriminierungsfrei. Meist stehen am Flutlichtmast hinter der Eingangstreppe zwei wohlgelaunte Charlottenburger Dorfpolizisten neben den lokalen Goldfasaneneierdieben (schließlich sind wir in Westberlin) und freuen sich über das gerade stattfindende Spiel.

Allein wegen des Schweizer Musikanten Dagobert lohnt TeBe. Dieser ist seit September für das neue TeBe-Stadionlied zuständig. Ach, wie schön trällert er: »Jeder Tag könnte dein letzter sein ... ewig lebt niemand ... nur der Verein!« Tausendfacher Neid, Dagobert ist spitze, Dagobert kann reimen, warum gibt es in Jena keinen Dagobert?

Ich sah, wie bereits erwähnt, drei Spiele hintereinander. Im ersten gab sich TeBe dem BFC knapp geschlagen. Knorke Stimmung, extrem gute Stadionmucke (gegen den BFC ungewöhnlich viele Lieder, die das Thema Bowling aufgriffen. Das liegt am netten Spitznamen der TeBe-Fans für ihre BFC-Freunde: Bowlingkugeln). Halbschlappes Gekicke, aber nur wegen des Fußballs geht man doch bitte schön nicht zu TeBe! Hier zählt das Gesamtereignis aus netten, häufig zugereisten Leuten. Nirgends gibt es in Berlin eine so hohe Studentendichte, die Gespräche drehen sich um Hanna Arendt, Adorno, Einstein und das Westsandmännchen.

Wie bitte? Wer von euch Trabifahrern weiß nicht, warum HIER über das Westsandmännchen debattiert wird? Ich bitte euch, wir befinden uns unweit des Kudamms, direkt neben dem wahren Westberliner Funkturm, gleich neben Zehlendorf, der guten alten Heimat des echten Westberliner Filzes.

Nun gut, das zweite Spiel ging gegen Tasmania Berlin. Ursprünglich als Berliner Dörby of Love angekündigt, ließ das Ereignis viel zu wünschen übrig. Der Stadionmuckist spielte, glaube ich, Neuköllner Schlager, ganz nice, aber eine müde Kulisse und ein fieses 0:0 mussten abermals im Casino mit viel Bier schöngetrunken werden. Viel zu wenig Tasmaniahipster waren in billigen Pfeffer-und-Salz-Mänteln aus Neukölln angereist, ich sah kaum Bärtigmänner. Immerhin zwei Jungs vom Staatsschutz und einige mit Kopfhörern perfekt getarnte Zivilbullen latschten durchs Stadion. Warum? Auf der Tribüne hatte sich ein gutes Hundert Feyenoord-Fans eingefunden, die sich vor Glückswünschen seitens TeBe (»Haut morgen die Uniontrabifahrer weg!«) kaum retten konnten.

Ansonsten? Dagobertlied, Quartiermeistergetränke, sehr stylisch auch die handgeschnitzten Pressekarten aus Holz.

Beim dritten TeBe-Besuch ließ sich mein Lieblingsverein solide von TeBes 450-Euro-Profis abschießen. Weil mir Böses schwante, blieb ich konsequent in der Nähe des bösen Wirts. Der fehlende Siegeswille meiner Jenaer Vollprofis schmerzte ein wenig, weil aber die fußballerische Gesamtsituation in ihrer üblichen Beschissenheit ist, wie sie ist (bereits vorm Spiel pfiffen die Spatzen Berlins von einer weiteren Jenaer Strafrunde in der Regionalliga), machte das traurige Spiel den Mett nicht fetter.

Ansonsten? Jenaer Nazihoolfahne wurde durch das heldenhafte Einschreiten des Oberordners wieder abgehängt (wichtigstes Ereignis des Spiels), Dagobertlied gehört, Bratwurstzangenlied (geht so) von Rummelsnuff gehört, Quartiermeistergetränke, sehr stylisch die handgeschnitzten TeBe-Pressekarten aus Holz, die ich erst stehlen wollte, dann doch abgab, pieppieppiep, derdiedas TeBe hat mich jetzt lieb.

2020, aktualisiert 2023.

UNRUHE BEWAHREN – BFC UND UNION SIND NOCH NICHT REIF FÜR DEN WELTFRIEDEN

War ich am Sonntag etwa bei einem anderen Spiel in einem Paralleluniversum? Ist das Zeitalter der Informationen vorbei? Entgleisen Teile unserer Medienlandschaft? Sollen die Menschen für dumm gehalten werden? Warum werden in einigen Medien aus 30 gewaltbereiten Unionfans plötzlich 300? Wer lässt so etwas zu? Bestimmte Berichterstatter orientieren sich gern am Polizeibericht. Aus Faulheit, Inkompetenz, Dummheit. Verdrehen, verschleiern, für ihre reißerischen Medien zurechtbiegen. Es liegt in der Natur der Sache, dass ein Polizeibericht eine Angelegenheit immer einseitig schildert. Es gibt Fanprojekte, Krankenhäuser, unabhängige Beobachter. Informationen überall, man muss sie nur einsammeln wollen.

Ich stand in der 2. Halbzeit im A-Block, auf der Haupttribüne, ziemlich nah bei den BFC-Fans. Sozusagen im Auge des Orkans. Die erste Halbzeit schaute ich mir die Unioner an. Es war ein hitziges Derby, nach vielen Jahren trafen die alten Ostberliner Rivalen mal wieder unter Publikumsbeobachtung aufeinander. 8.000 Zuschauer, keine schlechte Zahl. Vorm Spiel zeigte sich die Polizei bereits überfordert. Die Zufahrtsstraße zum Stadion war über eine Stunde gesperrt, selbst die Presse ließen fürs Derby abgestellte weiße Mäuse nicht auf die Parkplätze. Der lächerliche Grund: einige zerschlagene Bierflaschen. Die BFC-Fans waren längst im Block, trotzdem blieb die Polizei stur. Achseln zucken und »Weg da, sie stören den fließenden Verkehr«. Wohin? Mir doch egal. Gib dem Deutschen eine Polizeiuniform, und er zeigt dir, wer du bist.

Im Stadion ging anfangs alles friedlich zu, nachdem die Polizei die Versuche seitens einiger Unioner, den Marsch der BFC-

Fans zum Stadion anzugreifen, abgewehrt hatte. 2.000 BFC-Fans, darunter laut Polizeiführung mehrere hundert schwere Gewalttäter, waren während des gesamten Spiels nicht auffällig. Sie sangen ihre Lieder und zeigten mehr oder weniger geschmackvolle Banner. Selbstverständlich versicherten sie dem Gegner ihren ewig währenden Hass. Das sah auf Unionseite nicht anders aus. Dieses Flügelflattern gehört zu den Ritualen der Fankurven. Als der BFC in der zweiten Halbzeit in Führung ging, stieg ein paar Unionern das Leichtbier zu Kopf. Es schien ihnen angebracht, mittels Überquerung der Haupttribüne ins Lager ihrer ewigen Feinde vorzudringen, um per Faustrecht zu zeigen, wer Herr im Stadion An der Alten Försterei war. Auch hatten sie wohl auf der Tribüne ein paar BFC-Fans ausgemacht, die dort mit ihren Frauen und Kindern das Tor ihrer Mannschaft bejubelten. Normalerweise hat man bei solchen Spielen aufmerksame Ordner an neuralgischen Punkten stehen. Zum Beispiel am Eingang der Tribüne. Unions Ordnerschaft war für ein paar Minuten überfordert und ließ dreißig aufgebrachten Streithähnen die zu lange Leine. Darf bei einem so brisanten Spiel nicht passieren. Als weitere übelgelaunte Kameraden den Unionblock verlassen wollten, um ein bissel zu stänkern, schritt die Polizei massiv ein. Sie hatte mittels Pfefferspray und einträchtiger, doch gezielter Schläge auf den Hinterkopf, die Lage schnell unter Kontrolle. Alldieweil sich die BFC-Fans vom Ansturm der Unioner nicht motiviert sahen, nun ebenfalls ihren Stall zu verlassen, um sich auf halbem Weg zu treffen und schön einander die Hirnkästen einzuschlagen. Eine Massenschlägerei wurde verhindert, weil die große Mehrheit der Fans keinen Bock auf Gewalt hatte.

Nach fünfzehn Minuten konnte weitergespielt werden. Es gab etliche verletzte Unioner und ein paar Festnahmen. Ich umrundete einmal die Haupttribüne und sah mir den Schlamassel an. Verletzte Polizisten sah ich keine. Der BFC gewann das Derby, die Fans feierten ein bisschen mit ihren Helden und wollten dann in der Mehrzahl nur irgendwie nach Hause. Wenn die Berliner Polizei Krisenmanagement könnte, wäre es auch im BFC-Block nicht zu Auseinandersetzungen gekommen. Um den Abzug der Unioner zu gewährleisten, wurden die Fans des BFC im Block lange festgehalten. Sie durften die Notdurft nicht verrichten, die Polizei stand in voller Kampfmontur und gezücktem Knüppel und blockierte die Treppen zum Ausgang. Natürlich hatten die Polizisten auch Angst. Während des Spiels saßen sie in ihren Transportern. Wahrscheinlich wussten sie gar nicht, wer für die Gewalt im Stadion verantwortlich war. Was dachten die armen Kerle? Dass eine Horde Irrer vor ihnen stand, die gleich die Teppichmesser zücken würden? Unter zivilisierten Völkern würde man nun den Dialog suchen. Dafür gibt es in manchen Bundesländern entsprechende Fachleute bei der Polizei. In Köpenick standen sich Bürger mit und ohne Uniform feindselig gegenüber. Eine alberne, eine komplett unnötige Show. Von hinten schubsten Einzelne, die Situation eskalierte. Knüppel und Reizgas satt, zurückblieben nach kurzem Scharmützel Verletzte auf beiden Seiten.

Laut Polizeibericht brachte der Tag über 100 beschädigte Beamte. Die verletzten, fußballschauenden Bürger erwähnte der Polizeibericht nicht. Darüber muss die Öffentlichkeit via Medien informiert werden. Es kamen Menschen zu Schaden, sie wurden in Krankenhäusern notversorgt. Doch diverse Medien, allen voran Springers heiße Blätter, hatten anderes im Sinn. Schnell wurden aus dreißig Tribünenstürmern dreihundert. Sogar im Videotext der ARD wurde diese Zahl nicht hinterfragt und unters verängstigte Volk geworfen. Unsere Medienlandschaft entgleist in einer Form, die undemokratisch ist. Wir wurden in den letzten drei Tagen zugemüllt mit Kram zum Sonntagsderby, der häufig schlichtweg falsch war. Und den Blick verstellt für die Dinge, die wichtig sind. Fanrechte, Fußball als Kulturgut, das allen Menschen gehören muss, die längst überfällige, breite

Doping-im-Fußball-Debatte. Das ist die Aufgabe der Medien, um auf solche Zustände hinzuweisen, zu diskutieren und aufzuklären. Und nicht, um irgendeine Belanglosigkeit hochzujazzen. Was interessiert? Fangewalt, CR7s frischer Haarschnitt und die neuen Silikonmöpse der Spielerfrau XY? Das runde Ding ist der Ball und nicht die dicke Lippe eines Fans. Die Glaubwürdigkeit der Print- und Onlinemedien nimmt ab. Das ist im Sport, speziell beim Fußball, besonders frappierend. Kritischen Journalismus gibt es im Fußball immer weniger. Wer, wenn nicht Journalisten müssen die Meldungen sortieren, erklären, kritisch bearbeiten. Den Polizeibericht abschreiben und mit bunten Bildern der Gewalt zu unterlegen, ist ganz schlechtes Kino. Dreißig Idioten im Stadion lassen den Bildmenschen erregt von Randale wie am 1. Mai jubeln. Was für ein armer Wicht!

2015, aktualisiert 2023.

BADEN GEHEN MIT HERTHA UND UNION – WAS SICH NECKT, DAS LIEBT SICH

Spree-Athen, was bist du nicht für eine putzige Fußballstadt! Im Westen trampelt der gefräßige Herthabär durch die Vorgärten, im Osten dengelt der Unionritter mit seiner fetten Keule. Eine Weltstadt, zwei Vereine in der ersten Liga, die ungleicher nicht sein können. Hertha und Union heißt auch Ost gegen West, große Klappe gegen nix dahinter, blau gegen rot, ehrliches Köpenick gegen ehrlichen Wedding, Weltstadt gegen Vorstadt, David gegen Goliath, Fanverein gegen Nichtfanverein ...

Kurz nach dem Aufstieg des 1. FC Union Berlin kursierte ein Text im Netz, der jungen Hertharabauken zugeschrieben wurde: »... Derby hat damit begonnen ... dass diese Hurensohnbande aufgestiegen ist. Und Derby heißt Krieg um jeden Centimeter in Berlin. Jeder einzelne muss das Maximum an Hass und Gewalt aufbringen und alles dafür tun, dass diese Missgeburten wissen ...«

Krasser Maulheldensprech. Blauweiße Atzen und Rotweiße Keulen statt Derby der Liebe und Tanz über Blumenwiesen, warum eigentlich?

In Wien gibt es das wunderschöne Dörby of Love zwischen der Vienna und dem Wiener SC. Dort wird seitens der Fans und Clubbonzen vorgemacht, wie entspannt es bei einem innerstädtischen Fußballspiel zugehen kann. Natürlich necken sich die Fankurven während des Spiels, doch in der 3. Halbzeit wird gemeinsam getanzt und getrunken. Keiner haut sich, niemand schüttet dem anderen kostbares Bier über die Stirn.

Nehmt euch ein Beispiel, ihr Berliner Männer mit Fußballleidenschaft und besucht euch in eurer Hood! Männerliebe ist okay! Bewerft euch meinetwegen auf der Oberbaumbrücke aus Spaß mit faulem Obst!

Bis 1989, als eine weißgraue Mauer die Fanlager trennte, hat das doch funktioniert! Die blauweiße Hertha und der FC Union – Liebe hinter Stacheldraht, sangen die Unioner in Ostberlin hinter vorgehaltener Hand und die Herthaner ganz öffentlich in Westberlin. Manchmal sangen Unioner und Herthaner es auch gemeinsam im Stadion. Zum Beispiel bei Europacupbegegnungen und Freundschaftsspielen der Hertha in Prag, als hunderte Unioner auf Schleichwegen in die goldene Stadt reisten, um der Tante Hertha aus Westberlin ihre Referenz zu erweisen. Auf diesen Fahrten der Fanfreundschaft wurden zarte Bande geknüpft, die manchmal zur Liebe reiften. Etliche Ostwest-Partnerschaften setzten die Feile an die hässliche Berliner Mauer an, die Berlin trennte. Die Stasi war natürlich dank ihres Spitzelapparates immer mittenmang und versuchte, die Unioner vom Buckel der Imperialisten und Imperialistinnen aus Westberlin zu kratzen. Wer in Prag von Stasispitzeln erkannt wurde, bekam daheim Besuche der »Firma« (Volksmund für das Ministerium für Staatssicherheit) und hatte mit bösen Konsequenzen zu rechnen. Herthafans reisten regelmäßig zu Heimspielen an die Alte Försterei, sie mussten nur den Zwangsumtausch an der Grenze errichten. Umgekehrt war das nicht möglich, in der DDR herrschte für den Normalbürger ein striktes Reiseverbot gen Westberlin. Die Angst seitens der SED-Diktatur war groß, dass die »negativ dekadenten Auswüchse des Klassenfeindes« nach Ostberlin schwappen könnten.

Ein Kuriosum: Mitte der 80er Jahre überfielen Unioner und Herthaner einmal gemeinsam das Selbstbedienungscafé unterm Fernsehturm, den Fantreff der BFC-Fans. Bis die Vopos ihre Gürtel geschnallt hatten, war der Spuk längst wieder vorbei.

Die Union-Funktionäre der DDR-Zeit beteiligten sich natürlich nicht an den Verbrüderungen, für sie hatte die Partei der

Arbeiterklasse, deren Mitglied sie größtenteils waren, immer recht. Allerdings nur bis zur Wende 1989, dann drehte sich der Wind und das Mäntelchen vieler Funktionäre ebenfalls. Bereits im Januar 1990 erkannte Hertha den riesigen neuen Markt im Osten und organisierte ein Freundschaftsspiel gegen den 1. FC Union. Über 50.000 Neugierige, zumeist aus Ostberlin und dem Brandenburger Umland, strömten zu diesem Spiel, das für viele Menschen in Berlin ein starkes Symbol des Mauerfalls wurde. Sie kamen weniger wegen des Fußballs. Hertha und Union kickten zu der Zeit einen müden Stiefel vor wenigen tausend Zuschauern in den 2. Ligen. Die Menschen kamen wegen der gemeinsamen Party mit Fahnenschwenk, Nationalhymne und dem ganzen partypatriotischen Drumherum.

Findige Verkaufstalente »schufen« unter anderem zu diesem Anlass einen rotblauweißen Schal, in dessen Mitte ein Eisernes Kreuz prangte. Das sagt einiges über das politische Verständnis dieser Zeit. Immerhin erfreut sich Hertha seit diesem Spiel an vielen Fans aus dem Brandenburger Umland.

Im Sommer 1990 fand An der Alten Försterei das vergessene Rückspiel statt. Innerhalb weniger Monate war die Liebe zwischen Hertha und Union erkaltet. Nur noch knapp 4.000 Zuschauer genossen gemeinsam die Berliner Luft. Die Folklore weiß vom Spruch »Eisern Berlin« zu berichten, der bei den beiden Derbys aus der Taufe gehoben wurde. Stimmt fast, aber eben nur fast. »Eisern Berlin« ist ein Schlachtruf, den Unionhooligans und BFC-Hooligans in den 80ern gern benutzten, wenn sie bei den regelmäßig in Ostberlin stattfindenden Endspielen um den FDGB-Pokal der DDR gemeinsam die sächsischen Horden über die Friedrichstraße jagten.

Heute ist der BFC fast vergessen, indes Union und Hertha in der Bundesliga halbwegs erfolgreich den Brummkreisel drehen. Die »Alten« Unioner und Herthaner erinnern sich gern an das »Vereinigungsspiel« und trinken auch mal gemeinsam ein

Bier. Die Funktionäre gehen sich nach wie vor aus dem Weg, nur die Berliner Politik geht in beiden Lagern in der Wahlperiode mit Versprechungen auf Stimmenfang.

In der zweiten Liga trafen sich Hertha und Union bereits in den Nullerjahren, dabei ging es nicht sonderlich freundlich zu. Heute wie zu den Zweitligaduellen werden Nina Hagen und Frank Zander vom Band die jeweiligen Clubs mit ihren Liedern lobpreisen. Union/Nina lässt sich bekanntlich nicht »Vom Westen kaufen«, während Hertha/Frank »Nur nach Hause gehen wir nicht« tönt. Vereinzelt werden rotweißblaue Schals wehen.

Die Ultras von Hertha und Union hassen einander. Ein Dauerthema für die szenekundigen Beamten der Stadt. Hausbesuche beider Gruppen sind nichts Ungewöhnliches. Fähnchen-, Banner- und Schalklau Alltag. Die Reviere der Fans werden scharf überwacht, dringt der Feind via Aufkleber oder über Nacht angebrachten Spruch/Graffiti ein, dauert es nicht lange, bis die alte Ordnung wiederhergestellt ist. Man könnte darüber lachen, wenn es nicht so bekloppt wäre.

Der Durchschnittsberliner interessiert sich weder für Hertha noch für Union so richtig. Hertha bekommt das Olympiastadion selten voll, die Alte Försterei mit ihren 22.000 Plätzen füllt Union hingegen regelmäßig.

Die zugereisten Berliner haben ihre eigenen Kneipen, wo sie ihren alten Vereinen aus München, Köln, Istanbul, Hamburg usw. huldigen. In den hippen Stadtbezirken in Berlins Mitte sieht man gelegentlich Menschen in Union oder Herthakluft, so richtig wohl fühlen sie sich aber bei Café Latte und Wachteleipüree nicht.

2019, aktualisiert 2023.

FUSSBALL IST FÜR DICH, MICH UND DIE ANDEREN

Als ich Samstag friedlich in einer Weddinger Kneipe saß und Bundesliga guckte, schoss plötzlich ein Mann auf mich zu. »Warum guckst du dir das an, die Fußballindustrie ist ein Haufen wilder Kerle, die schnelles Geld machen wollen und dafür alles opfern, was uns am Fußball wichtig ist.«

»Ist Wasser nass?« ranzte ich zurück.

Mir war nicht nach Diskussion, ich wollte ein Bier trinken und in rauchgeschwängerter Luft erträglichen Fußball gucken. Es reichte mir bereits, dass die Kneipe voller Hipster war, die stolz ihre knappen Röckchen schwenkten und die schimmligen Stammgäste ganz wuschig machten. Einige von den Schimmligen bewegten zum ersten Mal seit 1989 ihren Hintern, als sie letztmalig munter wurden, um den einfallenden Ostlerhorden die Kneipentür vor der Nase zuzuschlagen.

Damals war die Kneipenwelt für die ehrlichen Weddinger in Ordnung. Heute war die Stampe längst vom Ludentarzan an einen Araber vertickt, der mit kapitalistischen Crossoverkonzepten von sich reden machte. Quasi auf St. Pauli abgeguckt, wo Werbeindustrie und Kiezgötter Hand in Hand dem legendären Assischuppen *Zum Goldenen Handschuh* die Flügel gestutzt hatten. Wo früher im Handschuh der Tourist ungefragt eine aufs Maul bekam und ausgeraubt wurde, konnte er heute unter seinesgleichen und garniert von Kleindarstellern der Gauklerbranche den Larry machen.

»Es ist aber nicht alles H&M«, murmelte ich in meinen Fusselbart und betrachtete auf dem Wischfon die neusten Frisuren & Tattoos meiner fußballernden Lieblingshassobjekte. Was bleibt einem auch übrig, wenn statt Waldhof Mannheim gegen den BFC Dynamo, Heidenheim gegen Hoffenheim im Bezahlfernsehen so taten, als würden sie Fußball spielen, während sämtliche Bauernvölker der Umgebung begeistert mit ihren Klatschpappen rödelten.

»Oh Nacht, die Ballverteilung war im Gange/ die Haare fliehn/ wo befindet sich das Kokain?/ Noch einmal blühn im Überschwange!«, dichtete ich einsam vor mich hin und brachte mein Verlangen zum Ausdruck, dem körperlichen und geistigen Verhängnis des modernen Fußballs zu entkommen.

Später verkündetet im werbefinanzierten Fernsehen ein Trupp bezahlter UEFA-Schmeichler, das Olympiastadion stünde in Ostdeutschland. Die Grinsebacken aller Geschlechter schlenkerten mit den Armen und pusteten den letzten aufrechten Weddingern die Europameisterschafts-Botschaft der Lüge ins Kleinhirn. Alle Menschen werden Brüder, wozu sind Kriege da, Westberlin liegt in Ostdeutschland. Ist die Blütezeit unseres Fußballs endgültig vorüber? Können Millionen Berliner Fußballfans und Milliarden Berlinbesucher irren?

Irgendwann war die Kneipe nur noch von Bierzombies und verzweifelten Seelen bevölkert, die nach dreiundzwanzig Uhr kein warmes Nest ihr eigen nannten. Und was soll ich euch sagen, plötzlich betrat eine lärmende Horde mittelalter Herthaner die Kaschemme und ließ in den nächsten Stunden die gute, alte Zeit aufleben, als der Westberliner Fußball noch eckig war und die Mauer hoch und dazu da, hinter ihr den Westberliner Müll zu entsorgen. Frank Zander, Hannes Holst am Zoo, Pepe Mager im Schaffickermantel. Alles gute Gründe zur Sorge, alldieweil ich mich zu allem Übel an eklige Momente erinnerte, die mich mit der Spezies der schrundigen Herthafröschlein zusammenführte.

O, Mein Fußballgott! Was habe ich im Leben falsch gemacht? UEFA-Schmeichler gegen Herthafrösche 1:1. Mediziner, Theologinnen und Philosophiestudenten – ist das der endgültige Untergang der Fußballwelt?

LEBUS UND JENA UND EIN KESSEL BUNTES

DREIFALTIGKEIT IN DER HASENKOPFLIGA

»Die Zickenseelower krichten wie immer ihr Fett ab!«

Der zwölfjährige Dolf streichelte seiner kleinen Schwester liebevoll über den Kopf. Heute hatte sie zum ersten Mal vom traditionellen Geheimkampf Lebus-Seelow erfahren. Von den Helden am Lagerfeuer, die mit leuchtenden Augen von ihren Taten berichteten, in den wunden Tatzen Bier und dampfenden Ochsenbraten.

Seit zweihundertundzweiundzwanzig Jahren messen die beiden brandenburgischen Städte ihre Kräfte. Wo bis ins Jahr 1899 noch Knüppel, Fäuste und Dreschflegel zum Einsatz kamen, regelt man heute über König Fußball die innerstädtischen Angelegenheiten. Ein Fußballspiel in leicht abgewandelter Form.

Lebus war wie immer für das Ausbaldowern und Präparieren des streng geheim gehaltenen Spielorts zuständig. Üblicherweise wird kurzerhand im Wald eine Lichtung geschlagen. Dort zwei Tore aus frischer Kiefer installiert und gut. Es sollen aber auch schon von findigen Flurarchitekten Spielfelder auf zwei miteinander verkettete, auf der Oder schwankende Oderkähnen verlegt worden sein. Zuschauer sind wie immer nicht zugelassen. Man muss sich auf die geraunten Wiedergaben jener konzentrieren, die dabei gewesen sind. Schriftliche Bekenntnisse und Fotos sind zweifelsohne verpönt. Trotzdem weiß jeder im Land seit Generationen von den konspirativen Vorgängen. Diesmal soll der Fight auf dem Hang nahe der Schinderküte realisiert worden sein. Dort, wo der Sage nach der Goldene Ball von Bern einst ruhte und der ungekrönte Waschbärkönig des Oderlands sein schattenvolles Reich hat.

Die kleinwüchsigen Seelower, versehen mit sehr großer Zickigkeit, waren wie immer ganz brüllender Siegeswille. Die

Lebuser hingegen dämmerten in verschwiegener Stille in den Tagen vor dem Treffen in ihren Hütten. Einige übten sich in einer Art Schaukampf. Der Urlebuser gegen den Rucksacklebuser. Ein willkommenes Schauspiel, um die Standhaftigkeit der frischen Kräfte zu erschnüffeln. Das Lebuser Konterfei zeichnet sich durch ein enormes Riechorgan aus, das sie binnen Sekunden Freund oder Feind erkennen lässt. Diese Schnüffelnase ist ein Relikt aus jener Epoche, als Lebus noch Bischofsstadt gewesen und man den Seelowern gerade gestattete, ein beklagenswertes Zicklein in ihr Stadtwappen zu pflanzen. Seither trägt der Seelower eine sichtbare Zicke im Wappen und eine unsichtbare Zicke auf dem Buckel.

Der Seelower ist sehr stolz auf seinen Funkturm (Höhe 1,80 Meter). Der Lebuser benutzt oft umgedrehte Psychologie, wenn er Fremden den Seelower erklärt. Das klingt etwa so: »Die Seelöwer Höhen sind viele tausend Jahre alt. Die Entstehungsgeschichte ist verbürgt. In Altlebuser Mundart. Immer wenn der Seelower sich an den Lebuser erinnert, wird es ihm flau im Darm und er geht auf die Höhen. Die wachsen und wachsen. Wie das wohl in 100.000 Jahren aussieht. Oder in 200.000?«.

Im Lebuser Stadtwappen prangt der böse Wolf, der ein Zicklein in seinem Maule trägt. Das sagt einiges über Sitte und Seele des Spiels. Die Seelower reiben sich traditionell vorm Aufeinandertreffen gegenseitig mit gebrauchtem Frittenfett ein. Diese Sitte geht auf Loderich von Selow zurück, der bei der dritten Belagerung Jerusalems durch die Osmanen derart getarnt unauffällig mit seinen Getreuen aus der Stadt durch die Reihen der Feinde zu schlüpfen gedachte. Natürlich wurden sie geschnappt und in riesigen Töpfen auf kleinem Feuer gegart. Das traurige Ende Loderichs und seiner Schar wird in Seelow hartnäckig geleugnet. Loderich ist seit jeher der inoffizielle Stadtheilige und Beschützer der Witwen und Waisen. Wir wollen nicht das Wort Pöbel in den Mund nehmen, indes gelegentlich die Clique der

Seelower ungeeignet scheint, eins plus eins miteinander addieren zu können. Gut, werdet ihr sagen, schon Thomas »Icke« Häßler und Lukas Podolski haben hinlänglich bewiesen, beim Fußball geht's ohne das Hohelied des ABC zu. Jedoch ist die große Masse der Seelower bereits mit der Zahl Eins nicht klargekommen. Sie sollen die Eins und deren Bedeutung nicht kennen. Sie verjubeln ihre Tage im feuchten Schatten der Reitweiner Nase und träumen vom Tag der Rache. Wenn endlich in ihrem Stadtwappen wieder der Wolf steht, der das Zicklein frisst. Denn um nichts anderes geht es bei der eleusinischen Belustigung.

Das Spiel: Auf einem anständigen Holzbock ruht der Pokal der drei Hasenköpfe. Die Seelower mussten, als Verlierer der letzten zweihundertundzweiundzwanzig Treffen, vorm Spiel einen Liter Zickenmilch trinken. Nun trat ein weiser Bärtigmann nach vorn. In der Linken hielt er eine Nachbildung des Goldenen Balls von Bern. Er schleuderte ihn aufs Spielfeld und brummte: »Die Oder kommt, die Oder geht. Wohl dem, der diese Wort' versteht!« Dann rannten alle sechsundsechzig Akteure los. Welche Mannschaft als erste den Ball mit dem Fuß im Tor des Gegners untergebracht hat, ist Sieger. Das dauert hier und da zehn Minuten, dann wieder drei Stunden. Die Recken sind eng miteinander verzahnt, mal schiebt sich das Gemenge nach rechts, mal nach links. Irgendwann gewinnt dann Lebus. Manche meinen, es würde an dem Liter Zickenmilch liegen, der vom Bärtigmann mit unbekannten Essenzen versehen oder nicht mehr ganz taufrisch sei usw. Andere sagen, die Seelower verlieren einfach nur gern.

Der Verlierer aus Seelow musste nun in Ziegenfell gekleidet und auf allen Vieren gehend einmal durch Lebus. Natürlich pausenlos meckernd, wie es sich für ordentliche Zickenstädter gehört.

Wie in all den Jahren, ach, Jahrzehnten davor, traf sich hernach alt und jung im Lebuser Sportlerheim. Der Mondhase glühte käsig und hob huldvoll die Ohren. Die drei Hasentrophäen thronten wie immer an der Lebuser Theke, während der Seelower Mob in Sackkarren von der eigenen, wie immer händeringenden Frauenschar, abgeholt wurde. Es war wunderschön, weil alles wie immer war. Der Lebuser stülpte die Lippen über den Mund seiner Lebuserin. Beide lachten ihr schreckliches Lachen. Im nahen Odergebüsch nutzten Papa Waschbär und Mama Biber die feierbedingte Abwesenheit der Odergärtner und machten sich in aller Ruhe über die Koniferen, Affenbrot- und Nutellabäume von Laura, Wilm, Paula und Antje her.

2010, aktualisiert 2023.

ERDARBEITEN IM WEINBERG DES HERRN

Ein trauriges Lächeln schwebte über Charlys Face. Soeben war JR, der legendäre Bösewicht aus der amerikanischen Serie Dallas gestorben. Charly blickte nachdenklich aus dem Fenster seines Hauses in Lebus. Im Garten sah er die strammen Waden seines Sohnes tänzeln. Der Sohn trotzte dem Regen und spielte Fußball mit sich selbst. Der verlässliche Vorteil des Fußballspielens mit sich selbst liegt auf der Hand. Der gegen sich selbst Kickende gewinnt immer.

Wer nun ein Plädoyer zur Reform unseres geliebten Sports erwartet, muss leider enttäuscht werden. Ich liebe diesen Sport, altmodisch wie er ist. Und ich liebe seine Fans und Förderer, die in ihrer Verschiedenheit unsere Welt bunt machen.

Charly ist Fan und Förderer in einem. Sehr zum Unwillen seiner Familie zieht es ihn in letzter Zeit vom heimischen Lebus häufig ins Olympiastadion. Die darniederliegende Tante Hertha, die der Fürsorge bedarf, erweckte sein Mitleid und Interesse. In ihrer unverblümten Armut, ihren sexy blauweißen Fetzen um den schwartigen Leib. So erscheint sie ihm gerade recht. Charly erkundet mit wechselnder Belegschaft das Olympiastadion und erfreut sich an den Gesängen der Ostkurve. Indes auch die Herthakicker gegenwärtig recht gepflegt ranklotzen, ist ihm alles schön. Wieder in Lebus verwandelt er sich vom Fan zum Förderer. Seine Tochter spielt in der Jugend von Blau-Weiß Lebus. Der ein Jahr ältere Sohn schnürt bei Union Frankfurt die Galoschen des Glücks. Charly ist immer dabei. Als Fahrer, Motivator, ehrenamtlicher Büdchenbetreiber. Spielt die Mannschaft seiner Tochter auf dem heimischen Sportplatz Lebus an der Kietzer Chaussee, bricht für Charly die Bockwurstzeit an. Er platziert etliche der braunen Früchtchen im Kochtopf und stellt Mostricht und

Senf kalt. Ob er die Kinder in der Halbzeitpause wirklich heimlich mit Cola dopt oder ob das nur eine Legende ist, weiß allein der Waschbär im nahen Gebüsch.

Es gibt milde Sommertage, an denen das halbe Dorf über den Ground rammelt. Jungs, Mädchen, Männlein, Weiblein, auch Touristen dürfen mit an den Ball. Beim wilden Kick leuchten die Augen und pumpen die Herzen, während im nahen Gebüsch Papa Waschbär um die Gunst seiner Waschbärin girrt und der Biber an der Oder die fußballbedingte Abwesenheit von Dolf nutzt, um sich über dessen Koniferen am Wassergrundstück herzumachen. Nach dem Sport schmeckt dann das Bier an der Oder doppelt gut. Im Westen geht die Sonne unter, wir gucken mir roten Bäckchen in die andere Richtung nach Polen. Charly und Dolf stehen am träge fließenden Strom und berücken den Fischbestand.

Die Oder zehn Kilometer zurück liegen Slubice und Frankfurt Oder. Bis 1945 eine Stadt, gehört Slubice, auch Dammvorstadt genannt, heute zu Polen. In Slubice schläft das 1927 gebaute Stadion Slubickiego Osrodka Sportu i Rekreacji seinen Dornröschenschlaf. Es hieß bis 1945 Ostmarkstadion und ist, als beeindruckendes Zeugnis deutscher Baukunst, durchaus einen Abstecher wert. Momentan kickt dort ein unbedeutender Viertligist vor einhundert Zuschauern. Die leichte Hanglage des Stadions ist atemberaubend, man schaut bei gutem Wetter weit ins polnische Hinterland. Geheimtipp: Dem Spiel kann man badend zusehen, eine der Geraden ziert ein Schwimmbad.

Als ich mit Charly und dessen Sohn in Richtung Frankfurt aufbrach, erzählte mir Charly, in der Lebuser Kirschalle 19 sei der GBB (Goldene Ball von Bern) vergraben. Leider weiß Charly nicht genau wo, weshalb im goldenen Herbst, wenn die Blätter fallen, immer wieder fleißige Schatzsucher bei ihm auftauchen. Um den zwei Hektar großen Garten auf der Suche nach dem Goldenen Ball wieder und wieder umzugraben. Charly meint, der GBB sei eine Pressemeldung wert. Ich solle auch gleich seine Telefonnummer durchgeben und verkünden, für Unterkunft werde gegen ein gewisses Entgelt gesorgt.

Der Weg nach Frankfurt führt bei Charly über Slubice. Er macht dort gern beim Händler der guten Brühpolnischen halt, um sich eine der nahrhaften Würste einzuverleiben.

»Die schmecken erst richtig, wenn die fetten Grieben verzweifelt gegen den Kunstdarm drücken!«

Charly leckt sich die Lippen und bestellt noch eine der Fettbombenungetüme. Eine der aus dem Darm ragenden Grieben erinnert mich in Form und Farbe an Fußnägel, doch ich wage es nicht, Charlys Lobpreisung der guten Brühpolnischen zu unterbrechen. Wahrscheinlich würde er meine Anmerkungen für typisches Städtergerede halten. So wie ich seine despektierlichen Äußerungen bezüglich des Wirkens der drolligen Waschbären und putzigen Bibern für reine Dorfpropaganda halte.

Frankfurt, Dauerregen, kein Bockwurstbüdchen, selbst die Mülltonnen sind mit Ketten verschlossen. Sind das untrügliche Beweise für die Existenz von Biber und Waschbär im nahen Gebüsch? Haben die armen Tierchen alle Frankfurter weggefressen? Wir erleben die Erdarbeiten der Jungkicker auf einer Fläche, die früher mal ein Fußballplatz gewesen sein könnte. Die armen Oder-Unioner werden von Glückauf Brieske/Senftenberg mit 0:6 verdroschen. Drei der Tore sind Eigentore. Vom Trikot der Bergwerker grüßt frech ein Bezahlsender, der uns in Deutschland den Fußball denaturiert. Wir stehen etwas abseits als schlechtes Vorbild für die Jugend mit Trostbier in den Tatzen. Ich bin immerhin seit einigen Stunden mal wieder Nichtraucher. Man will ja nicht unhöflich sein.

2009, aktualisiert 2023.

DER GEIST VON BERNI

Die milde Herbstsonne scheint uns mitten ins Gesicht. Auf müd gespannten Fäden singt der Wind sein Lied.

»Ditte is doch sechsmal besser als Fernsehen!«, sagt Charly strahlend und nuckelt an seiner Wurst. Er hat wie immer in allen Lebenslagen die passende Idee. Nicht hastig leben. Auf dem Lebuser Sportplatz springen die Mannen der 2. Herren Blau-Weiß Lebus tatendurstig übers Gras. Sie hüpfen wie kleine Götter, uns und einigen weiteren Zuschauern zur Freude. Vorm Spiel wanderten wir ziellos durchs Brandenburger Land. Wir zählten die vom Biber bewirkten Löcher im Oderdamm. Ich träumte vom Goldenen Ball von Bern, der irgendwo in den unendlichen Weiten von Charlys Grundstück seiner Entdeckung harrt. Ich weiß nicht, wie es euch im Herbst geht. Ob sich eine milde Schwermut über euer Herz senkt. Und ein welkes Blatt, das hilflos vom Baum zu Boden torkelt, eure Seele zum Klirren bringt. Die Vergänglichkeit alles Irdischen. Was ward die Welt so welk! An Tagen wie diesen hilft nur ein Fußballfeld. Um die unsichtbaren Schwingungen des immer wiederkehrenden Dramas der zu Boden fallenden Blätter aus dem Anschauungsvermögen zu bekommen.

Im schönen Oderstädtchen Lebus, wo neben dem Waschbären der Biber seine geheimnisvollen Wege geht, ist Berni's Bude eine Institution. Danke schön, bitteschön, noch ein Bier? Berni ist aus dem Spielbertrieb der Herrenmannschaften nicht mehr wegzudenken. Bei jedem Wetter öffnet er seinen Getränkewagen, um mittels der heilenden Kraft der Bockwurst und des schnellen Bierchens jede Art Leid zu kurieren. Im Verein kann Sport am schönsten sein. Die Galeeren des Alltags in ein Elysium umwandeln. Auf dem Sportplatz ist alles Wonne. Ein

Jeder gilt so viel wie der Andere. Berni ist eine der guten Seelen, die sich auf den kleinen Fußballplätzen Deutschlands um das Wohl aller scheren. Denen nie ein Weg zu weit ist, die immer einen Bonbon in der Tasche haben und den kleinen und großen Fußballern nach einer Niederlage die Tränen aus dem Gesicht zaubern. Die in ihrer Freizeit den Rasen des Fußballplatzes mit der Nagelschere bearbeiten. Die einfach immer da sind, wenn es gilt, die Schmuckkästchen der Clubs aufzupeppen. Berni war irgendwie schon immer in Lebus. Als der Fußball in Lebus noch nicht erfunden gewesen ist, soll man bereits von seiner Ankunft gewusst haben. Selbstredend ist Berni ein wandelndes Fußballlexikon. Bescheiden und freundlich erzählt er von den Schlachten der Vergangenheit, als Blau-Weiß Lebus noch SG Lebus hieß und die lokalen Meisterschaften der Region beherrschte. Sachen, die wirklich etwas waren, wurden zu nichts. Aus anderen, die eigentlich nichts waren, wurde viel. Rund um Lebus führten die meisten Teams das schöne Wort »Traktor« im Namen, die Trägerbetriebe, denen Mannschaften in der DDR zugeordnet waren, waren auf dem Land meist die Landwirtschaftlichen Produktionsgenossenschaften, kurz LPG. Mit dem Traktor kurvten die Spieler der Dorfclubs zu ihren Auswärtsspielen. Lebus besaß einen eigenen Bus, ein Luxus, der den Club deutlich von den Bauerntruppen der Umgebung abhob. Und natürlich Raum für Spott gab. Die hohen Herren von Lebus reiten ein. Geben sich euer Gnaden die Ehre. Wir sind eure Kreisstadt, ihr Bauern. Berni immer mittendrin im Gewühl. Er spielte in allen Lebuser Jugendmannschaften. Später kickte er vorwiegend in der 2. Mannschaft, mitunter reichte es eine Saison mal für die Erste. Er schoss seine Tore, auch mal ein Eigentor. Was zählte, war der Spaß am Spiel und das Gefühl für die Gemeinschaft. Heute hat Lebus, wie alle Clubs auf dem Land, unter extremem Mitgliederschwund zu leiden. Zurzeit bekommt der Verein keine Jugendmannschaft für das Großfeld zusammen. Es ist immer traurig zu erleben, wenn ein Verein einen langsamen Tod stirbt. Der jahrelange Aderlass der jungen Leute gen Westen hinterließ tiefe Spuren bei Blau-Weiß Lebus. Computer und Videospiele sind weitere Fußballfeinde, meint Berni und spendiert uns noch eine Bockwurst. Und weil er ganz besonders gut drauf ist, auch noch ein Bierchen. Die Sonne scheint, das Leben ist schön. Die Zweite von Lebus hat inzwischen ihr Spiel gegen Gusow verloren. Gusow spielt heute als Preußen Gusow. Ganz bestimmt liefen die früher auch unter Traktor auf. Berni schüttelt mild den Kopf. Zu seiner Zeit hat auch die Zweite von Lebus alle Traktorsportler beherrscht. Lebus war die Macht im Land! Wenn die Dörfler antuckerten, wurden sie als erstes gefragt, wie viele Gegentore sie von Lebus heute eingeschenkt bekommen wollten.

Die Bäuche der zweiten Herren sind beeindruckend. All die appetitlichen Landwaren haben Spuren hinterlassen. Nach der entspannt weggesteckten Niederlage kommen sie zu Berni und laden die Batterie auf. Berni hört hin und gleichsam weg. Er möchte ja kein Sündenregister sein. Verschwiegenheit ist der Stempel eines fähigen Kopfes. Seine Höflichkeit ist eine Art Hexerei. Berni muntert auf, Bernie zapft, Berni verteilt Bockwürste.

2009, aktualisiert 2016

MEINE SCHÖNSTEN SPORTVERLETZUNGEN

Der Oktober. Monat der Reminiszenz. Am Horizont drohen bereits ein bisschen Väterchen Frost und die Schrecken der Winterpause. Das Laub rieselt melancholisch auf unsere Häupter, wenn wir traumversunken auf feuchten Pfaden den Trainingsplatz berücken. Jetzt nur nicht in die Schienen der Straßenbahn geraten! Wer möchte schon als Wegeunfallopfer nach dem Training durch die Konversation der Mitspieler geistern. Ein Abriss einiger Beugesehnen am Sitzbein klingt dagegen viel attraktiver. Man würde sofort in der Hochachtung aller steigen. Was gibt es doch heute für tolle Sportverletzungen! Früher war alles viel schlechter. Nur einfache Brüche, Risse und Zerrungen ohne gründliche Schmerzinformationen. Heute kann man mit etwas Glück Opfer eines kniffligen Kahnbeinbruchs werden. Ein Gips oder eine Schiene dürfen in dessen Folge als Körperschmuck über einen langen Zeitraum getragen werden. Sie lassen häufig die Herzen der Lebenspartnerinnen höher schlagen. Im günstigsten Fall führt eine Sportverletzung zur tiefen Verschmelzung der Beziehung in zweierlei Leid. Hier superschlimmes Trübsal des verletzten Fußballers, dort Mitgefühlzwang und aufreibendes Krankenschwesternlos.

Angeblich sind die meisten Fußballunfälle vermeidbar. Die Vorbereitung ist das A und O. Dehnen, Erwärmen, der ganze langweilige Quatsch, auf den wir nie Lust haben. Es erwischt jeden vierten Kicker pro Jahr. Prellungen sind Alltag, meist bleibt nur ein blauer Fleck. Zerrungen am Oberschenkel sind sehr beliebt. Manchmal tauchen Ehrgeizlinge auf: Trainer. Wenn sie es zu arg treiben, hilft eine verunglückte Flanke gegen den Hinterkopf.

Unser Fußball ist roh und erbarmungslos. Da aber dieser

Fußball wie eine Droge ist, stehe ich im zarten Altern von 50 Jahren noch immer auf dem Kunstrasen. Die heimliche Angst vor Bänderrissen und Muskelfaserrissen spielt anhaltend mit. Ein Bänderriss ist sehr, sehr schmerzhaft. Das Gelenk schwillt unverschämt schnell an und ist plötzlich instabil. Auftreten ist fast unmöglich. Der Muskelfaserriss ist gern eine Folge überhasteten Antritts. Bei diesen beiden Verletzungen geziemt sich rechtschaffenes Auf-dem-Boden-Wälzen. Schon nach kurzem Augenblick treffen neugierige Mitspieler am Ort des Gebrechens ein. Man wird in der Regel behutsam an den Spielfeldrand getragen. Manchmal kommen bequeme Bahren zum Einsatz. Schöne, besorgte Frauen eilen mit Kühlgeräten herbei. Sie helfen beim Kühlen und Hochhalten. Manche der Frauen ermuntern zu erster Krankengymnastik. So sind schon Ehen entstanden. Und in die Brüche gegangen.

Tiefer Ernst trübt die Mienen beim Achillessehnenriss. Dem Riss geht ein peitschenknallähnliches Geräusch voraus. Kenner durchflutet bei diesem bitterbösen Ton die Erinnerung an Karbolhäschen und Bettpfannen. Nur vorm legendären Kreuzbandriss wird von uns trotzigen Ballartisten mehr gebangt. Die Königsdisziplin, der definitive Overkill. Das gewisse Etwas beim Ballgemetzel. Der Kreuzbandriss ist die schwerste Knieverletzung. Wer dieses große Los gezogen, darf sich langer Trainingspausen erfreuen. Düstere Tage auf dem Krankenlager. Hilfloses Krücken-Gestocher nach der Operation, einsame Tränen und der Schwur, nie wieder Fußball zu spielen. Auch mir gelang der große Wurf im Jahr 2009. Ein fieser Laut geht dem Riss voraus. Die Nebenmänner zucken verängstigt zusammen. Man fällt um, alles ist seliger Schmerz. Nun ist ein kurzes, markerschütterndes Gebrüll geraten.

Es soll Menschen geben, die sammeln Kreuzbandrisse wie Briefmarken. Im Krankenhaus traf ich einen dieser alten Hasen. Er hatte gerade seinen dritten hinter sich. Die Leiden der anderen zu beobachten, ist entzückend. Noch schöner ist das eigene Leid. Ein Chirurg ersetzte das Kreuzband durch ein sattes Stück meiner Patellasehne. Ach ja, nebenbei rissen mein Meniskus und das Innenband im linken Knie. Solchermaßen geadelt währte es knapp zwei Jahre, bis mich jede Vernunft verließ, bis ich wieder dem Ball hinterherrannte.

Entzündungen, gereizte Gelenke. Brüche, Risse, Zerrungen und Stauchungen zieren meine Krankenakte. Mir wurden die Keimdrüsen gequetscht, die Zehennägel zertrümmert. Adduktoren reihenweise gekappt, Gehirnzellen bei Kopfverletzungen verödet. Heute schützt mich ein kleiner Bauch vor handelsüblichen Knüffen und Stößen, und mein Schädel scheint gegen jede Art Körperkontakt immun.

Manchmal darf Birdy, der Hosenmatz unserer Ballsportgruppe, unter der Dusche meinen Bauch anschauen. Und mit offenem Mund den Berichten von verheilten Wunden lauschen. Ganze Bücher des Schmerzes. Freundlicherweise verletzen sich die anderen Spieler meiner Mannschaft ebenfalls. Und altern auch. Klaus transplantiert sich Zehenhaare auf den Scheitel. Wolfram wächst flauschiges Fell aus Ohren und Nase. Uli kann sich nach dem Training nur im Watschelgang fortbewegen. Einer von uns sieht die Radieschen bereits von unten.

Wer nichts zu tun hat, dem macht ein Nichts zu schaffen. Köstliches Bier und Rauchen nach dem Training sind schlimme Sachen. Wir trinken und rauchen gleichwohl jeden Montag ab 22 Uhr in Ralles Sportlerkneipe. Wir trotzige, ungestüme, alte Ballhasen.

2018, aktualisiert 2023.

DER TAG, AN DEM ICH DICH ZUM ERSTEN MAL SAH: FCC 1974

1974 war das Leben in der DDR für mich noch keine Ansammlung von Schwierigkeiten, die darauf warteten, aufzutauchen, um mich zu verschlingen. Die Sorglosigkeit hatte viele Namen: Zähneputzen nicht vergessen, Frühstück von Mutti bereitet, romantisches Kohlenholen, heißer Draht ins Jenseits, Professor Flimmrich. Die großen Ferien waren unfassbar lang und vor Mädchen musste man sich in Acht nehmen. Doch im Frühsommer musste ich eine schwere Entscheidung treffen. Kleines, dickes Müller oder Sparwasser? Die meisten Jungs in meiner Klasse waren für kleines, dickes Müller.

»Kleines, dickes Müller gibt's nur im Fernsehen, Sparwasser kannst du dir anschauen«, sagte mein Vater.

»Wo denn?«, fragte ich.

»Na in Jena, im Paradies. Wenn Magdeburch kommt.«

»Das Paradies ist eine Erfindung der Kirche für dumme Menschen«, sagte immer meine Pionierleiterin.

»In der Schule stimmt das, zu Hause nicht«, sagte mein Vater.

Schwierig, sich das alles zu merken. Das war bestimmt der Drill des Lebens, dachte ich und bat meinem Vater, mich zum nächsten Spiel seines Lieblingsvereins mitzunehmen. Mein Vater war für Jena. In unserer Heimatstadt Weimar eine nicht ganz so leichte Entscheidung. Da Weimar über keinen Oberligaclub verfügte, standen den Männern Erfurt oder Jena zur Auswahl. Eine Entscheidung mit weitreichenden Folgen. Ein nimmer versiegender Quell von Freude wie Ärger aller Art, wie ich später feststellen musste. Vater fuhr mit einer Gruppe Freunden regelmäßig zu den Heimspielen nach Jena. Wenn sie ganz mutig waren und die Tabellenkonstellation günstig schien, rollten sie mit ihren Trabis einmal im Jahr auswärts. Nach Erfurt. In den Rachen der Bestie, wie es mein Vater nicht ohne Respekt formulierte.

1974 waren die Oberligastadien Stehplatz-Eldorados. Man konnte sich frei im Rund bewegen. Am Eingang standen zwei Verkehrspolizisten. Auf den alten Holztribünen saßen nur Bonzen und Rentner. Frauen traf man nie. Mutter hatte keine so rechte Vorstellung, was Vater beim Fußball trieb. Da er aber in jenen Jahren meist gut gelaunt davon zurückkam, stellte sie keine unnötigen Fragen. Nun durfte ich also mit. Ausgerechnet zum Auswärtsspiel nach Erfurt. Wir trafen uns beim Konditor Mengs. Ich bekam Nougat direkt aus dem Eimer, die Männer verringerten die Bierreserven der DDR. Vaters Freundeskreis bestand aus Gündi, dem Konditor, Siggi dem Fotografen, ein paar handfesten und mir unheimlichen Handwerkermeistern und Didi, dem Herrn Ingenieur. Fußball in der DDR war ein preiswertes Vergnügen. Viele kleine Leute, Arbeiter und Lehrlinge. Didi als Vertreter der sogenannten Intelligenz fiel etwas aus der Rolle und war andauernd kleinen Scherzen ausgesetzt.

»Is heut nich Gierche? Is heut nich dr Goethe im Deader?«*

Didi war ein gewitzter, handfester Recke. Er machte das Spiel mit, alle wollten ja nur ein bissel Spaß. Und außerdem stand über allem DER CLUB. Kein DDR-Club war mächtiger und gewaltiger! »Mächtig gewaltig«, sagte immer der Dicke von der Olsenbande. Die kamen aus dem Westen und mussten es ja wissen. Trainer war damals bereits Hans Meyer, Cotrainer Bernd Stange. Jena stellte bei der Weltmeisterschaft 1974 in der BRD sechs Nationalspieler. Blochwitz, Kurbjuweit, Weise, Irmscher, Ducke, Vogel. Erfurt stellte einen. Rüdiger Schnuphase. Er besann sich später eines Besseren und wechselte nach Jena, wo er zum Publikumsliebling und einzig wahren Schnuppi reifte.

Wir fuhren im Konvoi nach Erfurt. Das war schon aufregend, drei Autos hintereinander. Mir war gar nicht langweilig. Ich zählte alle vorbeifahrenden Autos und malte mir mein erstes Spiel in den schönsten Farben aus. Außerdem hatte ich in meiner Jacke meine Fußballbildersammlung aus dem Westen dabei. Mein behüteter Schatz an Sprengelschokoladesammelbildern.

Kurbjuweit zu Irmscher, der zu Ducke, Schuss, Neiiin, Abpraller zu Vogel, Tooor, Tooor!

Angekommen in Erfurt, stellten wir unser Auto auf einem großen Parkplatz in Stadionnähe ab. Die Männer holten Bierflaschen hervor und hielten ein Schwätzchen. Ich hatte noch nie so viele Autos auf einem Haufen gesehen, das war bestimmt der größte Parkplatz der ganzen Welt. Bei einigen der Autos war die Antenne abgeknickt. Es war schwer, in der DDR an Ersatzteile zu kommen.

»Das waren Erfurter Rowdys, die haben bei allen Jenaer Autos die Antennen abgebrochen. Kein Wort zu Jena«, schärfte mir Vater ein. »Wir sind nur zum Fußballgucken hier, nicht wegen Jena, verstanden! Unserm Auto wird nichts passieren, wir haben ein Weimarer Kennzeichen, die wissen nicht, ob wir Erfurt oder Jena sind.«

Erfurt-Rowdys-Antennen-ab. Ich beschloss, mit keinem Fremden zu sprechen und fühlte ängstlich nach meiner Fußballbildersammlung. Didi neigte sich zu mir und flüsterte grimmig:

»Wenn DIE nach Jena kommen, haben ihre Antennen keine Zukunft!«

Rein ins Stadion. Ausverkauft. Klar wie Thüringer Kloßbrühe, wenn Böse gegen Gut antritt. Wir standen in einer ruhigen Kurve, leider befand sich zwischen Traversen und Spielfeld noch eine Tartanbahn. Ich sah nichts vom Spiel. Weiter runter gehen wollte ich nicht wegen Erfurt-Rowdys-Antennen-ab. Nur wenn mich Vater oder einer seiner Freunde hochhob, konnte ich in der Ferne kleine Männchen nach dem Ball haschen sehen. Die Erfurtfans schrien einmal, dazwischen wurde zweimal mordsmäßig gepfiffen, geflucht, die Fäuste geschüttelt.

Schieber, Schieber, Betrüger raus, Carl Heinze an die Blautanne!

Vater und seine Freunde verhielten sich still. Nur ab und zu huschte ein seliges Lächeln über ihr Antlitz. In der Halbzeitpause aßen wir bescheiden Bockwurst und tranken rote Brause. Ich fühlte durch den Jackensaum nach meinen Fußballbildern und spielte das Spiel im Sand nach. Kann sein, ich bin sogar kurz zu Vaters Füßen eingeschlafen.

»Jena hat gewonnen, beim nächsten Heimspiel in Jena wird alles ganz anders, aber du hast heute deine Feuertaufe bestanden«, flüsterte mir Vater zu, als ich im Auto wieder zu mir kam. Er hatte mich den ganzen Weg zum Auto getragen. Ich schaute nach der Antenne. Puh, noch dran. Im Auto öffneten die Männer Bierflaschen. Das gute Ehringsdorfer Hell. Ich bekam auch ein Bier, die Männer sangen glückserfüllt Jenenser Fußballlieder, prosteten mir zu und versenkten den Virus in meine zarte Kinderseele.

**Gierche = Kirche, Deader = Theater.*
1974, aktualisiert 2023.

WIR WOLLEN HIER NUR ENTSPANNEN

Es ist Samstag, der 17. Mai 1980, gegen zwei Uhr morgens. Ich sitze mit Mutters Bemmen und brühend heißem Kaffee in der Küche.

Ralf muss gleich kommen. Und dann ab, ab nach Berlin! Raus aus dem kleinen Nest, in dem wir wohnen. Raus ins Abenteuer Pokalfinale.

Ralf und ich sind Zeissfans. Heute geht's in Berlin gegen die Fürze aus Erfurt um den FDGB-Pokal. Der große FC Carl Zeiss gegen die Scheißer von Rot-Weiß.

Weimar ist eine geteilte Stadt. Die Unterstadt hält zu Erfurt, die Oberstadt zu Jena. Alle Weimarer »Erfurter« sind selbstverständlich asozialer Dreck. Obwohl Erfurt näher am Westen liegt. Noch blöder: Deren gestörter Mob ist unserem bei weitem überlegen.

Ralf und ich sind knapp siebzehn. Die Fahrt nach Berlin ist unser erstes großes Auswärtsding.

Motorgeräusche, Ralf mit seinem Onkel im Auto. Ab in Vaters alte Lederjacke, den blau-gelb-weißen Schal Marke Mutti um den Hals und nach unten gesprintet.

Ralfs Onkel Dieter hat uns den Fußballwahn implantiert. Dieter ist auf ewig Zeissfan. Dazu arbeitet er im Jenenser Zeisswerk und ist Reisekader. Er darf in den Westen reisen, berufsbedingt, aber auch privat. Er hat 1974 in Hamburg Jürgen Sparwasser jubeln und Franz Beckenbauer flennen sehn.

Unser Berufswunsch ist eh klar. Entweder erfolgreicher Fußballer, oder bewährter Reisekader. Ins nicht-sozialistische Wirtschaftsgebiet, versteht sich.

Wir wollen raus in die Welt, wenigstens episodisch.

»Und Alter, biste fit im Schritt?«

»Klar Ralfie!«

»Jena-Fans – seid ihr alle da?«

»Jaaaaaaaaaaaaa!«

»Wer wird gewinnen?«

»Jäääähnaaa!«

»Wer wird verliern?«

»Äääährfuuurz!«

»Einer – «

» – für alle!«

»Alle – «

» – für einen!«

»Olé, olé olé olé – deutscher Meister – der Eff Zeeh Zeeh!«

Der liebe Fußballonkel Dieter lässt den Trabi knattern und fährt uns zum Bahnhof. Er gibt noch ein paar gute Ratschläge, warnt uns vor den bösen Berlinern, egal ob BFC-isten oder Unioner.

»Wenn der Sachse kommt, haun die jedem auffen Kopp! Und unterhalb von KW is' für die alles Sachsen! Versteckt eure Schals unter den Jacken, wenn ihr allein unterwegs seid, achtet auf die gestörten Erfurter Horden, Berlin ist Feindesland!«

Wir gucken ihn nicht sehr verwegen an und nicken.

»Und bringt mir ja den Pokal mit, ansonsten könnt ihr gleich bei den Mäusen bleiben!«

Dieter knallt die Tür zu und braust mit seinem Papprennwagen in die Nacht.

»Was meint er nur mit ›bei den Mäusen bleiben‹?«

»Keine Ahnung, komm wir gehen in die Mitropa und lutschen 'ne BoWu.«

Außer unseren Schals und einem Nylonbeutel voll Bierflaschen reisen wir ohne Gepäck. Das Spiel findet am Nachmittag im Stadion der Weltjugend statt. Vorher wollen wir uns ein wenig die Hauptstadt der DDR anschauen, es ist unsere erste Reise ohne Aufpasser.

In der Mitropa treffen wir drei rotweiß gewandete Gestalten. Es sind Freunde aus der Unterstadt, angehende Lehrlinge wie wir. Sie wollen auch vorm Spiel durch Berlin bummeln. Im Zug werden schnell Skatkarten ausgepackt, Bierflaschen auf und runter das Zeug. Der Zug rattert durch den finstren Osten, wir brüllen uns aus Geikel Hassgesänge um die Ohren.

»Wir scheißen auf die Fürze!«

»Wir scheißen auf die Heinze!«

»Ey, wir sind Carl Heinze!«

Fußballromantik pur. Es ist schön wie immer. Irgendwann pennt alles weg.

»Berlin Schönefeld, alle Reisenden aussteigen, der Zug endet hier!«

Verpeilt wanken wir auf den Bahnsteig, es ist knapp 5 Uhr am Morgen. Es dauert ein paar Momente, bis wir wieder wissen, wer wir sind und was wir hier wollen. Im Bahnhof Schönefeld treffen wir auf weitere Jenafans, bereits im Zug haben wir uns von den Weimarer »Erfurtern« getrennt. Sie sind nun wieder unsere offiziellen Feinde, fiese Vieselbacher, scheckige Windbeutel.

Ein großer Pulk Jenaer schwenkt die geliebten blau-gelb-weißen Farben und jodelt los. Wir sind die größten der Welt.

»Ab in die S-Bahn und zum Alexanderplatz!«, lautet die Parole. Gegen Mittag ist das Marx-Engels-Forum als Treffpunkt ausgemacht.

Wir Hinterwäldler bestaunen den Bahnsteig, bestaunen die S-Bahn, bestaunen die riesige Stadt, die wir via S-Bahn durchmessen.

Am Alex angekommen ist alles irgendwie grau. Zumindest haben wir uns das prächtiger und berauschender vorgestellt. Vereinzelte Passanten hasten vorbei und schauen uns argwöhnisch an.

Erster Fehler: Wir sind nur etwa zwanzig Mann und tragen unsere Fanutensilien offen.

Nur durch einen Zufall entgehen Ralf und ich der Attacke. Wir müssen pissen. Während die anderen durch die S-Bahnunterführung gen Alex strömen, schlagen wir uns in die Büsche. Die Gruppe Grünschnäbel wird von einer Walze Schläger überrollt, willkommene Beute. Schals und Fahnen werden gerupppt, nach wenigen Sekunden ist der Spuk vorbei. Wir treten aus den Büschen, die Jenaer sind verschwunden, die Angreifer auch. Trotzdem stecken wir unsere Schals in die Jackenärmel. Es ist warm geworden, unsere Jacken baumeln locker auf der Schulter.

»Scheiße, noch mal Glück gehabt. Lass uns was futtern gehen, da hinten seh' ich ein SB-Café-Zeichen.«

Ein Selbstbedienungscafé, die unterste Stufe gastronomischer Verwöhnung, aber egal.

Fünf Minuten auf dem Alex und bereits der zweite Fehler.

Als wir uns in die Schlange der sich selbst Bedienenden einreihen, wissen wir schnell, wer unseren Jenaer Trupp überrannt hat.

»BFC-Fans!«, raunt Ralf und wir machen uns unsichtbar. Die Biffzen sitzen gleich am ersten Tisch und haben den ganzen Vorplatz im Blickfeld.

»Man, war das geil, den Sachsen eine aufs Geweih zu zimmern!«

»Ey Mann, sind die doof, haste mal ne Cola? Goola!«

Die ganze Meute wiehert, wir schlingen unseren Hackepeter runter und sind sehr flink wieder an der frischen Berliner Luft.

Verdammtes Berlin, überall lauert Gefahr, in jedem SB ein feindlicher Spion. Ganz so verzwickt hatten wir uns die Angelegenheit nicht vorgestellt. Wir wollen hier nur entspannen.

Doch was wären waschechte Weimarer ohne Frohsinn und Kultur im Herzen! Wir stolpern in die Büsche vorm Roten Rathaus und nehmen erst mal eine anständige Mütze Schlaf. Um uns herum mümmeln friedliche Kaninchen und der Zeissgott summt uns in den Schlaf. Gegen Mittag besuchen wir die nahe Marienkirche und geben uns ganz einer Orgelprobe hin.

Am Marx-Engels-Forum umgibt uns wohliger Klang. Viele hundert Thüringer Kehlen künden vom wundervollen FCC, der hier und überall regiert. Für heute und für immer! Hinten am Alex stehen wohl die Erfurter, auch Berliner sollen auf Pirsch sein. Doch einstweilen trennt uns Bereitschaftspolizei und die Sonne scheint uns. Wir hüpfen in den Neptunbrunnen – und dann seh' ich sie! Martina – blaugelbweißer Minischal, strohblondes Haar, siebzehn Jahr. An den Füßen Kletterschuhe, den Körper in einen schicken Levi's-Anzug gehüllt. Ich schau sie an. Sie schaut mich an. Sie haucht ihren Namen und verschwindet. Wie eine Fata Morgana. Ahhh!

Der Aufbruch gen Stadion naht. Wir sind eine stolze Kolonne. Die Nebenstraßen sind durch Sicherheitskräfte abgeriegelt, vereinzelt hören wir Fetzen feindlicher Gesänge.

Das Stadion der Weltjugend ist ein Meer in Rot-Weiß. Mit einem kräftigen Schuss Blau-Gelb-Weiß. Fünfundvierzigtausend muntere Fußballfreunde besetzen die Ränge. Jeweils zwölftausend aus Jena und Erfurt. Der Rest kommt aus Spaß am Fußball. Oder aus Spaß am Balgen. Etwa jeweils eintausend Unioner und BFCer haben sich eingefunden. Die Union steht bei Erfurt, der BFC-Mob allein und separiert. Alles schreit wild durcheinander und feuert die eigenen Farben an. Es ist ein brodelnder Hexenkessel. Das geht uns ganz schön unter die Haut. So eine Masse an Zuschauern haben wir noch nie erlebt, ein Schauer der Begeisterung folgt dem nächsten.

Jena beginnt zurückhaltend, das ist auch der unbarmherzig auf Fans und Spieler einbrutzelnden Sonne geschuldet. Die miesen ErFürze erzielen tatsächlich das 1:0 gegen das stolze Jena! Nun toben wir wie die Teufel in unserem Block. Der Irrsinn erreicht das Team, kurz vor dem Ende der neunzigminütigen Spielzeit trifft unser Raab zum 1:1. In der folgenden Verlängerung spielt nur noch unser Club. Dem 2:1 von Lothar Korbjuweit folgt kurz darauf Sengewalds 3:1.

»Ja wir haben den Pokal, Hallelujah!«

Wir singen, wir liegen uns in den Armen, wir schreien, bis die Stimme versagt. Wir lassen die Mannschaft hochleben und verhöhnen die deprimierten Erfurter.

Das Stadion leert sich, zuletzt verlässt winkend unser junger Trainerfuchs Hans Meyer das Rund.

Berauscht und im himmlischen Gefühl des Sieges feiert die Anhängerschar Richtung Ausgang. Wir nehmen die Chausseestraße in ihrer ganzen Breite Richtung S-Bahnhof Friedrichstrasse. Alle Seitenstraßen sind ab Invalidenstraße abgesperrt, es bleibt nur der gerade Weg.

Wir laufen etwa in der Mitte des träge fließenden Stromes. Plötzlich entsteht hinter uns Unruhe. Einer schreit: »Die Berliner kommen!« Die Draufgänger bleiben stehen, einige laufen sogar gegen den Strom, in Richtung des Unruheherdes. Wir packen schnell unsere Schals unter die Jacken. Von hinten ist Geschrei zu hören, Panik macht sich breit. Blitzartig beginnt die Masse zu rennen. Wir hasten in einen Hauseingang und spähen nach hinten. Da kommen schon die ersten blutenden Jenafans. Dahinter der Mob schreiender Verfolger. Wir drücken in Panik die Haustür auf. Etliche Jenafans folgen uns. Ich verliere den Kontakt zu Ralf. Einige laufen gleich die Vorderhaustreppe nach oben, ich haste weiter ins Hinterhaus, dort die Treppe hoch und gewartet. Stimmengewirr im Hausflur:

»Dreckssachsen, wir kriegen euch Alle!«

»Eisern Berlin, Eisern Berlin!«

Schon höre ich die Schläger auf der Treppe. Ich laufe voll Grausen bis zur Dachbodentür. Verschlossen. Ich spüre keine Kampfbereitschaft in mir. Ich mache mich ganz klein. Ich halte den Atem an. Ich habe Angst. Angst vor Prügeln und Demütigung. Der Lärm verebbt. Stille. Keiner kommt, mir die Scheiße aus dem Arsch zu treten, mir die Arme zu brechen, oder ein paar Zähne auszuschlagen. Nach zehn Minuten traue ich mich hinunter. Die Straße ein Schlachtfeld. Übersät mit Jenaer Fanutensilien. Polizei ist nicht zu sehen. Nur vereinzelte feindliche Trupps, die auf Jenaer einschlagen. Wer nachgibt, seine Fansachen loslässt, hat meist Ruhe. Gleichwohl fließt viel Blut an diesem Tag. Die Angreifer scheinen beiden Berliner Fanlagern anzugehören. Auch Erfurter sind mit von der Partie. Ich gehe ganz eng an den Schaufenstern lang. Versuche mich unsichtbar zu machen. Es gelingt, ich falle keinem auf. Höhe Friedrichstadtpalast ebbt die Schlacht ab. Doch die Masse der Jenafans ist noch immer in Panik. Am S-Bahneingang ein übles Bild. Die Menschen quetschen sich, wilde Schreie ausstoßend, durch einen schmalen Gang zu den S-Bahnen. Eine fürchterliche Ouvertüre der Grausamkeit.

Geschafft! Ich erreiche die S-Bahn. Eine Hand fasst mich von hinten. Martina! Wir küssen uns sofort wild. Auch Ralf taucht wieder auf, leicht verbeult zwar, doch frohgemut.

Später feiern wir im Sonderzug nach Jena. Der Straßenkampf wird nicht thematisiert. Wir haben uns mit reichlich Alkohol eingedeckt, binnen kurzem ist der ganze Zug eine glitschige Rutschbahn. Wir saufen, wir singen, wir jubeln! Martina weicht nicht mehr von meiner Seite. Wir tanzen, wir knutschen, wir robben durch den Zug. Der einzig separate Raum ist die Toilette. Sie wird für eine Zugfahrt lang unser Zuhause. Was für ein Leben!

2016, aktualisiert 2023.

FUSSBALLTRÄUME IN DER MAUERSTADT

Als ich im Februar 1984 Weimar in Richtung Westberlin verließ, blieben meine Freunde, die Familie und mein Fußballverein leider in Thüringen. Die Freunde und die Familie konnte ich in der ČSSR treffen, bis 1989 waren besonders das Bäder-Dreieck um Eger, Marienbad und Franzensbad beliebte Orte. Einmal besuchte ich während dieser Lebensphase mit meinem Vater ein Spiel der Mannschaft von Roter Stern Cheb. Damals wusste ich die allumfassende Tristesse und Ödnis des Ostens noch nicht zu schätzen und floh sehr schnell wieder aus dem ruinösen Stadion.

Die Spiele meines FCC hätte ich im Fernsehen bewundern können, weil ich aber seinerzeit ein großer Feind der Glotze war, blieben mir naturgemäß nur die FuWo, die mir meine Eltern jede Woche nach Westberlin sandten. Ich hätte die FuWo auf dem S-Bahnsteig Friedrichstraße kaufen können. Im dortigen Kiosk bekam man für Westgeld im Tauschverhältnis 1:1 an DDR-Presseerzeugnisse. Manchmal kaufte ich mir zur Belustigung das ND (= Neues Deutschland, das schlimmste Pressemachwerk zu DDR-Zeiten), wo ich den umfassenden Übererfüllungen aller denkbaren Pläne nachspürte. Und mir selbstverständlich den boshaften Charakter des BRD-Imperialismus in Erinnerung rief, der mich mit allerhand Geschenken (man konnte bei Demos Steine auf Polizisten werfen, es gab Irrenärzte, die arme Ossis monatelang krankschrieben) erfreute.

Gelegentlich erweckte die physische Abwesenheit der DDR in mir einen Sack schauerlicher Alpträume. Ich war beileibe nicht der einzige Ex-Ossi, der von Fluchtträumen aller Art geplagt wurde. Die Besonderheit meiner Fluchtträume: Sie spielten sich häufig im Fußballkontext ab.

Es ist Nacht, ich laufe verzweifelt die Chausseestraße in Ostberlin entlang. Ich war illegal in den Osten der Stadt eingedrungen, um im Stadion der Weltjugend am Abend das Fußball-Pokalfinale zwischen FC Carl Zeiss Jena und dem BFC zu sehen. Ich traf einige Bekannte, keiner wunderte sich über meine Anwesenheit, es war wie immer. Immer wenn ich beispielsweise »Wir wollen Jena siegen sehen« singen wollte, sang ich in Wirklichkeit »Wir wollen Hertha siegen sehen«. Außer mir schien das keinem aufzufallen. Das Spiel wurde abgepfiffen und das Stadion war schlagartig leer. Nur ein einsamer Transportpolizist streichelte voll Liebe seinen langen Holzknüppel. Ich fragte ihn, wer gewonnen hätte. Er fragte mich nach meinem Ausweis.

Ich hatte keine Papiere.

Ich sprintete zum streng bewachten Grenzübergang Chausseestraße, keine Chance. Also zurück und über den Zaun ins Stadiongelände.

Das Stadion hatte sich in eine Art Schlachtfeld verwandelt. Auf einer Seite befanden sich hunderte junge Männer in Trainingsanzügen mit Holzmaschinenpistolen. Ich war einer von ihnen.

Auf der anderen Seite, in Westberlin, sah ich hinter einem Zaun feiernde, bunt gekleidete Menschen auf Türmen. Sektkorken knallten, ein Feuerwerk erheiterte die glückliche Menge.

Ich wollte zurück in den Westen! Ich entfernte mich von meiner Truppe, einer rief mir hinterher: »Wer hat eigentlich gewonnen?« Ich reagierte nicht, warf mich zu Boden und robbte Richtung Westberlin. Umso näher ich dem Zaun kam, umso kleiner wurde er. Kurz bevor ich ihn erreichte, stand ich plötzlich wieder in der Chausseestraße.

Diesen Fluchttraum träumte ich in sehr unterschiedlichen Varianten (manchmal starb ich, manchmal kam ich durch, oft begann es wieder von vorn) von März 1984 bis Dezember 1989.

2017, aktualisiert 2023.

IHR DA OBEN, WIR DA UNTEN

Ich habe es gut, ich habe Glück. Weil ich Fan eines abgehalfterten Vereins namens FC Carl Zeiss Jena bin, kann ich mir in Rathenow die Zeit um die Ohren schlagen. Und muss, beispielsweise, nicht, wie einige meiner Bekannten, mit tausend weiteren Menschen durch Europa nach Rotterdam fahren. Um dort Bier zu trinken, meine Farben beim Marsch durch die Stadt zu zeigen, Fußball im Stadion zu gucken.

Rathenow ist ungefährlich. Dort trifft man höchstens ein paar freche Spatzen, die auf dem Weg ins Stadion über die triste sportliche Wirklichkeit meines Vereins spotten.

Rotterdam hingegen ist gefährlich. Das wissen alle Menschen, die sich ein wenig mit Fankultur beschäftigen. Freilaufende Hunde, ungemütliche Polizisten und Ordner, bitterböse Hooligans. Wer kennt nicht deren markerschütternden Wechselgesang: Rotterdam – Hooligans.

Neuerdings europäisch reisende Unioner sind meist grundsolide Leute, die ihren Ritter Keule lieben und es gar nicht verstehen können, dass man ihren (ganz besonderen) Verein (tolle Fans, toller Präsident, tolle Vereinsgeschichte, tolle Botschaft an die Welt) nicht auch in Rotterdam liebt.

Vorwitzige Gestalten könnten nun den 2. Weltkrieg ins Spiel bringen ... oder die deutsch-holländischen Animositäten, die zwischen den Nachbarn hin und wieder zu blutigen Nasen führen ... oder die vermaledeite Rotterdamigkeit der Herren und Damen des Knüppels.

1970 war schon einmal eine Mannschaft aus dem Berliner Osten zum Europapokal in Rotterdam. Das heute fast vergessene Vorwärts Berlin verlor vor 68.000 Zuschauern mit 0:2 und schied nach dem 1:0 Heimsieg aus. Eine Vorwärts-Delegation um Otto

Frässdorf und Jürgen Nöldner eroberte seinerzeit die Herzen der Rotterdamer, weil sie einen Kranz an einem Denkmal niederlegten, das an die Opfer der deutschen Luftangriffe erinnert, die im 2. Weltkrieg die Innenstadt niederbombten; viele Menschen starben. Coole Sache, Kranz niederlegen, muss man erst mal draufkommen. Fans waren übrigens 1970 aus Berlin keine vor Ort, es war eine andere Zeit, mit anderen politischen Regeln.

In Rathenow pflückte ich Blumen der Liebe auf Ewigkeit und beobachtete wohlwollend die Aktivitäten meines neu eingestellten Trainers, der im Gegensatz zum vorherigen Trainer durchaus in der Lage scheint, auf Problemfälle in der Mannschaft zu reagieren. Er wechselte klug, und ein, zwei, drei Tore fielen für Jena. Und für Rathenow nur eins. Die etwa einhundert mitgereisten Fans jubelten kurz. Die ersten dachten darüber nach, wie sie in einem öden Nest wie Rathenow Sonnabend 15 Uhr noch an ein Bier kommen könnten. Bahnhöfe in kleinen deutschen Orten sind Todeszonen. Herzilein, hier darfst du traurig sein!

Schlaufüchse, ihr habt längst begriffen, worum es geht? Liebe kennt keine Liga, mir ist es (relativ) schnuppe, wo mein Club spielt. Die Unioner durften bestimmt nicht im Doppelstockzug sitzen und mit dem Brandenburg-Ticket in jedem Storchdorf halten. Mitunter erblickt man liebenswürdige Rehe, pfiffige Füchse und unbedarfte Schafe.

Im Gegensatz zu Rotterdam besitzt Rathenow kein geschlossenes Riesenstadion. Die Rathenower Arena ist eine Ansammlung von flachen, einem Landbushäuschen nicht unähnlichen Gebäuden, die uns Nahreisenden im Regenfall Schutz geboten hätten. In Rathenow wehte fieser Wind, doch wir trugen die Sonne im Herzen. Oder war es die Erinnerung an Schöneres als die Regionalliga Nordost, die uns half, melancholisch an einem wurstähnlichen Gebilde zu lutschen?

2020, aktualisiert 2023.

IM SCHATTEN JUNGER HÜHNERBLÜTE

Am 13. Mai 1981 fuhr mein FC Carl Zeiss Jena nach Düsseldorf, um dort im Finale des Europapokals der Pokalsieger gegen Dinamo Tbilisi zu spielen. Meine Weimarer Freunde und ich, die alle Heimspiele in dieser großen Saison mit Moped oder Zug besuchten, durften trotz Bitten, Bettelei und Tränenbächen nicht dabei sein.

Solche Reisen durften 1981 nur ganz besonders sichere Kantonisten unternehmen, sie waren oft als Auszeichnung gedacht, die Leute wurden von SED-Parteiorganisationen und Brigaden des Kombinat Carl Zeiss vorgeschlagen. Man sollte verheiratet sein, »überzeugter DDR-Bürger« und über einen stabilen Klassenstandpunkt verfügen. Die größte Angst der Funktionäre: es bliebe einer im Westen. Der stabile jugendliche Fan sah im elterlichen RFT-Röhrenfernsehgerät wie der große FCC in Düsseldorf im Finale (fast ohne Zuschauer) gegen Tiflis verlor. Meine Freunde und ich begannen dieses Land aus ganzem Herzen zu hassen, weil es uns nicht gestatte, den geliebten FCC im wichtigsten Spiel der Vereinsgeschichte im Stadion anfeuern zu dürfen.

Ich wuchs in Weimar neben dem Webicht auf. Das Webicht ist ein Wald Richtung Jena. Wenn ich die sonntäglichen Heimspiele der BSG Motor Weimar besuchte, spazierte ich durchs Webicht und erfreute mich an einer Schar freilaufender Hühner. Sie gehörtem dem Förster, der sein Forsthaus kurz hinter der Eisenbahnbrücke am Ende der Jenaer Straße mit der Familie bewohnte.

Als zehnjährige Bengel machten wir dem Förstergeflügel das Leben zur Hölle. Eine unserer kindlichen Freizeitbeschäftigungen war die Hühnerjagd. Wir zogen mit Zwillen und selbstgebastelten Pfeil und Bogen los, um das Abenteuer in der Wildnis zu finden. Einmal passte mich und meinen besten Freund Dennis der Förster ab und schlug uns als Erziehungsmaßnahme mit einem dünnen Stock, bis wir um Erbarmen bettelten. Seitdem unterließen wir die Hühnerjagd und suchten uns den etwas senilen Opa von Dennis als neues Ziel. Immer, wenn er morgens seine Kaninchen fütterte, warfen wir ihm aus sicherem Versteck ein Steinchen auf den Rücken.

Danach rannten wir zum Garagentor und bolzten unseren Gummiball hin und her. Wenn Dennis Opa uns fragte, ob wir ihn beworfen hätten, schrien wir, Tor für Jena, 10:0 gegen Erfurt! Quatsch mit Soße, wir üben Fußball, wir wollen später beim galaktischen FC Carl Zeiss Jena spielen. Dennis' Opa grinste zufrieden, das wollte er hören, »Der grenzenlos große FCC wird von allen anständigen Männern Weimars geliebt!«, rief er uns zu und schnäuzte sich in ein brüchiges Taschentuch, das noch Kaiser Wilhelm gesehen hatte.

Zur Kompensation der verweigerten Finalteilnahme blieb mir am Wochenende vor dem Pokalfinale im Mai 1981 nur die Hühnerjagd als Symbolhandlung. Ich zog mit Pfeil und Bogen in den Wald, um dem Försterhühnern Gewalt anzutun. Schnell gelang es mir, ein rötlichweißes Huhn aus der Masse zu trennen. Es versteckte sich kopfüber in einem Busch und streckte mir das Hinterteil entgegen. »So, du Bonzenhuhn!«, schrie ich voll Wut und legte den Bogen an.

Auf einmal drehte sich das Huhn um und schaute mich an. Es legte seinen Kopf schief und gackerte zaghaft. Irgendwie freundlich, lebenslustig.

Hühnerliebe durchflutete mich. Und ich zog den Schluss, das Huhn ist wie ich. Es möchte Spaß haben und geliebt werden.

Und ist ein Tier auch noch so klein, es könnte doch dein Bruder sein.

2016, aktualisiert 2023.

JENA – AUF DEM GIPFEL DER VERZWEIFLUNG KUSCHELTE ICH MIT KÖLNERN

Als ich letztens mit meinem Lieblingsverein im Relegationsspiel gegen Viktoria Köln zweimal neunzig Minuten bibberte, tat ich das nicht allein. In der Zeit zwischen den beiden Spielen liefen neben mir einige tausend Jenafans (und bestimmt auch ein paar hundert Kölnfans) wie Zombies durch unser zumeist schönes Deutschland. Wir rissen uns die Haare aus, rangen minütlich verzweifelt die Hände, konnten in der finstern Nacht kein Auge zudrücken und beteten alles an, was im Götzenkosmos zwischen Allah und dem Weihnachtsmann Rang und Namen hat. Mal roh, mal sanft besangen wir das dunkle Geschick unseres Vereins, stets eifrig darauf bedacht, mit jeder Faser unseres Körpers unsichtbaren Mut zu erhaschen. Jedes Mittel war uns zum Erreichen des Zieles recht – und schien es auch noch so abstrus. Wir waren hilflose Kinder auf der Flucht vor den bösen Wölfen des Vergessens. Auf uns wartete in der Niemandsbucht der Totenvogel. Nach fünf Jahren bitteren Regionalligaknastes ist uns fast jegliche Hoffnung abhandengekommen. Hoffen und Harren machte manchen schon zum Narren. Die vierte Liga hat nur noch wenig mit richtigem Fußball zu tun. Es balgen sich raffinierte Amateure, gescheiterte Buli-Träumer, abgehalfterte Versager – einfach der ganze liebenswürdige Grind, der beim großen Stechen und Hauen um einen Profivertrag auf der Strecke blieb. Der fußkranke Frank, der dickdoofe Donald, der magere Marc, der centzählende Ken. Jeder von ihnen hat sich sein Leben sicher anders vorgestellt. Mehr Saus, mehr Braus, mehr Punkte, mehr schöne Buhle, mehr braver Knirps, mehr kluger Dackel, mehr Reichtum. Und diese Meute sollte uns nun zum Sieg verhelfen? Ja aber! Und wie! Die Herren Spieler begriffen ihre letzte Chance. Sie grapschten danach. Bekamen sie zu fassen. Und gaben sie nicht mehr aus der Hand.

Kurzundgut, es waren Herzinfarktspiele. Nur weil das Schicksal es bereits beim Hinspiel gut mit Jena meinte, schlüpften wir durch die Pforte des Sieges und landeten im Rumtopf der Freude. Wir Glücksschweinchen, wir Mehlmänner. Denn es waren nur Quäntchen von Glück, die über den Gipfel der Freude und den Gipfel der Verzweiflung entschieden. Im Nachhinein hat vielleicht der Gewinner gut reden. Doch ich habe die Tage genossen. Weil es endlich mal wieder um etwas ging. Weil ich die vergangenen Jahre schon fünf Spieltage vor Schluss fast gänzlich ohne Leidenschaft stumpf auf dem Sofa lag.

Die Kölner Schlachtenbummler werden das freilich anders sehen. Nach dem Spiel boten sie ein Bild des Jammers. Wir, die Gewinner, waren gerührt von ihrer Pein. Es hätte uns treffen können. In den letzten zehn Minuten des Spiels hatte Köln noch eine große Chance. Nach dem Abpfiff brüllten wir uns die Seele aus dem Leib. Stürmten den Platz. Und sahen rechts neben der Tribüne die Kölner in den Seilen hängen. Doch statt sie zu verhöhnen, gingen wir zu ihnen an den Zaun und reichten ihnen die Hand. Sangen gemeinsam Lieder gegen den DFB, tauschten Schals und Trikots, trösteten, dass sogar einigen Polizisten die Augen tränten.

2017, aktualisiert 2023.

LUTZ LINDEMANN UND ICKE BESUCHEN DEN LEGENDÄREN DR. PAUL DERN IN JENA

Als Mitte der 1950er Jahre in der DDR damit begonnen wurde, auf der Grundlage neuester sportwissenschaftlicher Erkenntnisse und moderner Analysemethoden zu trainieren, setzte der damalige Jenaer Trainer Georg Buschner diese Beurteilungen der Sportwissenschaft sofort begeistert und konsequent um. Nicht zuletzt deshalb wurde er später mit der DDR-Fußball-Nationalmannschaft Olympiasieger. Daneben installierte Buschner als Trainer in Jena ein Prämiensystem, das die Spieler stark zu individueller Leistung motivierte. Bezahlt wurden diese Prämien vom Kombinat Carl Zeiss, dem größten Kombinat in der DDR mit etwa 60.000 Mitarbeitern. Die Spieler sprachen nicht öffentlich und auch nur selten intern über das Prämiensystem. Im Jahr 2024 ist das schwer verständlich. Es muss im Kontext des Amateurstatus gesehen werden, den alle Sportler in der DDR auch nach außen vermitteln mussten, um sich in den Zeiten Kalter Kriege vom »menschenverachtenden Profisystem« des Westens abzugrenzen.

Als Lutz nach Jena wechselte, bekam er eine »Umzugshilfe« von 15.000 Mark. Für Lutz war das eine ganz neue Dimension der Stimulation durch Geld. Im Winter 2018 besuche ich mit Lutz Paul Dern – in der DDR Athletikguru und Mann, der alles beschaffen konnte – in seinem Haus auf den Hügeln der Kernberge. Auf dem Weg dorthin erzählt Lutz im Auto von der Dernschen Familienziege, die 1977 im Garten lebte, als Lutz noch keine Wohnung hatte und einige Male auf der Couch der Derns nächtigte. Die Ziege mit Namen Ho Chi Minh verlustierte sich gern auf dem Rand des idyllisch plätschernden Brunnens im Garten. Der Weg vom Ziegengatter zum Brunnen hieß folgerichtig Ho-Chi-Minh-Pfad. Auch ein altes Pferd (das von Pauls Studenten ab und zu wieder aufgerichtet wurde, weil es ständig umfiel) existierte temporär im Garten der Derns neben Hunden, Katzen und verlassenen Rehkitzen, die von Pauls Kindern den Sommer über aufgepäppelt wurden. Lutz hatte bis dahin mit Tieren wenig Erfahrung gehabt, wenn man davon absah, dass er sonntags gern welche verzehrte.

Paul ist zweiundneunzig Jahre alt, hört ein wenig schwer, ist gut drauf und sitzt in einem riesigen Sessel. Er schaut mich freundlich an und sagt, du siehst gut aus, das sieht man dir an, dass du Jenafan bist. Wir trinken Kaffee, seine Frau Gertje kredenzt Kuchen, draußen ist es neblig, deshalb ist die zweifellos grandiose Aussicht auf Jena heute nicht zu sehen. Der letzte Schnee des Winters nieselt hinterm Panoramafenster in den Garten. Eigentlich, sagt Paul, sieht man von hier oben jede Glühlampe unten in der Stadt. Er zeigt uns eine Broschüre aller Jenaer Vereinspräsidenten und Clubchefs bis in die Neunzigerjahre. Alle tot, außer Hilmar Ahnert – und auch dem geht's nicht gut. Er fragt jedes Mal, wenn Paul ihn besucht, wie es dem Schorsch geht (Georg Buschner – längst tot). Paul antwortet dann, es gehe ihm gar nicht gut, er habe schlimme Bedenken. Wir essen Kuchen. Nach dem Gespräch umarmen sich Lutz und Paul lange.

Paul besucht auch 2018 noch regelmäßig die Heimspiele seines FCC. Ein Freund holt ihn mit dem Auto ab, dann geht's ins Stadion, auf die Tribüne. Hier trifft er viele alte Weggefährten, die ihn freudig begrüßen, darunter auch fast immer Peter Ducke, Jenas großes Idol. Ducke war fußballerisch das Beste, was Jena sowieso, aber wohl auch die ganze DDR jemals hervorgebracht hat. Auf dem Platz ein Virtuose, ein Künstler am Ball, heute würde man sagen, ein Weltfußballer. Peter hat Fußballsachverstand, erläutert uns Paul Dern, zweifelsohne, aber mit seinen Fähigkeiten als Spieler könne dieser nicht immer mithalten. Es käme schon mal vor, dass Peter das Spiel der aktuellen Jenaer Mannschaft fast nur negativ kommentiert. »Das nervt. – Ich sag dann, ›Peter, die heißen nicht Ducke, die dort unten rumrennen. Und die spielen auch nicht wie Ducke und Lindemann. Die spielen wie drittklassige Spieler, weil sie drittklassige Spieler sind. Der FCC spielt in der 3. Liga. Die fünf Jahre zuvor sogar in der 4. Das ist der FCC 2018. Du, Peter, hattest es drauf.‹ Dann lächelt Peter, denn genau das wollte er hören.«

2019, aktualisiert 2023.

ODE AN DIE ZUKUNFT

FC Carl Zeiss Jena – ich muss dich lieben. Ich liebt dich gestern,
ich lieb dich heute, ich lieb dich morgen.
FC Carl Zeiss Jena – du schenkst mir Kraft, seit ich dich liebe
sind vergessen die Sorgen
Guten Morgen, schöner FCC, du bist erwacht, meine Sonne,
und schickst deine Strahlen hernieder
Nun bestell'n wir das Feld und Jubeln im Chor und schwenken
den Mädchen beim Tanze die Glieder

Aber sachte ihr Freunde, ich hab' 'ne Idee, lasst uns mal
gemeinsam in die Zukunft spähen
Schon dreht sich Glaskugel, es leuchten die Kerze der weisen
Voraussicht und der Fidibus des Glücks
Abrakadabra! Flugs sind wir im Jahr 2030, auf einem nahen
Baum kreischen die Krähen
und uns gelingt ein tiefer Blick in den weit'ren Verlauf des
Jenaer Geschicks

Wir sehen den FCC viel goldenen Straub aufwirbeln beim
Fußball und unsere Herzen glüh'n
Wir sehen durch Europa, durch stürmische Zeiten mit eisernen
Blick Jenaerinnen und Jenaer zieh'n
Ja, Freunde, glaubt's mir, was wir träumen und hoffen, wird
bald die Wahrheit, wie fein
Der FC Carl Zeiss Jena regiert London, Barcelona, und selbst
Real Madrid wird uns're leichte Beute sein

Seht her, heute sind sie die Minis, die Zwerge Jenas – der kleine Stevi, der Ivan und auch der Jamal
Doch sie sind die Helden der Zukunft, sie zaubern für uns in dreizehn Jahren am Ball
Keiner kann uns mehr schlagen, wer ist Hertha, wer Dosenball, wer zur Hölle sind die Bayern
Mit denen fahren wir Schlittschuh, die lassen wir zappeln, wir sind die Helden und die spiel'n wie auf Eiern

Was wir träumen, was wir hoffen, wird bald Wahrheit sein
Unsere Mannschaft schlägt einen graden Weg zur Sonne ein
Uns're Herzen schwellen, wie das Korn im Mondenschein
Und ich hau euch hier und jetzt noch manchen Reim rein

2030 gegen Real Madrid? Sachte Jungs – aber wer spielt dann mit
Wer lässt hinten nichts zu, beherrscht das Mittelfeld, ist vorm Tor bratwurstig und fit
Na die jungen Hüpfer, die Spunde von heute, die Minis, die Heroes von morgen
Wer, wenn nicht sie werden es Real ganz schön kräftig besorgen

Die 2030er Lerche singt frohe Lieder ins Tal
Und manch lauschiges Bächlein ermuntert uns all
Wenn unser FCC den eisernen Hammer schwingt
Und zum xten Male all die galaktischen Superteams beringt

Ja, wir beringen sie mit dem herrlichen Spruch:
Bis hierher und nicht weiter, wir hatten genug
Von der Langeweile im Fußball, von Geldschneidern und Fußballverhinderern
Es musste sich was regen, zurück zum demokratischen Fußballspass, es ging um unsre Kindeskinder

Die köllschen und die münchner und die schwäbsche Bursche schnür'n ihr Pack und zieh'n
Wir spazieren an ihnen einfach vorbei, Arm in Arm, denn hier stürmt Jenas Gewinn!
Jena ist bunt! Lobet den FCC, mehret den FCC, preiset Jenas Schöpferkraft
Wenn der Abend sinkt, froh ein Lied erklingt, stehen wir im Saft

Dem FCC unser Vertrauen! An der Seite Jenas woll'n wir heut das Morgen bauen
Drum rührt die Trommel mit Jubelschlag! Drum lasst uns Jenalieder singen den lieben langen Tag
Durch stürmische Zeiten lasst einig uns schreiten, Seit an Seit
Los kommt, reit euch ein, wie sind einsatzbereit
Zeissfans kommt her, los die Fahnen erheben
Wir wollen ja schließlich ewig leben!

FCC – ich muss dich lieben. Ich liebt dich gestern, ich lieb dich heute, ich lieb dich morgen.
FCC – du schenkst mir Kraft, seit ich dich liebe sind vergessen alle Sorgen
Guten Morgen, schönes Jena, du bist erwacht, meine Sonne, und schickst deine Strahlen hernieder
Nun bestelln wir das Feld und Jubeln im Chor und schwenken den Mädchen beim Tanze die Glieder

2018, aktualisiert 2023.

ROT-WEISS ERFURT ODER CARL ZEISS JENA?

Als Icke die Faust Cottons auf sein linkes Auge zufliegen sah, verflog seine Furcht und wich erlösender Zuversicht. Was konnte noch passieren, außer einem kurzen Schmerz? Vielleicht etwas aufgeplatztes Gewebe um das Auge. Und eine schöne Verfärbung, die ihn, Cotton und alle anderen noch eine Weile an das Geschehen erinnern würde. Alles, was getan werden musste, war getan. Icke hatte auf eine einfache Frage falsch geantwortet. Mit voller Absicht.

Über die Schulhöfe Weimars verläuft seit Jahrzehnten eine unsichtbare Linie. Sie trennt die Blau-Gelb-Weißen von den Rot-Weißen. Irgendwann muss sich jeder Junge für eine der Farben entscheiden. Wenn er in den Augen der Parteien dafür würdig erscheint. Im Normalfall ist diese Frage eine Lappalie. Sie wird ohne großes Aufheben von den Jungs gestellt, denen sich der Neuling zugeordnet fühlt. Die andere Partei nimmt diese Entscheidung klaglos hin, da sie sich eines großen Reservoirs an hungrigen Nachzüglern sicher sein kann.

Alles, was geografisch näher an Jena liegt, ist meist Jenagebiet. Seid fruchtbar und mehret euch! Natürlich spielt die Familie eine wichtige Rolle. So gibt es immer wieder große Exklaven in eigentlich von Jena, bzw. Erfurt beanspruchten Vierteln, weil sich ein sturer Familienvorstand irgendwann gegen den Geist des Viertels entschieden hat. Diese Männer genießen besondere Achtung, da sie gleichsam in der Höhle des Löwen ihr Nest bauten. Weimar 1980. Zerfallende Häuser, Kohleofenschwaden schwängern die Luft und lassen Kleinkinder alt aussehen. Wer es geschafft hat, lebt im Plattenbau oder in einer der wenigen Villen am Stadtrand.

Zu Raufereien kommt es in Weimar nur noch selten. Die Stadt ist klein, man tritt sich ständig auf die Füße. Wer mag das auf die Dauer? Vor langer Zeit soll es ein Treffen gegeben haben. Die wichtigen Leute, die Alten, haben ein Patt erklärt. Seitdem passiert kaum etwas. Ab und zu meint ein junger Heißsporn, mit den Flügeln schlagen zu müssen. Besonders gefährlich sind im Grunde nur die Konvertiten. Eine sehr selten vorkommende, bedenkliche Form des Abfalls. Durch Umstände, die nur der Teufel kennt, verlieren manche Menschen den Glauben an ihre Farben. Das geschieht gern nach einer Zeit der Zuchtlosigkeit. Wenn man diesen Menschen in schwerer Zeit nicht mit Zuneigung begegnet, arbeitet man dem Feind in die Hand. Der Feind hat seine Augen überall und sieht sehr genau, wenn die Farben eines Schäfchens zu verblassen beginnen. Bei Cotton hatten wir zu lange weggeschaut.

Cotton ist vermutlich an unseren hierarchischen Strukturen gescheitert. Cotton heißt eigentlich Silvio. Er hat gern den Cotton gemacht,* deshalb bekam er eines Tages den Spitznamen. Er hat Jahre darum gebettelt, in unsere erste Reihe zu gelangen. Doch keiner von uns wollte für ihn weichen. Es ging um alles, um das einzig wichtige im Leben, um Fußball. Und wir sind seine irdischen Boten, seine Schutzengel. Wir beseelen als leibhaftige Sendboten das Land. Wir opfern uns, springen in die Löwengrube, reichen die Gaben der Liebe, kämpfen gegen die Feinde unserer Farben. Um es kurz zu machen: Cotton wechselte die Seiten. Er wurde ein Rotweißer. Und musste fortan allen Rot-Weißen und Blau-Gelb-Weißen zeigen, wie ernst es ihm war.

Icke war mit seinen Eltern im Sommer nach Weimar gezogen. Sein Vater war der neue Sicherheitsinspektor im Landmaschinenwerk. Schon am ersten Tag in der neuen Heimat traf er Schtonie beim Bäcker. Icke hatte seine weiße Levi's-Jacke mit dem Chelsea-London-Aufnäher an. Schtonie hatte eine blaugelbweiße Schärpe um den Hals und fragte Icke: Kommst du mit ins Paradies?** Bevor Icke antworten konnte, war Schtonie verschwunden. Schtonies Saisonziele: das Pokalfinale gegen das verhasste RWE in Berlin gewinnen. Die blonde Bäckerstochter Silke anbaggern, möglichst: flachlegen. Lutz Lindemann*** persönlich sagen, was für ein großartiger Spieler und wunderbarer Mensch er ist. Im krassen Gegensatz zum arroganten Peter Ducke***, der laut Buschfunk in seine Adidas-Schuhe pinkelte und eine feiste Westkarre fuhr.

Zwei Tage später wurde Icke der 10b der Louis-Fürnberg-Oberschule als neuer Schüler vorgestellt. Icke und Schtonie gingen ab sofort in die gleiche Klasse. Weitere zwei Tage später kam es zum Showdown zwischen Icke und Cotton auf dem Schulhof. Icke war Frischfleisch. Und Frischfleisch ist für alle da. Cotton stellte Icke die alles entscheidende Frage: Rotweiß oder Blaugelbweiß. Icke schaute nach oben, als würde er höheren Beistand suchen. Dann tat er, als würde er den Mund auftun. Und trat Cotton in den Schritt. Einen Tag später stellte ihn Cotton abermals, dieses Mal am Bushäuschen, vor der Schule ein Treffpunkt der Zehntklässler. Es gab keine Fragen mehr. Es gab nur noch Helden.

** Den Cotton machen = große Klappe haben, bezieht sich auf den Groschenheld G-Man Jerry Cotton, ein FBI-Agent, der die Welt der Kleinbürger vor dem Bösen beschützt. Die Groschenheftreihe ist eine deutsche Erfindung.*

*** Im Jenaer Stadtteil Paradies liegt das Stadion des FC Carl Zeiss Jena.*

**** Lutz Lindemann und Peter Ducke, erfolgreiche Spieler des FC Carl Zeiss Jena.*

2016, aktualisiert 2023.

SCHNEE IM HAREM DES ARCHIMEDES

Wenn uns nun der Wind die Memoiren des Jenaer Fußballfreunds Detlef Mandler, den alle nur Det nennen, zuspielt, haben wir Glück im Unglück. Es geht in seinen Erinnerungen um Fußball, Kloppe, Biertrinken und nach der Freiheit haschen, gute und böse Geschichten aus seinem Rabaukenleben. Det trug lange Haare und brachte ein paar smarte Kilo auf die Waage. Wenn alle rannten, konnte er es sich leisten, stehenzubleiben, um zu gucken, was ging. Manchmal ging was, oft war Fersengeld die bestmögliche Währung. Det dichtet im rohen Fußballdeutsch, er hat es nicht nötig, sich mit fremden Zitaten zu schmücken. Det kann auch eine Niederlage eingestehen, das unterscheidet ihn von eitlen Onkeln und Tanten. Nazi war er nie, dazu ist er zu sehr Fußball-Hippie. Wer brachiale Fanprosa mag, wird seine Freude an diesem Buch haben. Wer es haben will, reise nach Thüringen. Det wohnt in der Nähe von Oppurg. Fahrt hin, steigt aus dem Auto aus und wartet auf den nächstbesten Passanten. Wenn er waldschartig genug ist, wird er euch den Weg zeigen zum guten alten Det, der nicht nur Rostbratwürste isst. Von Reinald Grebe wisst ihr, der Thüringer nascht gern Hund. Das ist aber längst nicht alles, wie mein armer Sachsenfreund Rico zwei zu berichten weiß. Als er im Jahr das Herrn 1999 in der Nähe von Mellingen an eine Pforte klopfte, ließen ihn ein rothaariger Mann samt rothaariger Frau und sieben rothaarigen Kindern hinein. Sachsengierschlund Rico zwei hatte wie immer Hunger. Er kam aus Riesa und war von seiner Mutter zehn lange Jahre nur mit Riesaer Teigwaren gefüttert worden. Oder war es das, was er für Teigwaren hielt. Ich möchte nicht ins Detail gehen ... Zumal Rico zwei in Mellingen viel schlimmer ...

Die rothaarigen Mellinger ließen ihn ein und guckten ihn aus ihren roten Augen lange traurig an. Dann sagte das jüngste Kind: HippHippHurra, Katzenfresser, seid ihr alle d... So viel und nicht mehr möchte ich euch heute vom grausamen Thüringen berichten. Aber es gibt auch sehr sehr schöne Geschichten in Thüringen, beispielsweise die vom FC Carl Zeiss Jena.

Vor vielen hundert Jahren lebten Herr Bolz und Herr Rungs an den Kernbergen. Plötzlich erschien die Gute Fußballfee am herrlichen Gestade der Saale und hauchte: Genau hier, an dieser Stelle, und ich schwöre es bei Stein, Bein und Katzensuppe, genau an dieser Stelle möget ihr eure schönen VEB-Klappspaten ansetzen und das wundervolle Ernst-Abbe-Sportfeld erbauen. Bereits nach zwanzigjähriger Bauzeit konnte das Stadion eröffnet werden. Als Archimedes im fernen Dingsda davon hörte, begann er sofort, superweißen Schnee zu weinen. Dann hustete er blaues Blut und allen Neidern wurde sehr gelb zumute. Wohlan sprachen Archimedes, Gute Fußballfee und Johann Wolfgang von Goethe: Aus diesen herrlichen Farben Blau, Gelb und Weiß lassen wir die flinksten Jungweber ein überirdisches Tuch weben und es wird werden das Heilige Tuch von Jena! Das heilige Tuch des FCC jedoch ist leichter als alles leichte, was euch jemals superleicht erschien. O ja, dieses Tuch umhüllt seitdem die flinken Beine der Jenaer Fußballspieler und kündet wahrscheinlich von künftigen Siegen und Meisterschaften, die hinter den sieben mal sieben Hügel des Schmerzes auf uns warten. Ein hässlicher Greis verkündete einst auf dem Theaterplatz zu Weimar, was hässliche Greise auf Theaterplätzen einst verkündeten: Eure Träume werden wahr, ihr werdet ewig Deutscher Meister sein, das Bier wird niemals alle sein und Vieselbach ist auf ewig verflicht!

Seitdem bevölkern wir trotzig Jahr für Jahr für Jahr die Stehränge und warten auf das Signal zur Meisterschaft. Manchmal setzen wir uns auch, weil wir im Sitzen weniger sehen vom grauenhaften Durcheinander auf dem Spielfeld. Aber das sage ich heute nur euch, weil ich euch für superverschwiegen und sehr korrekt kompetent halte. Beim Schnee im Harem des Archimedes a.k.a. Rumpelstilzchen zu Kahla noch mal! Hat uns der Fußball jemals betrogen? (Ja, erst am Sonntag.)

2022, aktualisiert 2023.

WARUM BEI DERBYS ALLES ANDERS IST – MEIN SCHICKSAL HIESS EINMAL RENATE

Ich weiß es noch ganz genau, es scheint mir, als wäre es gestern gewesen. Bereits kurz nach meiner Geburt erlebte ich im Unterbewussten meinen ersten Derbykampf.

Pünktlich fünf Minuten vor zwölf geboren, lag ich friedlich am 20. September 1963 in meinem Bettchen auf der Geburtsstation im Weimarer Sophienkrankenhaus. Meine Mutter erholte sich von der Geburt, der Vater zimmerte daheim die erste Wiege.

Plötzlich schoben dürre Finger die Tür auf. Im Rahmen erschein eine der alten Nonnen, die auf der Station ihr strenges Regime ausübten. Sie hatte ein kleines Kind auf dem Arm, ein Mädchen. Ich erfuhr später ihren Namen: Renate. Hinter der Nonne betrat ein dicker Mann das Zimmer. Renates Vater, der künftig von uns den passenden Namen Sacklaus abkriegte.

Sacklaus, ich nenne ihn einfach so, weil der Name so schön passt, obwohl ich natürlich im Alter von wenigen Stunden seinen Namen noch nicht wusste, trug etwas im Arm. Eine rotweiße Häkeldecke. Die Farben waren schon recht blass, sie verströmte säuerlichen Mief, einige Senfkleckse zeugten von unsachgemäßem Gebrauch. Doch Sacklaus trug sie, als wäre sie aus purem Gold. Mir scheint im Nachhinein, als ob er dieser Decke mehr Aufmerksamkeit als dem schreienden Renatchen widmete.

Anscheinend wollte die freudlose Nonne das Kind Renate im Kinderbettchen neben mir platzieren. Sacklaus, samt rotweißer Häkeldecke, blieb ruckartig stehen. Er stutzte. Und erkannte richtig, dass ich in einem blaugelbweißen Strampelanzug fröhlich vor mich hin sabberte. Über meinem Bettchen hing ein Wimpel des FCC, um mich vor bösen Geistern wie Sacklaus zu schützen. Schließlich lebten wir in Weimar – und waren Grenzstadt.

Hasst man manchmal das, was man liebt? Noch immer verstehe ich nicht, wieso beide Parteien sich gegenseitig als Schweine charakterisieren, ist doch das liebe Schwein in Thüringen ein Tier, das oft und gern in allen Variationen zubereitet auf dem Teller landet. Ein Thüringer ohne Schweinbraten, Schweinesteak, Schweinerippchen, Schweineleber oder Schweinswurst im Magen ist schier unvorstellbar.

Doch ich schweife ab. Kommen wir wieder zum hinterfotzigen Sacklaus. Ich schreibe hinterfotzig, weil es damals ein gängiges Wort war, um besonders miese Mieslinge zu definieren.

Sacklaus sah den Wimpel, Sacklaus sah den blaugelbweißen Strampelanzug. Er schlich sich zum Wimpel und steckte ihn unauffällig ein. Dann seilte der Unmensch seine abscheuliche rotweiße Häkeldecke auf mich unschuldig sabbernden Blaugelbweißling ab.

Das traumatische Kindbetterlebnis fror sich fest in meinem Gehirn ein.

Beim Derby gibt es keine Regeln. Beim Derby geht es einzig darum, den Gegner zu vernichten. Glücklicherweise wissen das die Ordnungshüter dieser seltsamen Fußballwelt. Und weil sie es wissen, gehen sie meist gut vorbereitet in jedes Derby.

Wir erlebten auf dem Spielplatz und in der Schule jeden Tag das Thüringen-Derby. Da aus unerfindlichen Gründen viele Kinder Opfer holzköpfiger Eltern waren, liefen eine Menge rotweißer Formate durch die Stadt Goethes und Schillers. Irgendwann waren wir die ewigen Kampeleien leid und riefen für Weimar einen Waffenstillstand aus, der ein paar Jahre hielt, bis einige nachgewachsenen Heißsporne neuerdings einander haschten.

Die Spiele gegen den rotweißen Gegner widmeten wir dem Gott des Gemetzels. Meist kam es nicht zu größeren Zusammenstößen marodierender Neandertaler.

Ja, ich möchte uns als Neandertaler bezeichnen, wir waren nichts anderes. Halb Tier, halb Mensch. Gewandet in die Farben unseres Clans, bestand unser einziges Verlangen darin, die Eindringlinge zu verjagen, ihre Frauen zu rauben, ihre Georgi-Dimitroff-Wohnhöhle zu entehren, ihre Saat zu vernichten.

Doch meist standen uns ein Haufen Volkspolizisten, Bereitschaftspolizisten, Bundespolizisten und Ordner im Weg, um unseren Blutdurst, der bei mir und den meisten anderen Fans naturgemäß nur ein scheinbarer war, zu stillen. Wir waren treffliche Poser mit flinker Zunge und ebenso flinkem Schuh.

Hot ging es beim Sangesduell in den Stadien zu. Fantasievollen Verballhornungen und simple Verlästerungen prägten die Spiele. Geschützt durch Ordnungskräfte, sangen wir gern in der Stadt ohne Namen »Kommt doch mal rüber, kommt doch mal rüber, kommt doch mal rüber zum FC Carl Zeiss!«. Sie kamen selten. Weil man sie nicht kommen ließ. Weil sie eigentlich gar nicht wollten. Weil sie und wir im Grunde unserer Herzen wussten, dass wir vortreffliche Narren waren.

2019, aktualisiert 2023.

ALS JESUS IN BERLIN DIE BRD ERLEGTE

Lutz Lindemann ist Mitglied im Club der Nationalmannschaft. Das bedeutet einmal im Jahr zwei VIP-Karten beim Treffen des Clubs anlässlich eines Länderspiels. Diesmal in Berlin. Brasilien gegen Deutschland, Berliner Olympiastadion – Lutz und Frank mittendrin. Die VIP-Etagen im Olympiastadion besitzen den Charme eines Bürokomplexes. Der DFB-Tross rauscht mit dunklen Anzügen vorbei. Heute soll Uwe Seeler als Chef der ehemaligen Nationalspieler verabschiedet werden. Loddar übernimmt. Gruselfaktor 99,9 garantiert. In Berlin waren 72.000 echte Menschen dabei, eine Stille vor und während des Spiels, fast unheimlich.

Wir parken in einer Wohngegend vorm Stadion und laufen die letzten Meter. Werbepartner laden die Konsumenten zu billigen Spielchen, viele Busse von weither spucken Männer um die 50 aus. Mit ihren merkwürdigen Bärten wären sie in den Neuköllner Hipsterbuden die Kings. Wenig Flaschensammler, am VIP-Eingang werden wir gefilzt, Terrorangst. Im VIP-Bereich trifft Lutz schnell alte Bekannte, ich erkenne kaum einen der einstigen Helden und halte mich im Hintergrund. Lektor Tom sagte, ich solle Fotos schicken. Ich fotografiere Croy, den erkenne ich, weil ich vor drei Jahren mit ihm auf einem Podium der Bundesstiftung zur Aufarbeitung der SED-Diktatur saß. Es ging um Fankultur, er hatte von Ausschreitungen nie etwas mitbekommen und stritt alles ab. Tunnelblick ahoi, wie Kaiser Franz in Katar. Ich sehe Marcel Janssen, 32 Jahre alt, schon aussortiert, er soll bei HSV 2 mitkicken. Achim Streich rauscht vorbei, der Al Bundy von Magdeburg. Da sind Stein, Weise, Oevermann. Konrad Weise grapschte ich 1981 nach dem Sensationserfolg des FCC gegen den AS ROM, als wir das Stadium stürmten. Oevermann erkenne ich nicht, Lutz weist mich später darauf hin. Das angebotene VIP-Essen für die Nationalspieler ist mäßig. Wir sitzen direkt am Podium. Grindel erscheint, dann Loddar und eine Schar gelackter DFB-Männlein. Früher waren es alte Männer, die sich wichtig nahmen. Heute sind es smarte Jungmanager, die höflich und kühl auftreten. Wo sich Zwanziger mit Hofschranzen umgab, die nach Kuchenresten schnappten, tritt Grindel wie ein Boss eines Bürobedarfgrossisten auf. Lutz schüttelt Hände, es wird gelächelt, olle Kamellen oller Kameraden. Ich erkenne Bodo Rudwaleit samt Sohn. Der einstige BFC-Torwart scheint isoliert, wirkt Mielkes Schatten? Andreas Thom, der erste DDR-Oberligaspieler, der noch 1989 vom BFC in den Westen verkauft wurde, darf viele Hände schütteln. Rudwaleit sitzt an seinem Tisch und starrt. »Bodo, Eierkopp« sangen wir, wenn er mit dem BFC in Jena erschien (und die Punkte mitnahm). Das Mikrophon knackt, einer der smarten DFB-Menschen begrüßt die Spieler, sagt Seeler sei krank, seine Frau hätte abgesagt und so würden wir ihn in Abwesenheit verabschieden. Nun tritt Grindel ans Mikrophon und begrüßt »die deutschen Nationalspieler Deutschlands und dann die aus der DDR, für die ein Traum in Erfüllung ging« (oder so ähnlich). Dann schwadroniert er über Fair Play und weiß zu berichten, dass »1966 in England ein bosnischer Linienrichter« für die deutsche Vernichtung zuständig gewesen sei, doch die erguteten Deutschen in Wembley große Fairplayer waren und fast ohne zu murren in ihre Bomber stiegen um nach God Old Germany zurückzudüsen, ohne Bombenteppiche auf Engelland zu hinterlassen. Schön muss es damals gewesen sein, aber heute ist es auch schön!

Seeler wird gelobhudelt und verabschiedet. Nun tritt Loddar, der neue Chef der verdienten Exnationalspieler, der Ehrenspielführer, ans Mikro und sagt, er würde alles besser machen. Die Reden gehen im allgemeinen Palaver unter, Grindel rauscht samt DFB-Buben von dannen, bestimmt in einen noch exklusiveren VIP-Bereich. Wir treten nach draußen und nehmen zur ersten Halbzeit Platz. Die Stimmung im Stadion ist mau. Am lautesten sind die Exil-Brasilianer. Ich sitze zwischen Lutz und Litti. Irgendwo hocken bestimmt auch echte Fans, ich sehe sie nur nicht. Dann tönt es: »Die Nummer 1 der Welt sind wir!« Aha, ich also auch, das ist aber nett! Ich frage Lutz, ob er sich auch als Nummer 1 fühlt. Er schaut mich an, als mache er sich Sorgen um meine geistige Gesundheit. Litti spricht zu seinem Sohn (ich kann alles hören, weil es im Stadion dezent zugeht) und dann haben wir Überzahl und es ... Lutz fragt, ob ich zufrieden bin. Ich sag, ja, im Olympiastadion ist es weder zu kalt, noch zu warm. Es riecht nach Reinigungsmittel, es ist ausverkauft, die ersten Minuten klatschen die Zuschauer rhythmisch. Brasilien schießt mit Jesu Hilfe das 1:0 und Litti fragt sich, wo die beiden Innenverteidiger standen. Lutz sagt nichts. Ich sag, auf jeden Fall kann es nun nicht mehr 7:0 für die BRD ausgehen. Halbzeit. Wir gehen rein, holen uns ein Bier, treffen dort Andreas Krause (1:0 gegen AS Rom), den ich nicht erkenne, und seinen Bruder. Stehtischgespräche, Detlef Zimmer durfte nicht mit nach Valencia wegen Weibergeschichten (ein guter DDR-Bürger geht nicht fremd). Hans Meyer meinte oft und gern, wenn irgendwo Unfug passierte, war Gert Brauer dabei. Wenn es Schelte zu vergeben gab, legte Hans seine Arme von hinten auf Gerts Schultern und polterte los. Gert Brauer hat sich vor ein paar Wochen selbst getötet, nach der Wende bekam er keinen Fuß auf den Boden und tröstete sich mit Hochprozentigem. In der Halbzeit gibt es falsche Thüringer Bratwürste, ich nehme keine, Lutz nimmt zwei und fortan brummt es im Gedärm. Andreas Krause erzählt von seinen Reisen, die er, immer allein, um die Weihnachtszeit mit einem Rucksack unternimmt. Beim Verlassen der Tiefgarage macht Lutz einen Herrenwitz und wird von Andreas Krause gerügt. Das war alles.

2018, aktualisiert 2023.

DIE LETZTEN TAGE DER MENSCHHEIT – EXPEDITION IN DEN OSTEN DES WESTENS

»Das ist ein bisschen wie DDR, saugt ein letztes Mal die gute Berliner Luft ein!«, brüllte Chuck Norris 7 Uhr 30 im schönen Berlin Mitte. Wir sollten für ihn das Ruhrgebiet erforschen. Er gab uns ein Körbchen mit. Darin lauerten ein warmer, veganer Bananenkuchen und vier feinste Ökobiere. Wir pflanzten uns in unseren Schützenpanzer und düsten ins graue Herz Deutschlands, Ruhrgebiet anner Autobahn rechts neben der Fastfoodspelunke. Unser Ruhrgebietsauskenner erzählte Horrorgeschichten von Staublungen, Freischnaps für ausgebeutete Arbeiter und die Saustallmentalität der SPD. Die sei wohl nicht mehr an der Macht, vorwitzelte unser Team Freiheit und machte sich auf der letzten Ratsstätte im freien Osten über die Kuchenreste und das Bier her.

Betritt der unschuldige Reisende das Ruhrgebiet, fällt ihm sofort die hohe Denkmaldichte auf. Hubschrauber, anschaulich demolierte Autos und alle Bergwerkkarren erinnern an all die Toten der Arbeits- und Freizeitwelt. Schuften bis 65 und dann Herzinfarkt auffer Autobahn kurz vor Auszahlung der ersten Rente, weil der ehrliche Arbeiter im Kumpel-Rentner-Zoo nichts mit sich anzufangen weiß. Wir fachsimpeln, bis wir in der Ferne die steilen Flutlichtmasten des Bochumer Stadions besserossigemäß ausmachen. Noch ist aber eine Stunde Zeit. Ruhrgebietsflüchtling möchte uns das Bermudadreieck zeigen, ein Freiluft-Spaß-Ort für alle Vorglüher. Wir dürfen uns alsbald eine Schale undefinierbarer Pampmatsch nebst einheimischer Plörre einverleiben.

Bochums Innenstadt bot ein eindringliches Stimmungsbild von der kommenden Traurigkeit der Bundesrepublik. Selbst die gnädige Frühlingssonne kann diese Stadt nicht aufhübschen, wunderschöne Tristesse, soweit das Auge reicht. Ich fühlte mich Hoywoy (Hoyerswerda), mit einem Schlag Haneu (Halle Neustadt) und einer Prise Karl Murks (Karl-Marx-Stadt) und war sofort Bochumfan.

Im Stadion sang Grönemeyer »Tief im Westen«, meint aber natürlich Tief im Osten. Das Stadion zeigte sich in Hansa-Rostock-Blau. Ein paar rotweiße Leipzigfanatiker leuchteten aus einem Stadionzipfel, von denen insgesamt recht wenig zu hören war, alldieweil die grauen Bochumer Mäuse Alarm machten und natürlich gegen die arroganten Ossie-Matte-Schisser gewannen. Nach dem Spiel sprinteten wir zum Auto und bedeckten unsere Augen mit frischgekauften Bochumschals, um nicht weiter das Elend der armen Wessis in Augenschein nehmen zu müssen. Im Bochumer Stadtteil Dortmund bot sich das gleiche Bild, wie blinde Welpen tapsten wir ins Stadion. Grönemeyer wurde durch ein gelbschwarzes Quietscheentchen ersetzt, neunzig Minuten feinste Kölner Pyro nebelte das Spiel angenehm ein und sorgte für ein mildes Speedaroma in der Nase. Auf dem Platz bewunderten wir Kölns Rostocker Trainer Oberkörperhengst Baumgart beim Schnauben und Toben. Indes Gelbschwarz ein Tor nach dem anderen schoss, feierten die frohnaturigen Kölner Party auf dem Oberrang, wir mittenmang, dr Zoch kütt, drink doch eine met, ComonFC!

2022, aktualisiert 2023.

GROUNDHOPPER

Auf meinen Fahrten zu den bedrückend schönen Fußballplätzen Europas bin ich nie allein. Immer wieder begegne ich unterwegs Menschen, denen der Groundhoppervirus im Blut steckt. Es sind meist Deutsche, die in moderner Rastlosigkeit die trostlosen Weiten Europas abgrasen. Vielleicht, um ihrer Leidenschaft einen weltmännischen Anstrich zu verleihen, nennen sie sich Groundhopper. Und nicht Fußballreisende, was der Angelegenheit womöglich einen banalen, urdeutschen Anstrich verleihen würde. Schon Goethe zog es permanent über die Alpen »ins Land, wo die Zitronen blühen«, möchten einige von euch nun anführen. Und es bleibt mir nichts, als euch Recht zu geben. Es ist eindeutig der Süden. Island oder Grönland werden erst später ins Programm genommen, wenn überhaupt. Das geheimnisvolle Programm bestimmt der Zufall, obgleich einige meinen, das unsichtbare Braunschweiger Groundhoppergericht würde heimlich die Fäden ziehen. Konspirativ geht's jedenfalls zu in der Szene, die von kulturinteressierten Grenzgängern, stinknormalen Prolls mit Langeweile und gruseligen Exoten bevölkert wird.

Ich durfte dank meines Kumpels S. einige der tiefen Weisheiten dieser Szene erhaschen. Regel 1: Du musst mindestens eine Halbzeit im Stadion verbringen. Andernfalls gibt es keinen Punkt. Der Punkt ... Egal ob Stadionpunkt oder reizvoller Länderpunkt. Er ist, was zählt. Jeder Groundhopper weiß die Anzahl seiner Punkte auswendig. Obwohl sie gern so tun, als würden sie nie und nimmer mitzählen. Manche kleben ihre Eintrittskarten in ein Album. Fein mit einer Ministatistik: wie viele Zuschauer, Temperatur, den Arsch versohlt bekommen ja oder nein, wie war die Wurst, wie das Bier, wie viel Groundhopper habe ich nicht gegrüßt? Das Nichtgrüßen anderer Hopper ist sehr wichtig. Man ist selbst einzigartig und will sich einen schönen Sport nicht von Trittbrettfahrern kaputt machen lassen. Man war schon immer Hopper, alle anderen sind nur Nachahmer, die nichts wissen und nichts können (außer Groundhoppermagazine lesen und das Gelesene falsch verstehen).

Punkt 2: das unsichtbare Braunschweiger Groundhoppergericht. Viele behaupten, es würde nicht existieren. Doch es sollen sich vor 29 Jahren sieben Braunschweiger auf dem alten Braunschweiger Galgenplatz getroffen und das unsichtbare Buch der Hopper verfasst haben. Viele meinen, jeder Hopper wäre sein eigenes Hoppergericht, andere Hopper meinen, in Kaiserslautern säßen zwei Brüder auf einem Hügel zu Gericht. Überhaupt die Brüder. Es kann keinen schlimmeren Zwist geben als den Bruderzwist. Brüder sagen im Hoppermillieu einander nie die Wahrheit. Der eine sagt, ich fahr am Wochenende nach Tschechien. Der andere flötet, er würde zum x-ten Mal gen Bulgarien aufbrechen. Am Ende treffen sie sich drei Tage später in Kabul. Sie könnten einander erkennen, die Windbreaker, die Brille, die Trekkinghose, die Trekkingschuhe. Doch sie tun so, als wären sie selbst und andere gar nicht da. Das ist für sie hart verschaffte Romantik.

Hopper sind einsame Männer, die meist keine Familie haben, komischen (wenn überhaupt) sexuellen Bedürfnissen nachgehen, keinen Alkohol vertragen, gern in 10-Mann-Zimmern armen Geschöpfen beim Schnarchen zuhören; sie sind geizig, schüchtern, riechen schon ab Mitte zwanzig nach altem Mann, meint S. und fasst sich an seinen Rauschebart. S. gehört zur Sorte der Kommunikativen und Kulturinteressierten. Also eine Ausnahme unter den Hoppern, die neben den Stadien meist nur ein bis zwei Kneipen kennen, wo sich alle nach den Spielen treffen, inklusive Nicht-Grüßen. Und verschärftem Unsichtbar-Tun. S. hingegen quatscht jeden an, ist an allen Geschichten und

Biografien interessiert, kennt alle Muttis und Vatis zwischen Donau, Drau und dem ganz stillen Don. Er hat ein offenes Ohr, bzw. zwei, sozusagen. Das macht ihn in den Augen der meisten Hopper zu einem schrulligen Typen, dem man wegen seines ungeheuren Wissens mit Respekt begegnet (man weiß ja nie, wann und wo er einem mal nützlich sein kann), den man aber nie und nimmer alle neusten und super geheimen Infos über jungfräuliche Derbys, neue Grounds und heiße Eisen aller Art anvertrauen würde. Einige halten S. gar für das Heilige Groundhoppergericht persönlich. Ich kann das eigentlich nicht bestätigen, da S. den Groundhoppergedanken eher nachlässig interpretiert und auch mal länger als fünfundvierzig Minuten im Stadion bleibt, was im ungünstigsten Fall zu einem mehrstündigen Umweg via Bus führen kann, wenn man in Folge des überlangen Fußballgenusses, den eigentlich zu nehmenden Bus verpasst. Ja, das Groundhopperleben ist dunkel und von Matsch und anderen ekligen Flüssigkeiten verklebt. Trotzdem gibt es jedes Jahr wieder und wieder (nicht besonders gutaussehende) Männer, welche jener Leidenschaft verfallen und im Namen des Fußballs Zahnleisten in Belgrad einbüßen, sich in einbeinige Damen in Bangkok verlieben, verzweifelt nach einem trockenen Schlafplatz in Dublin tasten, tagaus tagein ihren Piepmaz aus dem Bauer lassen. Ein Fußballleben als Korridor in den Irrgarten, hoffentlich mit Ausgang. Sie sind liebenswert, hassenswert, einen Arschtritt oder eine Flauscheinheit wert – sie sind das Leben selbst. Sie kennen alle Busbahnhöfe, schmutzigen Bahnsteige und Billigfluglinien. Sie kennen jede Ratte persönlich und jeden Ultrakönig, haben an vielen Knochen gedippt. Manche hoben sogar schon den Schleier der Göttin zu Sais. Sie sahen am Ende: sich selbst.

2020, aktualisiert 2023.

O BALL DU

Du molliges Dinglein – du Lebensquelle
Du kommst zuerst und kommst zuletzt
Du bist für mich das Ein und Alles – eingeschlossen das Immaterielle
Du spendest Gunst, Freude, Schmerzen – gestern und jetzt

Ich predige es in Jena und aller Orten
Ich lebe für dich in guter wie schwerer Zeit
Ich schreie meine Liebe raus in 1903 Worten
Ich brülle, flüstre, kreische in aller Ewigkeit

Wir sind seit vielen Jahren Freunde, nein, Geliebte alle Tage
Wir sahen uns knospen, wachsen und in Blüte stehen
Wir trotzten bösen Mächten, fieser Vieselbacher Plage
Wir werden ewig leben, nimmermärchen vergeh'n!

2023.

Anne Hahn / Frank Willmann

Satan, kannst du mir noch mal verzeihen

Otze Ehrlich, Schleimkeim und der ganze Rest

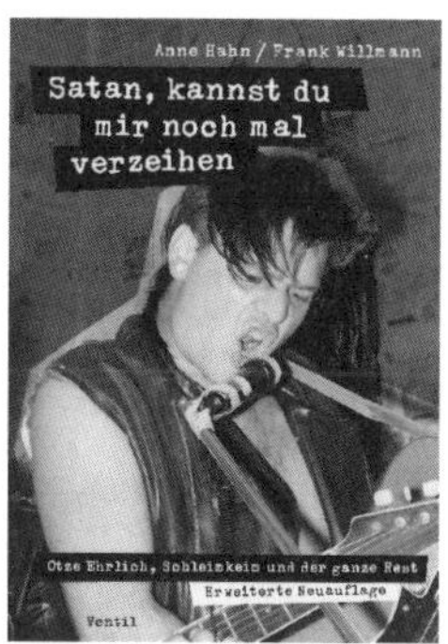

Dieter »Otze« Ehrlich hat Musikgeschichte geschrieben und mit seiner Band Schleimkeim die erste Punk-Platte der DDR veröffentlicht – natürlich illegal. Auf der Spurensuche eines Musikers, der 2005 unter rätselhaften Umständen ums Leben kam. Weggefährten kommen zu Wort, auch Stasi-Akten sind in die Recherche eingeflossen. Otze, der nach eigenen Aussagen mit Tod und Teufel im Bunde stand und 1999 seinen Vater mit der Axt erschlug, hinterlässt eine Biografie, die kaum ein Roman zu toppen vermag.

256 S. · mit Abb. · ISBN 978-3-95575-113-5 · € 15,– (D)

Frank Willmann (Hg.)

Betreten auf eigene Gefahr

Schleimkeim-Songcomics

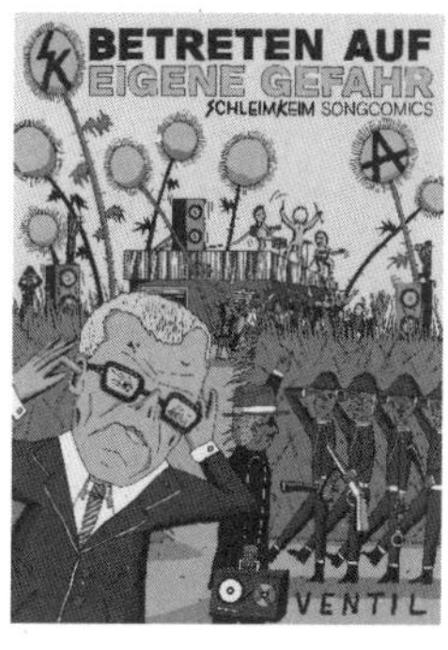

»Betreten auf eigene Gefahr« setzt der legendären DDR-Punkband Schleimkeim aus dem thüringischen Stotternheim ein Denkmal. Acht Zeichner:innen haben jeweils einen Song in Comics verwandelt, die immer auch DDR-Geschichte und die Punk-Subkultur abbilden. Herausgeber Frank Willmann erzählt dazu die bewegte Geschichte von Schleimkeim und ihrem charismatischen Frontmann Dieter »Otze« Ehrlich – und wie es auf abenteuerliche Weise zur ersten Punk-Platte der DDR kam.

128 S. · geb., farbig · ISBN 978-3-95575-200-2 · € 25,– (D)

Anne Hahn / Frank Willmann (Hg.)

negativ-dekadent

Punk in der DDR

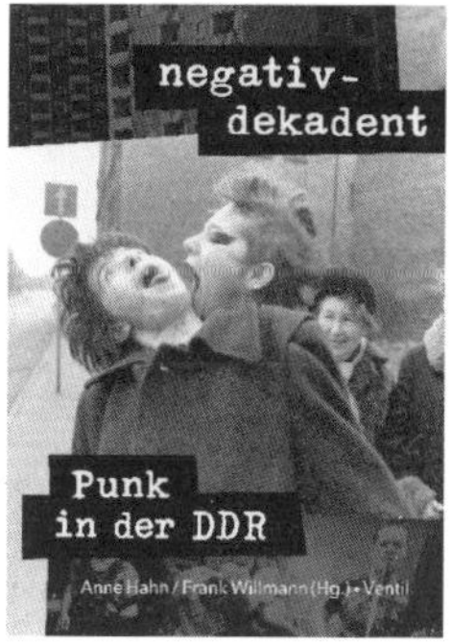

Als Punk in der DDR ankam, verunsicherte er nicht nur die Staatsorgane, auch die Spießer und Biedermänner liefen Amok. Bereits optisch als Provokation gewollt und verstanden, bildete sich in einigen Zentren eine ganze Gegenkultur samt Lifestyle und Musik heraus, der es um Freiräume und Freiheit ging. »negativ-dekandent« versammelt Anekdoten, sachliche Analysen und ganz persönliche Reflektionen über das, was für zehn Jahre in diesem diktatorisch regierten Teil Deutschlands für etwas Farbe und viel Verwirrung sorgte.

272 S. · ISBN 978-3-95575-168-5 · € 20,– (D)

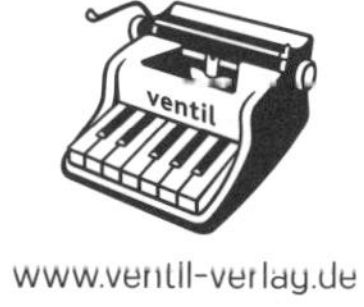

www.ventil-verlag.de

Gunnar Leue

You'll Never Sing Alone

Wie Musik in den Fußball kam

Eine Kulturgeschichte des Fußballsounds, illustriert mit den besten Plattencovern und Fotos aus über 150 Jahren Fußballgeschichte. Der Journalist Gunnar Leue erzählt mitreißend und detailreich die Geschichte der Fußballmusik, von den skurrilen Anfängen des Fansupports über singende Fußballstars und die Entstehung von Vereinshymen bis hin zum Protest der Ultras gegen Kommerz und Eventisierung.

256 S. · geb., mit farb. Abb. · ISBN 978-3-95575-199-9 · € 28,– (D)

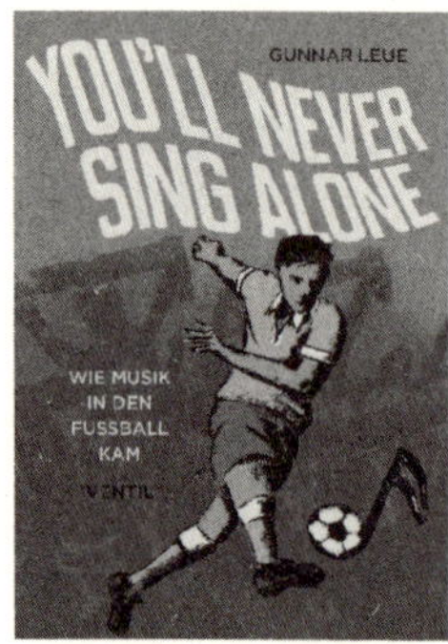

Sebastian Krumbiegel

Meine Stimme

Zwischen Haltung und Unterhaltung

Schon als Jugendlicher und während seiner Ausbildung im Thomanerchor im Leipzig der 1970er und 1980er Jahre fiel Sebastian Krumbiegel durch sein rebellisches Naturell auf. In seiner Autobiografie zieht der Sänger der Prinzen die Bilanz seines Lebens von der (Wunder-)Kindheit und Jugend in der DDR über die Baseballschlägerjahre in der neuen Bundesrepublik bis heute. Ein Leben sowohl im Rampenlicht als auch im Auge des Shitstorms, ein Leben als Popstar und als Citoyen.

Ca. 224 S. · mit Abb. · ISBN 978-3-95575-221-7 · € 20,– (D)

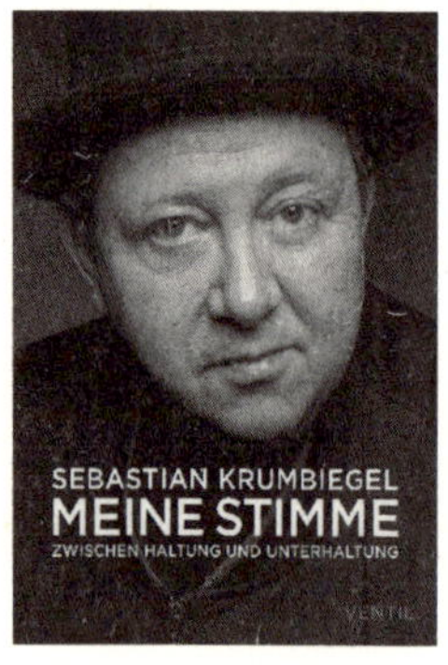

Alexander Pehlemann (Hg.)

Warschauer Punk Pakt

Punk im Ostblock 1977–1989

»I wanna go over the Berlin Wall«, sang Johnny Rotten im Sex-Pistols-Hit »Holidays in the Sun«. Als der Song erschien, war Punk längst durch den Eisernen Vorhang gesickert, fast zeitgleich markierte die slowenische Band Pankrti mit ihrer ersten Show den Durchbruch von Punk in der sozialistischen Öffentlichkeit. »Warschauer Punk Pakt« ist eine Entdeckungsreise in diese hierzulande weitestgehend unbekannte Subkultur des Ost-Punk bis zum Systemkollaps 1989. In Mit Länderporträts der wichtigsten Protagonisten und Szenen.

336 S. · mit Abb. · ISBN 978-3-95575-189-0 · € 25,– (D)

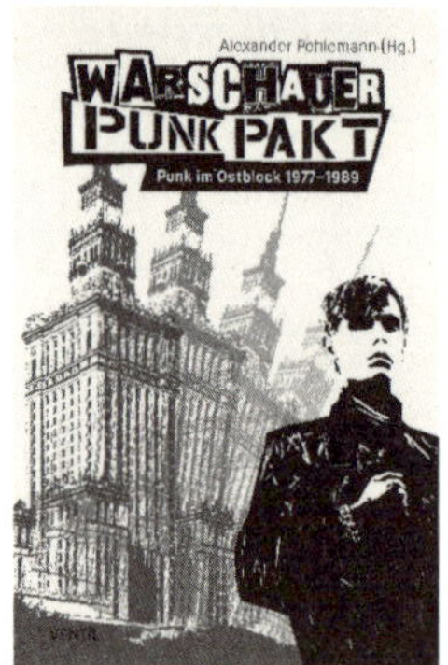

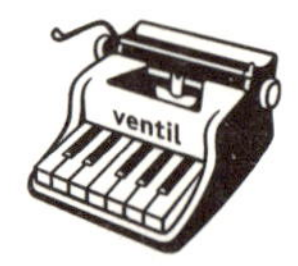

www.ventil-verlag.de